맥킨지식 전략 시나리오

SENRYAKU SCENARIO SHIKO TO GIJUTSU
by SAITOH YOSHINORI

Copyright ⓒ 1998 by SAITOH YOSHINORI
All rights reserved.
Originally published in Japan by TOYO KEIZAI, INC., Tokyo.

Korean translation Copyright ⓒ 2001 by L&I Consulting
Korean translation rights arranged with TOYO KEIZAI, INC., Japan
through The Sakai Agency and Imprima Korea Agency.

이 책의 한국어판 저작권은 The Sakai Agency와 Imprima Korea Agency를 통한
저작권자와의 독점 계약으로 엘앤아이컨설팅에 있습니다. 신저작권법에 의해
한국 내에서 보호를 받는 저작물이므로 무단 전재와 복제를 금합니다.

戰略シナリオ「思考と技術」, 齋藤嘉則, 東洋經濟新報社, 1998

맥킨지식
전략 시나리오

사이토 요시노리 지음 | 서한섭 옮김

strategic scenario
core skills and techniques

지은이 사이토 요시노리

1979년 도쿄대학교 토목공학과 졸업. ㈜가지마구미에 입사한 후 외무성 유학생으로 발탁되어 영국 런던대학에서 경제학석사를 취득했다. 그 후 미국 'McKinsey & Company'에서 매니저로 일하며 여러 기업들의 사업영역 진단, 경영전략, 조직개혁 등 광범한 분야에서 활약했다. 현재 비즈니스 콜래보레이션의 대표를 맡고 있다.

옮긴이 서한섭

연세대학교 문학사와 경영학석사를 취득하고, 일본 와세다대학교 비즈니스 스쿨에서 1년간 마케팅 과정을 수료했다. LG전선㈜ 관리공장장직을 역임했으며, LG회장실에서 연수기획팀장, 경영혁신추진본부 부장직을 수행하였다. 현재 ㈜엘앤아이컨설팅의 공동대표이사로서 컨설팅과 함께 문제해결 분야에 대한 교육활동을 중점적으로 전개하고 있다.

맥킨지식 전략 시나리오

지은이 사이토 요시노리
옮긴이 서한섭
펴낸이 하연수
펴낸곳 기획출판 거름

출판등록 제7-11호(1979년 6월 28일)
121-819 서울시 마포구 동교동 197-25 신한빌딩 6층
이메일 : master@keorum.com
홈페이지 : http://www.keorum.com
Tel(02)333-2121 Fax(02)333-7877

제1판 제1쇄 2003년 4월 1일
제1판 제14쇄 2013년 2월 20일

ISBN 89-340-0228-X 03320

*책값은 뒤표지에 있습니다.
*잘못 제본된 책은 구입하신 서점에서 바꾸어 드립니다.

머리말

맥킨지식 전략으로 위기관리 능력을 기르자!

　지금은 나라 전체가 동요하고 있는 '구조 변화의 시대'다. 무엇보다 뛰어난 전략이 요구된다. 그러나 "전략이란 도대체 무엇인가, 그리고 어떻게 구상하면 좋은가?"라는 질문에 대해 바로 명쾌하게 대답할 수 있는 사람은 많지 않다. 전략을 입안한다고 하면 아무래도 복잡하고 치밀한 작업이라고 생각하는 경향이 있지만, 실행 가능한 전략은 매우 간단하고, 명쾌한 것이다. 아무리 복잡한 전략을 입안해도 실행하지 않으면 전혀 의미가 없다. 그렇지만 대부분의 경우, 전략을 구상하는 단계가 되면 유연성이 결여되거나 운영 매뉴얼(operation manual)화 됨으로써 실행현장과 괴리되어 실제 비즈니스 현장에서는 실효성이 떨어진다.
　물론 전략을 창조하는 일은 간단하지 않다. 그러나 전략을 구상하는 데 핵심이 되는 사고법을 배우고 익힌다면, 그것만으로도 전략의 골격을 완성시킬 수 있다. 필자는 바로 그 핵심을 전달하기 위해 이 책을 집필하였다.
　이 책의 제목에 쓰인 '전략 시나리오'는 전략의 대본이라는 의미이다. 전략을 입안했다고 해서 바로 실행에 옮길 수는 없다. 실행하는 조직, 즉 구성원 한 사람 한 사람을 움직일 수 있도록 사전에 꾸며 놓은 계획이 되지 않으면 안 된다.

이때 중요한 것은 이 시나리오를 연기하는 사람이 차례차례로 바뀐다는 것이다. 어느 실행 단계냐에 따라 전략 시나리오의 무대가 바뀐다. 그러나 어떤 시나리오라도 중심부, 즉 핵심이 존재한다. 나는 그것을 '전략 엔진(strategy engine)'이라고 이름 붙였다. 중심부, 핵심, Core 등의 말로 표현할 수도 있지만 '엔진'이라는 말을 붙인 것은 전략에 엔진을 장착하여 기업 안을 종횡무진 뛰어다니는 모습을 상상했기 때문이다. 기업 안에는 전략 엔진, 전략이 곳곳에 침투해야만 한다.

본서는 이 전략 엔진을 창조하기 위한 사고와 기술에 대해서 서술한 것이다. 다시 말하면 전략 시나리오를 구상할 때에 가장 중요한 사고와 기술에 관한 것이다. 그 기반이 되는 것은 'Why So?(왜?)' 'So What?(그래서 어떻게?)' 'Take a Risk(리스크를 감수하고 결단을 내릴 수 있는가?)'라는 3가지의 질문에 명쾌하게 대답하는 것이다.

전략 구상의 세부사항에 이르기까지 이 3가지 질문에 계속해서 책임 있게 대답하는 작업이 전략 엔진 창조의 요점이다. 단순한 질문이지만 여기에 대답하는 것은 사실 매우 어려운 작업이다. 이 3가지가 분명하고 확실하지 않은 채 입안된 전략이 얼마나 많은가?

그렇다고 해서, 이 3가지 질문만으로 내일부터 바로 전략 시나리오를 만들어내라고 한다면 여러분은 처음에는 당황할 것이다. 그래서 이 책에서는 이 3가지 질문에 대답하기 위한 전략 사고와 전략 구상을 위한 3대 핵심에 대해서 자세하게 설명하고 있다.

1부는 사고 편이다. 전략 사고의 본질과 전략 사고를 익히는 훈련 방법에 대해서 서술하고 있다. 2부는 기술 편으로 전략 시나리오를 구상할 때 핵심이 되는 프레임워크를 소개하고 있다.

이 책은 대충대충 읽고 나서 전략 계획을 세울 수 있는 매뉴얼 같은 책이 아니다. 어디까지나 전략 시나리오를 구상하는 데 핵심이 될 '전략 엔진'을 창조하기 위한 실천적 교과서로 읽기 바란다. 즉 읽은 후 자신의 비즈니스 현장에서 최대한 지혜와 에너지를 짜내어 생각하는 것이 바람직하다. 그렇게 하면 실행에 옮길 때 이 책이 틀림없이 강력한 길잡이가 될 것이다.

앞에서도 서술한 바와 같이 복잡한 전략은 현대에는 통용되지 않는다. 빠르게 변화하는 비즈니스 현장에서 리스크를 기회로 변환시켜 성공으로 이끌기 위한 전략 시나리오를 입안하는 것이 중요하다. 책임의식이 없으면 리스크를 감수할 수 없다. 또한 신념이 없다면 미래를 위한 결단을 내릴 수 없다. 불확실한 시대의 거센 파도를 헤쳐 나가려면 확고한 신념과 책임의식을 가지고, 리스크에 도전하는 비즈니스맨과 기업이 늘어나야 한다. 이 책이 그러한 일에 작은 보탬이 되었으면 좋겠다.

사이토 요시노리

차 례

머리말 | 맥킨지식 전략으로 위기관리 능력을 기르자! · 5

1부 사고 편 **전략 사고의 본질** … 13

1장—사고의 모럴해저드 · 17
사고의 모럴해저드가 기업의 발전을 저해한다

사고의 모럴해저드란 무엇인가 · 19
사회와 기업에 널리 퍼진 사고의 모럴해저드 · 23
오퍼레이션 사고와 갬블 사고 · 33

2장—전략 사고 · 41
전략 사고는 불확실한 시대를 돌파하는 유일한 방법이다

전략 사고와 오퍼레이션 사고, 갬블 사고의 차이점 · 43
전략 사고를 실현하는 3가지 스킬 · 47
전략 사고 사례 ① 가오의 콤팩트형 분말세제 어택 · 57
전략 사고 사례 ② 미스미의 신규사업 진출 · 63
전략 사고 사례 ③ 기린과 아사히의 싸움 · 71

3장—전략 사고 트레이닝 · 79
전략 사고도 훈련을 통해 향상될 수 있다

전략 사고를 몸에 익히자 · 81

나의 전략 사고 능력은 어느 정도인가 · 83
전략 사고 연습 ① OA기기 사업에서 철수해야 하는가 · 86
전략 사고 연습 ② 어느 회사 방침을 채택해야 하는가 · 96
전략 사고 연습 ③ 지역 전개 우선순위 정하는 법 · 101
전략 사고 집중 트레이닝 · 107
가설 사고와 논리에 따른 구조화 · 109
원인에서 결과에 이르는 인과관계 · 115
결과를 발생시키는 전체 메커니즘을 해명한다 · 120
메커니즘을 발생시키는 구조 구상 · 124
'누락과 빗나감'의 관점에서 구조 변화를 포착한다 · 129
YES, No의 판단으로 구체적인 결론을 내린다 · 133
전략 사고 연습문제 · 135

2부 기술 편 **전략 시나리오 구상의 핵심** … 139

4장—전략 구상의 기본적 사고방식 · 143
전략은 간단하고 명쾌하게 만들어야 한다

전략은 어느 조직, 누구에게나 필요하다 · 145
전략의 핵심 '전략 엔진'을 창조하라 · 151

전략 시나리오를 구상하는 3대 핵심 · 157

5장—핵심 1: 전략 구상의 열쇠, 3C 분석 · 165
3C 분석으로 전략 구조를 통찰하고 방향을 제시한다

3C 분석의 중요성 · 167

고객을 선택한다 · 177

경쟁사와 차별화한다 · 191

자사의 자원을 집중한다 · 204

3C에 영향을 주는 외적 신호 · 216

6장—핵심 2: 고객의 핵심가치 창조 · 227
고객 가치에 눈을 돌리지 않는 기업은 살아남을 수 없다

핵심가치와 핵심비용에 초점을 맞춘다 · 229

새로운 비즈니스 구조의 설계 · 237

핵심가치를 창조하라 · 248

7장—핵심 3: 리스크를 감수한 판단과 평가 · 265
전략 시나리오를 실행하기 전 리스크와 이익을 평가한다

리스크와 이익의 평가 · 265
전략 평가 축의 애매함이 기술혁신을 저해한다 · 268
수익기준에 의해 판단, 평가한다 · 270
가치기준, 경영이념에 의해 평가한다 · 282
경영이념이 어떻게 기업가치를 만드는가 · 287
가치기준이 되는 경영이념의 조건 · 299

맺음말 | 조직에 전략을 침투시켜라! · 307
옮긴이의 말 | 맥킨지가 일하는 방식을 배우자! · 313

1부
사고 편
전략 사고의 본질

전략 사고가 필요한 시대

현대를 살아가는 우리는 사물의 본질을 바라보는 능력이 점점 떨어져간다. 그래서 지금까지 경험해보지 않은 문제, 예측할 수 없는 문제, 복잡한 문제에 부딪히면 '사고정지 상태'에 빠져버린다. 한번 경험했던 문제와 같은 패턴이라면 매뉴얼에 따라 해결책을 내놓으면 되겠지만 경험해 보지 않은 문제는 기존에 만들어둔 매뉴얼대로 해결할 수 없기 때문이다.

이처럼 사고정지 상태에 이르면 사람들은 어떻게 행동할까? 가장 많이 나타나는 유형은 '회피형'이다. 회피형은 스스로 결론을 내리지 않으려고 한다. 문제로부터 도망치려 하거나, 혹은 자신이 내린 결론이 가져올 결과를 책임지지 않으려고 한다. 그런 후에는 자신의 행동에 대한 변명과 이유를 찾으려 고심한다. "아, 이건 전례에 없는 일이라 성급하게 결론을 내리기보다는 추이를 살펴보는 게 좋겠습니다"라거나 "이 문제는 일시적 현상일지도 모르는데 너무 우왕좌왕하는 것 같네요. 좀더 상황을 살펴봅시다"라며 경험이 없는 문제에 대해서 지금 당장 결론을 내리길 꺼린다. 그리고는 자기 자신과 주위 사람들을 설득한다.

또는 어떻게든 결론을 내려야 할 상황에 처하면, 그 상태를 견디지 못해 돌연 단계를 뛰어 넘어 맥락도 없는 결론을 내 버린다. 그리고 전례가 없는 일이라 이전 방식대로 사고하면 안 되기 때문에 그랬다는 그럴 듯한 이유를 대곤 한다.

이처럼 사고정지 상태가 되어 새로운 가치를 창조하지 못한다면 우리에게 미래는 없다. 사고정지 상태에서 벗어나기 위해서는 전략 사고가 필요하다.

'전략 사고'란 한마디로 불확실한 비즈니스 환경에서 명확한 미래 시나리오를 창조하는 사고이다. 현대사회는 구조와 본질이 급격하게 변하기 때문에 변화의 흐름을 놓치지 않고 어느 방향으로 키를 돌려야 할지 즉각적으로 판단하려면 전략 사고를 해야 한다. 더욱이 키잡이는 시시각각 변하는 조류에 대응해 연속적으로 판단을 내려야 한다. 한 번 키를 놓치면 그 이후에는 조류의 흐름을 파악하기 어려워져 위험에 빠질 수 있다(그림 1-1).

전략 사고는 '움직이면서 판단하고 동시에 실행하는 사고'라고 할 수 있다. 일본인과 한국인은 한번 방향이 정해지면 그 방향으로

미션=목표에 빠르게 도달한다

지금까지	지금부터
목표	목표
자신	자신
오퍼레이션 사고 **도구의 선택**	전략 사고 **진로의 선택**

환경 변화

효율적으로 움직이는 능력이 뛰어나다. 그리고 지금까지 이룬 번영은 그 능력 덕이라고 해도 과언이 아니다.

그러나 현재에는 이러한 능력이 오히려 더 큰 성장을 막는 걸림돌로 작용하고 있다. 지금 필요한 것은 방향이 정해져 있지 않은 상황에서도 실행하면서 방향을 잡아가는 능력이다. 방향을 정하고 나서 움직이는 것과 움직이면서 방향을 정하는 것에는 큰 차이가 있다. 지금은 방향을 정하면서 움직이는 능력을 높이든지, 아니면 방향을 정할 때까지 움직이지 않는 편이 좋은 때이다.

그렇지만 방향을 정할 때까지 움직이지 않고 기다릴 수 있는 여유가 없으므로 방향을 정하면서 움직이는 게 효과적이다. 그렇기 때문에 전략 사고를 몸에 꼭 익혀야 한다.

전략 사고는 기업의 최고경영층은 물론 현장의 최전선에 있는 비즈니스맨에게도 꼭 필요한 능력이며, 이 사고를 배우는 것이야말로 이 불확실한 시대를 뚫고 나갈 수 있는 유일한 방법이다.

1장
사고의 모럴해저드
사고의 모럴해저드가 기업의 발전을 저해한다

strategic scenario
core skills and techniques

사고의 모럴해저드란 무엇인가

'모럴해저드(moral hazard)'는 원래 보험용어였으나 최근에는 경제현상에 확대되어 사용된다. 한 사람 한 사람의 도덕적 불감증으로 인해 최후에는 사회를 지탱하는 시스템 자체를 붕괴시키는 현상을 의미한다.

대부분의 사람들이 가입하고 있는 건강보험을 예로 들어보자. 누구라도 병이 나면 병원에 가서 치료를 받는다. 그러나 가벼운 상처나 감기 정도라면 약국에서 약을 사지 일부러 병원까지 가지 않는다. 그러나 어느 때 누군가가 이렇게 생각했다고 하자. "보험료를 꼬박꼬박 내기만 했지 혜택을 못 받고 있군. 앞으로는 아플 때 집에서 쉬지 말고 병원에 입원해야겠어" 그리고는 집에서 며칠 안정을 취하면 될 증상인데도 병원에 입원한다. 약간의 비용만 부담하면 세끼 꼬박꼬박 챙겨주겠다 병원에 입원하는 편이 집에 있는 것보다 좋다고 생각한다.

이런 행동을 하는 사람이 점점 늘어난다면 어떻게 되겠는가? 건강보험 시스템은 개인도 치료비를 부담하므로 병원에 가지 않아도 될 질병으로 병원을 찾는 사람은 없다는 전제 하에 운영되는 것이다. 따라서 사람들이 감기나 피로 등 가벼운 증세로 입원을 한다면 이 시스템은 잠시도 지탱할 수 없다. 이렇게 되면 의료비용이 증가하여 보험료를 증액하게 될 것이고 사람들은 보험료가 올랐는데 병원 치료를 받지 않으면 손해라며 병원에 다니지 않던 사람까지 병원에 다니게 될 것이다. 그렇게 되면 최종적으로는 한 사람당 보험 부담액이 너무 높아져 보험료를 내지 못하는 사람들이 발생하고 건강보험 시스템 자체가 붕괴되어 건강보험이 절실하게 필요한 사람들이 병원을 이용하지 못하게 되고 만다.

처음에는 그저 몇 사람이 "나 하나 정도야……"라는 생각으로 시작한 행동이 마지막에는 사회를 지탱하고 있는 시스템 기반이 붕괴되는 현상으로 치달을 수 있다는 것이다.

잘 생각해 보면 모럴해저드는 생활 속 어디서나 발견할 수 있다. "빨간 신호지만 차가 오지 않으니까 건너자", 해뜨기 전에 쓰레기를 버리게 되어 있지만 "아침에 일어나기 힘드니까 그냥 밤에 버리자", "줄이 너무 길어 오래 기다려야 하니까 새치기하자" 이처럼 일상 속에서 만날 수 있는 모럴해저드의 사례는 끝이 없다. 처음에는 한두 사람이 신호를 무시하고 길을 건너기 시작했지만 곧 여러 사람이 따라하게 되고 혹시나 아이들도 따라하게 되면 어떻게 되겠는가. 처음에는 한 사람이 정해지지 않은 시간에 쓰레기를 버렸지만 누군가 "나도 괜찮겠지" 하고 생각한다면 어떻게 되겠는가. 모든 사람이 이런 생각을 갖는다면 어느 날 시내 곳곳에 쓰레기가 산처럼 쌓이게 될지도 모른다.

〈그림 1-1〉은 모럴해저드를 비즈니스 현장으로 옮겨본 것이며, 비즈니스에서의 모럴해저드를 '사고의 모럴해저드'라고 한다.

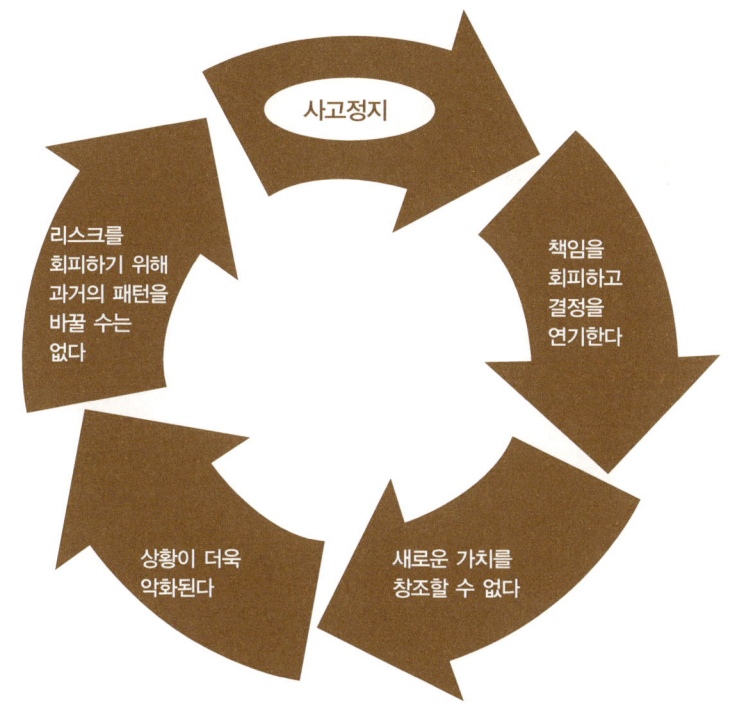

그림 1-1 사고의 모럴해저드

비즈니스맨의 윤리의식이란 무엇인가? 프로로서 갖추어야 할 윤리의식이란 '사회, 업계, 기업 또는 프로젝트가 직면한 문제에 대해서, 책임지고 미래를 통찰하고, 각자의 이념에 근거하여 리스크를 감수하여 판단하고, 구체적인 행동으로 이어질 수 있는 결론을 내리는 것'이다.

비즈니스에서 모럴해저드란 이와 같은 윤리의식을 무시하고 조직의 체계를 무너뜨리는 사고를 하는 것이다. 예를 들면 과거에 경험한 적이 없는 문제에 부딪히면 미래를 예측하는 데 막대한 에너지를 투여하게 된다. 결론이 나지 않는 일에 매달리면 그 조직은 피폐해지고 결국 시스템이 붕괴될 것이다. 또 한 가지 예로 문제가 발생했는데 더 이상의 위험이 닥치지 않도록 현재의 상태를 유지하는 선에서 매듭지었다고 하자. 대부분 현상유지만 할 수 있어도 손해는 안 본다고 생각하지만 긴 안목에서 보면 현상유지는 결국 큰 적자를 부르고 시스템의 붕괴로 이어진다. 책임회피를 위해 여러 가지 변명을 늘어놓으면 어떻게 되겠는가? 변명을 늘어놓기 시작하면 구체적인 행동으로 이어질 수 있는 결론이 나올 수 없게 되고, 자연히 미래는 불투명해진다.

우리는 비즈니스 현장에서 예측할 수 없는 문제, 복잡한 문제, 미지의 문제에 자주 부딪힌다. 그럴 때 조직의 각 계층에서 "구체적인 결론을 내릴 수 없다", "어느 방향인지 판단할 수 없다", "과거와 같은 결론을 내릴 수밖에 없다", "판단은 내리겠지만 책임은 못 지겠다", "위험을 무릅쓸 수 없다"와 같은 사고의 모럴해저드 현상이 일어난다. 이런 현상은 문제에 대한 입장이나 분야를 불문하고 나타난다. 사고의 모럴해저드는 처음에는 한 사람에게 나타나지만 빠른 속도로 기업 전체에 퍼진다. 그리고는 사회 전체로 퍼져 시스템 붕괴로 연결되는 것이다.

사고의 모럴해저드가 사회에 침투하면 더 이상 새로운 가치가 창조되지 않는다. 그렇게 되면 사회 전체적으로 생산성이 낮아져 최후에는 기업의 존재 기반 그 자체가 붕괴하고 만다.

사회와 기업에 널리 퍼진
사고의 모럴해저드

신문에 오르내리는 다양한 사례, 기업의 컨설팅 활동을 통해 얻은 사례, 또는 비즈니스맨을 대상으로 한 전략 사고 강화 훈련에서 접한 사례들 중 모럴해저드와 관련된 예를 소개하겠다.

◎ 회사를 도산에 빠뜨리는 사고의 모럴해저드

일본에서는 거품경제 붕괴 후 수면 아래 감춰져 있던 불량채권이 차례차례로 표면화되었다. 감당할 수 없을 만큼 채무가 늘어나 현금흐름이 막힌 기업이 잇달아 도산했고, 설마 그 기업까지야 하고 생각했던 기업들도 도산하거나 흡수합병의 고통스러운 상황에 처해 있다. 오랜 전통을 가지고 확고한 기반을 가진 대기업조차도 그렇다. 어느 기업도 결코 강 건너 불구경 하듯 있을 수 없는 위기 상황이며, 대기업 명함이 안정된 미래를 보장하던 시대는 지났다.

1997년 일본 야마이치증권의 도산 후 열린 기자회견에서 사장은 "모두 제 잘못입니다. 사원들은 잘못이 없습니다"라며 절규했다. 야마이치증권이 도산하리라는 징후는 훨씬 이전부터 있었을 것이며, 사장이 그런 낌새를 맡지 못했을 리 없다. 그런데도 왜 문제를 해결하지 않고 껴안고 있었을까. 이는 결단을 내리지 못하고 현시점에서 책임을 회피하는 사고의 모럴해저드 현상이 일어났기 때문이다.

기업 최고경영층이 일으키는 사고의 모럴해저드란 무엇인가? 재무상황을 충분히 파악하고 있으면서도 도산할 때까지 재건 대책을 강구하지 않고 방치한 것. 그리고 최고경영층뿐만 아니라 금융 안정화를 도모하기 위해 당연히 감시하는 입장에 있어야 할 재무부서가 분식결산에 대해서는 지혜와 에너지를 쏟으면서도 본질적인 해결책을 내놓는 데는 적극적이지 않았던 것. 최고경영자와 사원 모두가 장차 닥칠 위험을 예상해 책임 있는 태도로 해결하려고 노력했더라면 최악의 상황은 피할 수 있었을 것이다. 최악의 상황이 되어서야 자신의 잘못을 통감하면 무슨 소용이 있겠는가.

거품경제시대의 거품을 제거해야 한다는 소리는 많지만, 결국 그 원인은 관료와 금융기관의 사고의 모럴해저드에 있다고 해도 과언이 아니다. 예금자의 자산을 효과적으로 운용해서 장래성이 높은 21세기 기업을 육성하고, 그 이윤을 한 번 더 예금자에게 분배하는 은행 본래의 사명을 포기함으로써 경제의 혈액순환을 역류시켜 버리고 만 것이다. 그 근본 원인은 구조의 메커니즘을 파악하는 능력, 미래를 예측하는 통찰력, 미래에 대한 비전과 이념이 없기 때문이다. 게다가 최악인 것은 '미래에 닥칠 위험을 공표하고, 자기 책임 아래 대담한 개혁을 하는 것이 불가능하다는 점일 것이다. 이대로는 미래가 위태롭다.

◎ 재해가 닥치면 더욱 우왕좌왕하는 사고의 모럴해저드

일본에서는 고베 대지진과 옴진리교 사건을 시작으로 해서 지금까지 경험한 적이 없는 재해와 사건이 잇달아 일어나고 있다. 사고가 발생할 때마다 늑장 대응으로 피해가 확대되고, 담당 책임자들은 마치 판에 박은 듯 똑같은 말만 늘어놓는다. "갑작스레 재해(사건)가 발생할 때 어떻게 대응해야 하는지 지침서가 마련되어 있지 않다. 오늘의 경험을 거울삼아 모든 상황을 상정한 위기관리 대응 지침서를 완비하겠다."

도대체 언제 터질지 모르는 돌발적인 재해에 대처하는 업무 지침서를 마련한다는 게 가능한 일일까? 담당 책임자들도 지침서만으로 해결하는 데는 한계가 있다는 것을 알고 있으면서도 계속해서 같은 말을 되풀이한다.

언제 일어날지 모르는 예측 불가능한 재해와 사건에 대해서는 미래를 내다볼 줄 알아야 하며, 위험을 감수하더라도 구체적인 행동으로 연결될 수 있는 결론을 순간적으로 내릴 수 있어야 한다. 그러나 현장 상황을 파악하고 있으면서도, 독단적 대책을 실행했을 때 자신이 책임을 지게 될까봐 손을 쓰지 않는 경우가 왕왕 있다. 요컨대 지금 일어나고 있는 상황에 대해서 무엇을 해야만 하는지 생각하기보다 실패했을 때 자신에게 돌아올 위험을 줄이는 데만 신경쓰게 된다는 말이다. 즉 적극적으로 판단하지 않고 책임을 회피하게 된다.

책임회피의 근본적인 원인은 자신의 일의 목적, 판단의 이념과 가치관이 불분명하기 때문이다. 그래서 사고정지 사태에 빠지고 긴급 상황에서 기존 틀을 벗어난 판단을 내릴 수 없는 것이다.

사람의 판단기준은 그 사람의 목적이나 그 사람이 가지고 있는 이념과 가치관에 따라 결정된다. 사람들은 목적, 이념과 가치관이 불분명한 상태에서는 지침서가 없으면 확실한 판단을 내리려 하지 않는 경향이 있다. 사람이 돌무더기 속에 갇혔다고 하자. 돌무더기 속에서 살려달라고 외치는데도 '돌무더기를 제거하는 행동지침이 없다'며 방관할 사람은 없을 것이다. 그때의 판단기준이 '곤란에 처한 사람을 도와준다'는 도덕적인 가치관이라도 좋다. 사람을 돕는 게 직업인 구조대라 도와줬다고 해도 좋다. 요컨대 일의 목적과 판단의 근거가 되는 이념과 가치관만 있다면 사고정지에 빠지지는 않을 것이다.

권선징악을 주제로 하는 할리우드 액션 영화 중에는 범죄자에게 밀리는 형사가 직권을 초월해 악한과 대결하는 스토리가 많다. 〈다이하드(Die hard)〉에서 브루스 윌리스가 맡은 경찰을 생각해보자. 눈앞에 인질범이 있고 선량한 시민이 위험에 처한 상황에서 주인공은 뉴욕 시경이라는 자신의 입장에 영향을 받지 않는다. 이럴 때 주인공은 뒷일은 내가 책임진다는 자세로 위험을 감수한 채 행동한다. 영화 속 주인공은 '악을 심판한다'는 명확한 목표와 이념이 몸에 배어 있기 때문에 범죄의 현장에서 순간적인 판단을 내리고 행동에 옮길 수 있는 것이다.

사고의 모럴해저드란 순간적으로 이러한 판단을 내리지 못하는 상태이다.

◎ 과거에서 벗어나지 못하는 사고의 모럴해저드

비즈니스 현장에서 흔히 볼 수 있는 현상 중 또 하나는 '과거의

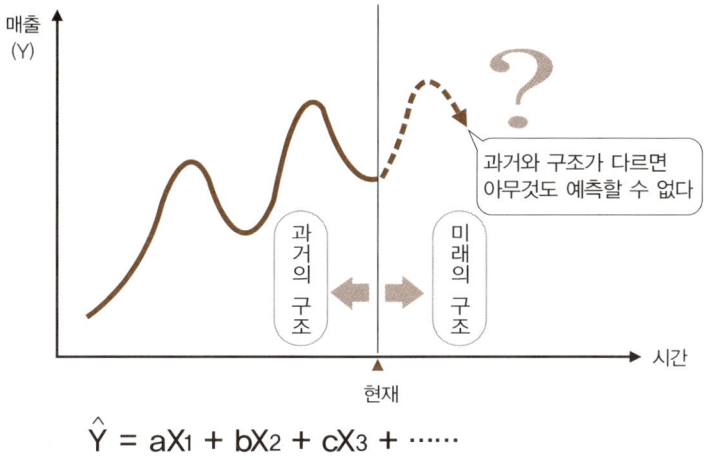

그림 1-2 회귀분석 사고

연장선 위에서 결론을 내리는 것'이다. 과거의 연장선이라도 과거 동향을 분석해서 내린 결론이므로 미래를 예측해 내린 결론이나 마찬가지라며 문제가 되지 않는다고 생각하기 쉽다.

그러나 이 역시 사고의 모럴해저드이다. 왜냐하면 변화가 격심한 현대사회에서는 과거 동향 분석을 통해 미래를 예측해서는 새로운 가치가 창조되지 않기 때문이다.

이런 분석은 미래를 정량적으로 예측할 때에 자주 사용되는 통계적인 방법으로 회귀분석이라고 한다. 예측 대상이 되는 결과에 대해서, 그 원인에 영향을 미친다고 생각되는 인자의 과거 동향으로부터, 결과와 원인의 상관관계를 분석하여 미래를 예측한다(그림 1-2).

이런 방법은 숫자로 미래를 조감하기 때문에, 일견 논리적이고 확실성도 높고, 설득력도 있는 것처럼 보인다. 그러나 주의 깊게 이용하지 않으면 잘못된 결과를 도출하거나 숫자 나열 이상의 의미가 없어 이 분석을 통해 나온 결과가 어처구니 없는 혼란을 초래할 수도 있다.

그것은 선택한 인자와 결과와의 사이에 비록 상관관계가 있었더라도 그 인자와 결과 사이에 명확한 인과관계가 있는지 어떤지는 별개의 문제이기 때문이다. 그렇기 때문에 이 분석이 의미가 있으려면 인과관계가 있는지 어떤지 근본적인 문제를 분명히 해야 한다. 보통 상관관계가 있으면 인과관계도 있는 것처럼 착각하지만 그렇지 않다.

예를 들어, 국가의 GNP 성장과 성인의 비만도와의 관계를 알아본다고 하자. 여기에는 상관관계가 상당히 있다. 개발도상국을 생각해 보면 잘 알 수 있다. 혹은 일반적으로 부자들 중에는 비만인 사람이 많다고 알려져 있다. 그러나 그렇다고 해서 비만도(원인)가 높으면 GNP(결과)가 높아진다고 하는 상관관계는 성립하지 않는다. 이 회귀분석이 장래 예측에 유효하게 사용될 수 있는 요건의 하나는, 인자와 결과 사이에 인과관계가 존재하느냐에 있다.

더욱이 회귀분석이 제대로 되려면 상정하는 미래의 구조가 분석의 근거가 되는 과거의 구조와 같아야 한다. 요컨대 아무리 치밀한 분석모델을 만들어서 중요한 영향인자의 누락을 미연에 체크하더라도, 미래와 과거의 구조가 다르다면 회귀분석에 의한 예측을 한다는 것 자체가 난센스다.

실제 이와 같은 회귀분석형의 직선적인 사고는 비즈니스 현장 도처에 만연되어 있다. '과거에 잘됐으니 이번에도 같은 패턴으로 하면 성공할 거야', 혹은 '경쟁사가 매출이 순조로우니 그들의 사업방식을 벤치마킹해 우리 회사에도 도입하자'와 같은 접근법은 과거와 비즈니스 환경이 거의 똑같고, 극히 한정된 경우가 아니라면 통용될 수 없다.

그러나 과거와 같은 비즈니스 환경이라는 것은 대부분의 경우 있을 수 없다. 비즈니스의 규칙과 구조는 환경의 변화에 따라 순식간에 바뀌어 버릴 수도 있다. 환율 변동, 규제 완화, 그리고 경쟁상대가 비즈니스의 경쟁 환경을 바꾸어 버릴 수도 있다. 그러므로 과거 분석을 아무리 정교하고 치밀하게 한다 해도 미래의 구조에 대한 통찰력이 부족한 상태에서 내린 결론은 신뢰성이 떨어진다.

요컨대 회귀분석을 잘못 사용하거나 과거에 속박당한 것이 '사고의 모럴해저드'다.

◎ 갑자기 전혀 상관 없는 결론을 내놓는 사고의 모럴해저드

비즈니스에서는 구체적인 결론을 내리지 않으면 아무것도 앞으로 나아갈 수가 없다. 그리고 결론을 실행에 옮기지 않으면 결과가 나오지 않는다. 당연한 일이다. 그렇지만 결론을 내리기 위해 최대한, 완벽한 정보를 수집했으면서도 구체적인 결론을 내리지 못하는 사람이 있다. 비즈니스의 사명과 미션을 잊어버리고 있는 것이다. 기업의 비전을 달성하기 위해서는 행동으로 연결되는 결론을 내려야 한다. 정보를 수집하는 데 시간을 뺏겨버리면 결론에서 멀어지고 만다.

결론도 내리지 못하고 정보수집에 시간만 들어갔다면 거기에 투여된 시간은 기업의 입장에서 보면 쓸데없는 데 비용이 들어간 것이다. 그리고 정보수집에 시간을 너무 많이 들이면 그 밖의 다른 일을 할 수 없게 되기 때문에 기회손실이 발생한다.

당신이 이 같은 상황에 처해 있다면 무엇이 가장 두렵겠는가?

아마도 구체적인 결론을 내려야 한다고 재촉당한 끝에, 그때까지 고생해서 모은 정보를 내팽개치고 갑자기 엉뚱한 결론을 내리게 될까봐 두려운 것이다. 이런 상황에서 대부분은 그때까지 자신이 설명한 정보와 전혀 관련이 없는 즉흥적인 아이디어를 말하게 된다. 정보·분석과 결론이 논리적으로 연결되지 않고 폭발해 버리는 것이다. 결국 자기 나름대로의 가설을 세우지 못한 채 진행된 정보수집은 단순히 제각각인 현상의 집합에 지나지 않으며 좀처럼 비즈니스에 대한 결론으로 연결되지 않는다. 이런 정보는 모으면 모을수록 오히려 혼란스러워진다.

이처럼 가설을 세우지 않고 진행된 정보수집, 혹은 의미 있는 결론이 나오지 않는 조사·분석은 비즈니스 현장 어디서나 볼 수 있으며, 또 결론이 전혀 다른 방향으로 튀어나가는 현상도 자주 만날 수 있다.

현상에서 의미를 끌어내거나 가설을 증명하기 위한 분석을 실행하기 위해서는 반드시 결론과 현상을 잇는 '논리'가 필요하며, 이 논리가 없기 때문에 갑작스럽게 전혀 상관이 없는 결론을 내놓게 되는 것이다.

◎ **무책임과 가치관의 결여에서 오는 사고의 모럴해저드**

시장 구조가 많이 변해 기존의 접근법으로는 고객 소구력(상품을 선전하고 상대방에게 사고 싶은 마음이 일도록 하는 일)이 대폭 저하됨에도 불구하고 방향을 전환하지 못하는 일은 어느 기업에서나 발생한다. 시장점유율이 떨어져 그대로 방치하면 치명적이라는 사실을 잘 알고 있으면서도 일주일, 혹은 1년 동안 그대로 방치한다. 그 정도라면 아직 괜찮을 것이라고 제멋대로 판단하는 것이다. 그러나 1년, 2년 질질 끌면서 바로잡지 않으면 최후에는 위기상황에 빠지고 만다.

이와 같은 '사고의 모럴해저드'는 과거에 성공을 맛본 사람들에게 더욱 더 많이 나타난다. 과거의 성공에 안주하면 발상의 전환을 통해 새로운 성공을 꾀할 필요를 느끼지 못하기 때문이다. 그러나 꼭 성공을 경험한 사람에게만 '사고의 모럴해저드'가 나타나는 건 아니다. '사고의 모럴해저드'는 미래에 대한 리스크를 감수하고 싶지 않은 무책임함 때문에 나타난다. 또는 자신의 목적이 불명확했거나 결론을 내릴 때 근거가 되는 이념과 가치관을 제대로 세우지 못했기 때문이다. 과거와 미래의 구조 변화에 대한 통찰력이 약한 것도 상당한 영향을 미친다.

◎ **조직체계에서 오는 사고의 모럴해저드**

기업이 직면한 문제를 좀처럼 해결하지 못하는 가장 큰 원인 중 하나는 전 구성원이 다 함께 문제나 해결책을 구체적으로 인식하지 못하기 때문이다.

상품과 서비스를 고객에게 제공하기 위해서는 기업 내 다양한 부서의 협력이 필요하다. 또 중요한 의사결정을 하려면 조직 내 여러 단계를 거쳐야 한다. 그러나 각각의 부서가 자기 부서의 이해관계에 지나치게 집착하면 본질적인 문제에 초점을 맞추지 못하고 문제가 왜곡될 수 있다. 몸을 사리는 부서가 있으면 다른 부서와의 의사소통이 힘들어지고, 논의의 논점이 어긋나 최후에는 윗선에서 강압적으로 결정을 내려버린다.

이러한 문제를 해결하기 위해서 적극적으로 인사교류를 실행하는 것은 잘못된 것이 아니다. 그러나 때때로 각 부서는 우수한 인재를 단단히 숨겨놓고 밖으로 내놓지 않아 실질적인 인사교류가 이루어지지 않을 수 있다. 또 같은 사업부라도 조직체계간에 벽이 두꺼우면 상하관계를 뛰어넘어 자유로운 논의를 할 수 없으며, 새로운 아이디어를 내지 못하는 경우가 많다. 이 경우 아래 사람에게 'Challenge the boss'라고 아무리 외쳐도 소용이 없다.

이처럼 조직체계가 낳은 사고의 모럴해저드는 심각한 수준이다. 최고경영층이 대담한 인사개혁을 실시하거나 그런 조직체계를 배제하는 것을 기업의 행동규범으로라도 내걸지 않는 한 하루아침에 해결한다는 것은 불가능하다.

오퍼레이션 사고와 갬블 사고

앞에서 서술한 바와 같이, 사회와 기업의 도처에서 사고의 모럴해저드를 볼 수 있다. 사고의 모럴해저드가 발생하는 근본적인 원인은 책임을 지지 않고, 목적과 이념·가치관이 명확하지 않고, 잘못된 과거를 통찰하고, 과거에 너무 구애되고, 구체적 결론을 내리지 못하고, 리스크를 감수하지 못하기 때문이다.

그러면 왜 이와 같은 태도를 취하게 되는 것일까. 그것은 크게 나누어서 2가지 사고방식, '오퍼레이션 사고'와 '갬블 사고'에서 기인한다.

◎ **오퍼레이션 사고**

앞에서 서술한 바와 같이 일본인과 한국인은 업무 능력이 매우 뛰어나다. 방향이 정해져 있는 상황에서는 효율적으로 운영하는 능력이 유례를 찾기 힘들 만큼 뛰어나다. 시종 일관 기존의 틀 내에서 개선해나가기 때문에 환경이 크게 변하지 않을 때에는 효율적으로 움직이고 통제능력도 뛰어나다. 그러나 변화가 격심한 환경에서는 기존의 틀을 일탈하는 순간 그 운영능력이 더 이상 통용되지 않는다. 그런 경우 역으로 늑장 대응을 하게 되어 리스크가 커진다.

오퍼레이션(operation) 사고란, 이와 같이 현재 상황에서 표면화되어 있는 틀 내에서 해결하고 개선하려는 현상 수긍형 사고이다. 지금 운영하고 있는 메커니즘을 부정하지 않고 거기에서 출발해서 생각하는 것이다. 이 사고는 시간 측면에서 보면 '현재', 범위 측면에서 보면 '자사·자기 부서·자신'의 상황으로부터 벗어나지 않으려고 하는 발상이다. 또는 이런 것들에서 벗어날 필요가 없는 효율을 중시하는 내부 지향의 사고 패턴이다.

예를 들면, 공장 생산라인의 시간효율을 높이거나, 불량품 발생률을 줄이고 상품의 질을 향상시키기 위한 소집단 QC(품질관리) 활동, 또는 업무의 철저한 효율화를 도모하기 위한 리엔지니어링, 사내 간접 부서의 비용 삭감 등을 하는 데는 오퍼레이션 사고로 최대한의 효과를 올릴 수 있다. 현상 타개의 연장선상에 있는 이 개선형 접근법은 자신이 통제 주체로서 자신에게 보여지는 범위 내에서 노력하면, 현 상황에서의 리스크를 최소화할 수 있고, 수익에 기여하는 작지만 확실한 효과를 기대할 수 있다.

이 오퍼레이션 사고가 유효하기 위해서는 몇 가지 조건이 갖추어져야 한다. 예를 들면 시장 수요가 공급보다 항상 많아서 성장이 보장되어 있는 환경이거나 또 업계 환경이 경쟁을 할 필요 없이 균일화되어 있고 폐쇄적인 환경이라면 열심히 노력하면 반드시 좋은 성과를 얻을 것이다.

그러나 이 오퍼레이션 사고에 의한 접근법은 시장이 성숙된 환경 혹은 경쟁이 개방화, 세계화되어 이질적이고 동태적인 경쟁자가 출현하는 환경에서는 전혀 통용되지 않을 뿐더러 거꾸로 큰 리스크를 안을 수 있다.

왜냐하면 이런 환경에서는 기존의 연장선상의 틀과 자신만이 통하는 틀은 통용되지 않기 때문에 상황을 100% 통제하기가 불가능하다. 오퍼레이션 사고는 기존의 틀을 그대로 유치한 채 문제를 해결하고 개선할 때, 또는 통제 가능한 환경에서 문제를 해결하고 개선할 때 적당한 사고이기 때문에 그 이외의 조건에서는 통용되지 않는다.

예를 들면 일본 관료기구의 한계는 바로 이 오퍼레이션 사고의 한계와 같다. 고도성장기, 폐쇄적 성장기에 효율적으로 운영되던 일본의 행정 메커니즘이 성숙화, 개방화, 세계화된 시장에서는 변화를 강요당하기 때문에 기존의 틀로는 문제를 해결할 수 없다. 그러므로 과거의 메커니즘에 의지하고 있는 관료기구에게 진취적인 사고를 기대할 수 없으며, 나아갈 방향조차 제시하지 못하는 정치가들이 행정개혁을 하기를 기대하는 것은 우스운 일이다. 결국 오퍼레이션 사고로는 그런 변화를 기대할 수 없다.

일본의 대기업도 마찬가지다. 개방과 동시에 글로벌 경영 환경에 단련되어 있던 소니와 혼다, 캐논 등 극히 일부를 제외한 대부분의 일본 기업은 오퍼레이션 사고의 한계에 직면하고 있다. 새로운 시장을 스스로 창조하기는커녕, 새로운 환경 변화에도 잘 대응하지 못한다. 고도성장기에 쌓아놓은 기반이 진부해지고 있음에도 불구하고, 리스크를 회피한 나머지 현재 연장선에서의 해결책을 제시하는 수준이다.

오퍼레이션 사고는 과거의 메커니즘에 속박되어 미래에 닥칠 위험을 생각하지 않는 '사고의 모럴해저드'를 일으키는 원인이 된다.

오퍼레이션 사고에 의해 구체적인 결론을 내리면 기업이 위기상황에 빠질 수 있다. 사고정지 상태에 빠졌을 때는 빨리 정신을 차리고 다시 처음부터 시작하면 된다. 그러나 오퍼레이션 사고로 구체적인 결론을 내리고 행동에 옮기면 정신을 차렸을 때 중대한 리스크를 떠맡게 될 수도 있다. 현재 상황에서는 리스크가 작은 선택이었더라도, 장차 기업의 존속까지도 위험한 상태에 빠뜨릴 수 있는 것이다.

바꾸어 말하면 오퍼레이션 사고를 버리지 못하는 것도 '사고의 모럴해저드'라고 할 수 있다. 과거의 사고를 버리지 않으면 새롭게 창조적으로 사고할 수 없다.

◎ 갬블 사고

갬블(gamble) 사고란 이름 그대로 도박을 하는 것과 같은 무모한 사고이다. 적중하면 좋지만 어긋날 수도 있다는 가정 하에 위험을 무릅쓰는 것이다. 구체적인 결론을 강요당해 사고정지 상태에 이르면 돌연 엉뚱한 아이디어를 내는 경우가 있다. 이때 엉뚱한 아이디어가 크게 적중한다면 도박에서 이긴 것이다.

그러나 어긋나면 어떻게 되는가? 비즈니스를 내기의 대상으로 삼아도 좋은 것인가? 만약 허용한다고 하면 승리할지 패배할지의 확률을 어떻게 예측할 수 있는가? 가령 크게 적중했다고 하더라도 다음에 또 적중한다고는 할 수 없다. 갬블 사고에서는 장차 발생할 결과를 자신이 통제할 수 없다. 성공하더라도 재현성은 전무하다. 그렇기 때문에 비즈니스에서 필요한 미래의 지속적인 성장을 보장할 수 없다.

갬블 사고는 '도박'이라는 말 그대로 성공할 가능성은 적어도 고

수익(high return)을 향유할 가능성은 있다. 즉 리스크가 커지는 걸 싫어하지만 않는다면 대단히 매력적이다. 조금 더 추가하면 자기 자신이 통제할 수 있는 요인은 매우 적고, 운은 하늘에 맡기고, 직감으로 판단한다…… 라고 여기까지 쓰면 갬블 사고는 애초부터 타고난 갬블러가 빠지는 사고라고 생각할 수 있다. 그러나 의외로 그렇지 않다. 비즈니스에서도 고위험, 고수익형을 즐기는 갬블러나 할 것 같은 갬블 사고를 하는 사람이 의외로 많다.

현재 확실히 눈에 보이는 틀 안에서 효율적으로 문제를 해결하고 개선하려는 오퍼레이션 사고형 인간이 책임과 리스크 회피형임에도 불구하고 사고의 모럴해저드에 빠지는 순간 돌연 갬블 사고에 빠지는 경우가 자주 있다. 비즈니스에서 오퍼레이션 사고와 갬블 사고는 이런 의미에서는 동전의 앞뒤와 같다.

일본의 금융기관과 보험회사는 오퍼레이션 사고를 하는 대표적 기관이다. 거품경제 후에 "빨간불도 모두가 함께 건넌다면 두렵지 않다"는 분위기 속에서 대량의 불량채권을 떠안았다. 그리고 결론을 계속 지연시켜 가면서 그 거품을 점점 부풀게 한 끝에, 돌연 홋카이도척식은행과 같이 홋카이도은행과의 합병이라고 하는 도박에 나서서 실패하고 파탄이라는 고통스러운 상황에 처한 예가 있다.

소프트웨어업계에서는 갬블 사고를 가장 흔하게 볼 수 있다. 소프트웨어는 한때 성공했더라도 사업으로서 계속성을 갖기 힘든 분야다. 또한 회사에서 실패하지 않기 위해 통제할 수 있는 요인이 극히 적다. 학습효과도 낮고, 매번 승부를 가려야 하는, 그야말로 파산형 비즈니스이다. 어느 대형업체는 1,000개 중 3개는 적중하게 하고, 나머지 997개의 실패에 대한 대책을 세우는 것을 두려워하지 않는다고 한다. 이렇게라도 리스크를 통제할 수는 있겠지만 1,000분의 3의 확률 게임을 계속해서 실행한다는 것은 너무 어려운 일이다.

가장 문제가 되는 것은 앞에서 서술한 바와 같이 오퍼레이션 사고를 지닌 기업이 틀을 일탈한 순간 판단의 근거를 상실해서 갬블 사고로 돌변하는 경우이다. 리스크를 감수하지 않으면서 자신에게 좋은 결과가 오기를 기다리는 오퍼레이션 사고의 도박은 최악의 결과를 초래한다. 소재 제조업자가 실행하는 무리한 다각화 따위는 갬블 사고의 실패의 예라고 말할 수 있다.

예를 들면, 어느 주택기기 제조업자가 가정용 정수기를 발매했다. 상품 자체는 매우 우수한 것이었지만, 수요자에게 직접 판매하는 상품을 지금까지 한 번도 취급한 경험이 없으면서도 돌연 도박적으로 상품을 출시했으나 유통정책에 실패하여 좋은 상품을 살릴 수 없었다. 또 세계 최대 철강업체인 신닛데츠가 반도체 생산에 뛰어들었다 전면 철퇴하여 본업에 집중하게 되었다는 예도 있다. 이와 같이 산업계에서는 업종을 불문하고 거품경제기에 수익을 만회하기 위해서 확대한 다각화 사업을 재평가하는 움직임이 확대되고 있다. 본업회귀, 전문화 기운의 고조는 갬블 사고의 반성이라고도 할 수 있다.

◎ **기업의 발전을 저해하는 오퍼레이션 사고와 갬블 사고**

오퍼레이션 사고와 갬블 사고라는 사고의 구조와, 책임지려 하지 않고 리스크를 감수하지 않은 채 적극적으로 구체적인 결론을 내리지 않는, 즉 새로운 가치를 창조할 수 없는 사고의 모럴해저드가 기업에 만연해서 표면화되고 있다면 그 기업의 미래는 상당히 비관적이다. 미래라 하더라도 결코 먼 장래의 이야기가 아니다. 어느 업계나 마찬가지지만 글로벌화, 개방화되는 가운데 저마다의 전략 라이프사이클은 짧아지고 있다. 폐쇄적 비즈니스 환경에서 국가의 규제로 글로벌 경쟁에 단련될 기회도 없이 업계 내 자율규제에 의존하던 업계는 현저하게 사고의 모럴해저드에 빠져 있다.

일본 기업의 임원층, 물론 임원이라도 기업에 따라 능력에 상당히 편차가 있다는 것을 전제로 이야기하면, 전략의 사고회로가 고도성장기에 박혀진 그대로 녹슬어 굳어져 있다. 임원이라는 위치의 본래 사명은 주주·고객·사원을 중심으로 하는 이해관계자에 대해서, 책임을 갖고 기업의 현재와 미래를 생각하는 것이다. 엄밀히 말하자면 경영의 프로가 되지 않으면 안 된다. 그러나 지금까지도 중역이라는 위치를 자신이 노력한 결과에 대한 보상이며, 정년까지의 명예직으로 이해해서 자신의 연금에 영향이 없도록 임기를 무난하게 끝내려고 하는 사람들을 꽤 많이 볼 수 있다. 정말 한탄스럽고 무서운 일이다.

이러한 샐러리맨 사고의 시대는 확실하게 끝내야 한다. 아니 이미 끝났음에도 불구하고 본인들이 깨닫지 못할 뿐인지도 모른다. 앞으로는 최고 경영층의 인재 유동화가 점점 활성화되어야 한다. 또 기업의 중견·신입사원도 더는 회사가 자신의 경력을 보장하는 안전한 피난처라고 생각해서는 안 된다.

앞으로는 과거의 사고를 버리고 자신이 속한 기업의 비전과 스스로의 경력설계에 관해 자기 책임을 갖고, 깊이 몰입하려는 새로운 사고를 배우지 않으면 안 된다. 전략 사고는 그렇게 하는 데 근간이 되는 사고다.

2장
전략 사고
전략 사고는 불확실한 시대를 돌파하는 유일한 방법이다

strategic scenario
core skills and techniques

전략 사고와 오퍼레이션 사고, 갬블 사고의 차이점

현대의 위기는 사고의 모럴해저드에 의해서 발생한다. 즉 복잡성과 불확실성으로 변화가 극심한 환경에 살면서도, 장래예측을 소홀히 하고 그 결과 현상유지만을 생각하고 리스크를 감수하려고 하지 않는다. 그리고 항상 책임을 회피하기 위한 변명을 생각하는 사고 정지 상태에 놓여 있어 현재 상황에서 벗어나는 것이 불가능하다.

이런 상황을 타파하기 위해서는 전략 사고가 절대적으로 필요하다. 전략 사고는 예측하기 어려운 환경에서도 현상황을 해독하고 장래의 타개책에 대한 결론을 명쾌하게 내리는 것이다. 그리고 장래에도 지속적으로 수익을 극대화하기 위해서 현재와 미래의 트레이드오프(trade off; 두 개의 목표 가운데 하나를 달성하려고 하면 다른 하나의 달성이 늦어지거나 희생되는 경우, 양자간의 관계-역주)를 각오하고, 리스크를 과감히 감수하는 것이다.

요컨대 리스크와 수익의 관계에서 볼 때, 전략 사고에 근거한 결단이란 가능한 한 미래의 수익을 지속적으로 극대화하기 위해 현재의 리스크를 각오하고, 미래에 대한 의사결정을 행하는 것이다. 물론 가능한 한 최소화해야 하지만, 비즈니스에서는 리스크가 없는 상황이란 있을 수 없다.

　수익과 리스크는 양립할 수 없는 관계이다. 왜냐하면 리스크가 전혀 없는 상황은, 예를 들어 새로운 금광의 금이 완전히 다 파내어져 금괴가 있었다는 사실이 100% 증명된 뒤의 상태처럼 뒤늦게 땅을 파봐야 아무것도 남아 있지 않을 것이란 게 확실한 상황을 의미한다. 결국 비즈니스에 있어서 리스크가 제로라는 것은 기회가 제로인 상태다. 한마디로 원님 행차 뒤 나팔 부는 격이다.

　그러나 여기에서 리스크를 감수한다는 것은 갬블 사고와 같이 큰 도박을 하는 것과는 다르다. 무턱대고 고위험·고수익을 바라는 것이 아니라 리스크를 최대한 낮추려고 하면서도 리스크가 있는 것을 전제로 판단하는 것이다.

　리스크는 물론 낮은 편이 좋다. 그러나 계속해서 변하는 비즈니스 환경에서 위험이 완전히 제로라는 것은 미래를 위한 기회의 싹조차 확보할 수 없게 되는 것이다.

　따라서 미래 수익을 극대화하면서 리스크를 가능한 한 최소화하기 위해서는 어쨌든 현재의 비즈니스 구조와 메커니즘, 특히 외적 변화와 자사의 타개책에 의해서 변화하는 미래 비즈니스 구조와 메커니즘을 제한된 정보와 시간 속에서 철저하게 고찰하는 것 이외에는 방법이 없다.

◎ 수익과 위험을 축으로 3가지 사고를 생각한다

　이상을 근거로 앞 장에서 서술한 오퍼레이션 사고 및 갬블 사고와 전략 사고가 어떻게 다른가에 대해 생각해 보자. 전략 사고는 오퍼레이션 사고와 갬블 사고의 정확히 중간 지점에 위치한다.

수익과 리스크라는 두 가지 축에서 전략 사고, 오퍼레이션 사고, 갬블 사고를 정리해 보면 〈그림 2-1〉과 같다. 오퍼레이션 사고는 리스크와 수익 모두 작다. 그러나 변화가 격심한 환경에서는 리스크가 더욱 커질 가능성을 내포하고 있다. 한편 갬블 사고는 수익의 변동이 매우 크지만, 평균하면 수익의 기대치는 매우 낮고 미래에 재현될 가능성은 제로이다. 앞에서 서술한 바와 같이 비즈니스는 지속적인 성공을 목표로 하기 때문에 미래에 재현될 가능성이 높아야 한다.

전략 사고는 어느 정도의 리스크는 있지만 수익의 평균이 가장 높다. 그러나 계속해서 최대 수익을 올리기 위해서, 리스크를 각오하면서 통제하기도 하는 것은 제한된 시간과 정보 속에서 결코 쉬운 일이 아니다. 잠시 방심하면 바로 굴러 떨어질지도 모르는 매우

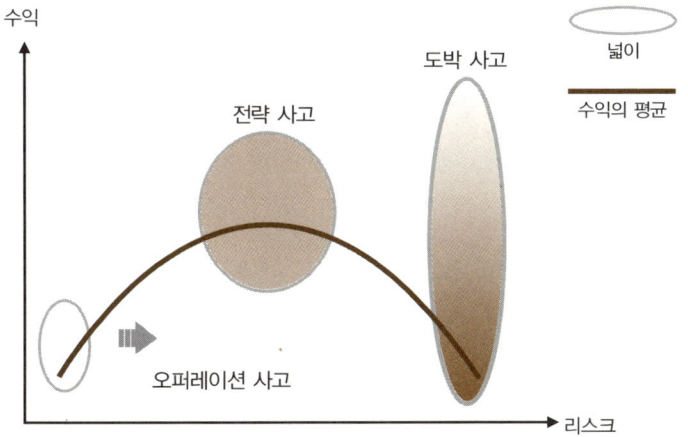

그림 2-1 전략 사고의 위치

긴장감이 있는 불안정한 위치에 있다. 그럼에도 전략 사고는 불연속, 불확실, 불투명한 사업 환경에서 기업이 지속적으로 발전하기 위해서 필요한 사고이다. 리스크를 각오한 이상, 기업에 있어서 어떻게 미래에 기대되는 수익을 최대화할 것인가가 포인트이다.

지금의 사업 환경이 불연속, 불확실, 불투명하다는 데는 누구나 동의할 것이다. 발상 전환의 필요성 또한 누구나 절감할 것이다. 그러나 머리로는 이해했더라도 녹슨 머리를 바로 변환하는 것은 좀처럼 어려운 일이다.

일본 경제의 성장과 해외 수출의 신장에 시장이 보장된 환경에서, 국가의 규제로 지켜져 온 호송선단방식으로, 맹렬한 노력에 의한 비용경쟁력으로 충분히 싸울 수 있었던 기업이 오퍼레이션 사고를 전략 사고로 바꾸어서 창조적 시장 리더로 거듭날 수 있겠는가?

재무성의 감독 하에 대출금리＋매출, 예금금리＋매입원가라는 구도가 일률적으로 규정되어 매출이익이 보장된 데다 채권회수에 실패하더라도 세금혜택으로 큰 손해를 보지 않는 금융기관과 리스크를 각오하고 새로운 수익원을 찾아야 하는 상황에 처한 고위험·고수익의 업계는 사고방식을 근본적으로 새롭게 고치지 않는 한 기존의 오퍼레이션 사고에 의한 개혁밖에 할 수 없다.

전략 사고는 개념을 이해했다고 해서 바로 터득되는 것이 아니다. 근본부터 이해하면서 동시에 그 사고를 실행하지 않으면 바로 불안정한 위치로 굴러 떨어져 도로아미타불이 되어 버린다. 이것을 꼭 명심해서 다음 내용을 읽기 바란다.

전략 사고를 실현하는 3가지 스킬

전략 사고를 실현하기 위해서는 3가지 스킬(skill)이 필요하다. '구체적인 결론을 내리는 능력', '과거에서 장래까지 구조를 통찰하는 능력', '리스크를 감수하며 판단하는 능력'이다(그림 2-2).

사실 우리 주변에서 이 3가지 스킬 모두를 완벽하게 갖추고 있는 사람은 찾아보기 힘들다. 예를 들어 설명하기 위해 굳이 적당한 인물을 찾는다면 데츠카 오사무의 『블랙 잭』의 주인공을 들 수 있겠다. 무면허 의사가 난치병에 도전하면서 벌어지는 이야기를 담은 이 만화의 주인공 '블랙 잭'은 무면허 의사라는 점에서 이미 규제의 틀과 과거의 굴레에 얽매이지 않는다. 항상 병의 구조를 끝까지 지켜보며 자신의 위험을 감수하더라도 환자의 장래를 생각하여 위험한 수술에 도전한다. 보통의 의사라면 더는 조치를 취할 수 없다고 손을 들 상황에서도 끝까지 환자를 포기하지 않는다.

블랙 잭이 아무리 천재라고 해도 그는 무면허다. 실력 면에서 보면 그보다 더 우수한 의사들이 있을 것이다. 그러나 대학병원에 근무하는 의사라면 병원의 규정에 얽매이기 쉽고, 또 개인병원 의사라면 위험을 감수하면서까지 도전하려고 하지 않는다. 따라서 보통

그림 2-2 전략 사고의 3가지 스킬 요건

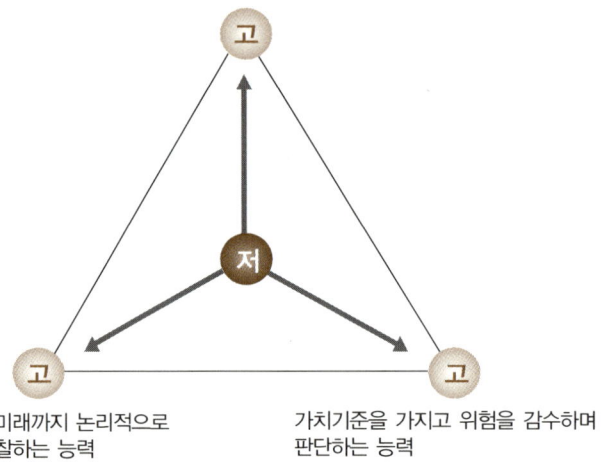

의 의사라면 환자를 위해 약효가 좋은 약을 처방하기보다는 자신의 수입을 높일 수 있는 약을 선택하게 된다. 현실 세계의 의사들은 만화 주인공 블랙 잭처럼 행동하기 힘들다는 것이다.

만약 누군가 "이 3가지의 능력을 가장 빨리 겸비할 수 있는 방법은 무엇입니까"라고 묻는다면, 나는 '엄격한 환경에서 자기 스스로 모든 것을 책임지며 비즈니스를 실행하는 것'이라고 대답하겠다. 성공과 실패의 결과와 프로세스에 대해서 스스로 책임을 져야 하는 위치나 사장의 자리에 오르면 가장 빨리 이 3가지 능력을 갖출 수 있다. 그렇다고 해도 누구나 당장 사장이 될 수 있는 것은 아니다. 역으로 일본 국내에 존재하는 사장 직함을 가진 모든 사람이 전략 사고를 한다고 할 수는 없으며, 아무리 사장이라도 책임회피형의 월급 사장은 좀처럼 전략 사고를 하기 어렵다. 스스로 회사를 일으켜 세워, 사원을 고용하고, 자금 조달을 고민하며, 회사의 장래를 위해 비전을 그리는 그런 사장이라면 자연히 전략 사고를 하게 될 것이다.

그러면 지금 바로 그런 입장이 될 수 없는 사람은 지금부터 서술하는 3가지 기술을 철저하게 배우기 바란다.

◎ 책임지고 구체적인 결론을 내리는 능력

'구체적인 결론을 내리는 능력'은 전략 사고뿐만 아니라, 문제 해결을 하는 데도 중요한 기본적인 기술이다. 문제를 해결하는 경우에 제한된 시간, 제한된 정보밖에 없다고 하더라도 반드시 그 시점에서의 결론을 가지고 실행에 옮긴다는 가설사고를 기본으로 하는 기술이다.

가설 사고에서는 우선 빨리 결론을 내려 빨리 실행에 옮긴다. 그리고 그 결과를 빨리 검증해서 다음 단계로 이어가는 것이 중요하다. 시시각각 변화하는 현대사회에서는 속도가 운명을 가른다. 시간을 들여서 치밀한 분석에 의해 정밀도를 높이려기보다 투박해도 좋으니 단기간에 어느 수준까지 결론을 내려 구체적 행동으로 이어가는 것이 중요하다.

일반적인 비즈니스의 문제 해결을 초월한 전략 사고에 있어서 '구체적인 결론을 내리는 능력'은, 이 가설 사고에 책임이 뒤따라야 한다. 책임은 매우 중요하다. "책임지고 일에 대처하겠습니다"라는 말은 자주 듣는 말이지만, 정말로 책임진다는 것을 이미지화하여 말하는 것인지 의심스럽다. 비즈니스에 있어서 책임이란, 예를 들어 결과에 대해서 "그때는 그런 입장에 준해서 실행했던 것이고 지금은 그 입장이 아니기 때문에 이미 책임은 없다"는 식으로 말할 수 없을 것이며, 또 직책을 사임한다고 해서 그것으로 책임을 다했다고 할 수 없다. 물론 사장이 주식회사의 중역, 사원이라는 입장에서 실행한 일에 대해 사재까지 털어서 사죄해야 한다고 말할 수는 없겠지만 전략 사고에서 '책임을 지고 구체적인 결론을 내리는 능력'이란 그 정도의 마음가짐을 뜻한다는 것이다. 여기에서 말하는 '책임'이란 과거의 실패에 대한 책임이 아니라 '미래에 대한 책임'을 의미한다.

문제해결 과정에서도 자주 볼 수 있는 일이지만, 구체적으로 결론을 내리라고 해도 '고객만족도 향상' '자사 이미지 향상'과 같은 추상적 내용과 '시장점유율이 낮아지고 있기 때문에 시장 점유율을 높이자'거나 '매출이 떨어지고 있으니 매출을 올리자'고 하는 동전의 앞뒤와 같은 결론이 많다. 이처럼 나아갈 방향을 제시하지 못하는 애매한 결론은 '구체적인 결론'이라고 할 수 없다.

또 자주 있는 일이지만, 지금까지의 사고의 습관을 버리지 못한 때문인지 아니면 상황 분석에만 시간을 사용해 버린 탓인지 결론을 내리지 못한 채 조사·분석한 검토내용을 핵심내용이라며 내놓는 경우가 있다. 그리고 그것을 결론이라고 주장한다. 이것은 큰 착각이다. 여기서 말하는 결론이란 구체적 행동으로 이어질 수 있는 것이어야 한다.

물론 정확한 정보와 어느 정도 수준의 비즈니스 경험이 없으면 사고 자체가 앞서 나가지 않아 결론을 내리기 어렵다. 그러나 정확한 정보를 가지고 있고, 비즈니스 경험이 충분한데도 결론을 내리지 못하는 이유는 무엇일까. 책임감이 부족하기 때문은 아닐까. 이럴 때는 의사결정을 내려야 하는 중책을 맡기는 수밖에 없을지도 모른다. 그렇게 되면 책임감을 가지고 조직에 헌신하는 자세로 임하게 된다. 기업측에서 볼 때, 사원이 책임지고 구체적인 결론을 내리는 기술을 몸에 익히게 하려면 실무진에게 권한을 위양해서 책임에 대한 공정한 평가를 실행해야 한다. 자리가 사람을 만든다는 말은 직위가 생기면 책임감이 생기고 지금까지의 자신과는 다른 판단을 하지 않을 수 없기 때문에 나온 말이 아닐까?

여기에서 주의해야 하는 것은 본래 결론의 완성도와 책임감은 서로 모순되는 것이 아님에도 불구하고, 책임감이 너무 지나쳐 결론에 대해서 과도한 완벽주의를 관철하려고 하는 것이다. 비즈니스에 완벽한 결론이란 있을 수 없다. 비즈니스의 목적은 실행이지 결론의 정당성을 증명하는 것이 아니다. 따라서 시간과 정보가 유한한 것이므로 지나친 완벽주의로 인해 의사결정의 속도가 느려진다면 곤란하다.

회색 영역에서 흑과 백 중 어느 쪽으로 가야할지 고민이라면 주저없이 흰색에 가까운 것을 고르면 된다. 걸핏하면 사람들은 흑인지 백인지 판단하려는 경향이 있지만, 내 오랜 비즈니스 경험에 의하면 결론이 흑과 백으로 명쾌하게 나누어지지 않는다. 요컨대 지금 회색 영역에 있다면 백에 가까운 쪽을 발견했는지가 중요하다. 그리고 내려진 결론에 책임질 수 있도록 결론을 내리는 마지막 순간까지 차분히 생각해야 한다. 이 회색 영역에서의 결정이 어느 쪽으로든 유리하게 해석할 수 있는 애매한 결론을 내리라는 의미는 아니라는 것을 유의하기 바란다.

◎ 과거에서 미래까지 논리적으로 구조를 통찰하는 능력

전략 사고에 있어서 다음으로 중요한 기술은 과거에서 미래까지 비즈니스의 구조를 통찰하는 능력이다. '구조'란 문제가 되는 혹은 미래에 문제가 될 것이라고 생각되는 현상을 만들어내는 구조와 메커니즘을 말한다.

즉 구조를 파악한다는 것은, 그 비즈니스가 성립된 구조와 메커니즘을 해명하는 것에 의해 문제의 진짜 원인을 밝힘과 동시에 해결책의 방향을 분명히 하는 것이다. 문제의 원인을 막연히 밝히고 있거나, 습관적으로 해결책의 방향을 모색해서는 전략적인 판단을 할 수 없다. 전략 사고에 있어서 막연하게 판단한다는 일 따위는 있을 수 없다.

또한 논리적으로 구조를 통찰해야 한다. 논리에 의한 구조의 통찰은 단순히 인상으로 구조를 포착하거나 직관으로 구조를 파악하거나 하는 것과는 다르다. 비즈니스에서 구조를 해명하는 것은 자연과학과 사회과학에서처럼 해명한 구조가 정당한지 어떤지를 증명하는 것이 아니다. 자연과학과 사회과학에서는 구조를 포착하여 가설을 내세워 이론의 정당성을 증명하는 것이 목적이지만, 비즈니스에서는 빨리 결론을 내려 실행하고 기업의 성과를 높이기 위해 구조를 통찰한다. 따라서 구조를 포착하는 것을 목적으로 하지 않는다.

이것이 바로 비즈니스의 구조와 메커니즘을 파악하는 능력, 즉 통찰력이 중요한 이유다. 비즈니스에서는 A는 반드시 B라는 100% 완벽한 인과관계는 존재하지 않는다. 한편, 결과와 0.01%의 인과관계도 없는 원인을 해명하는 데 막대한 에너지를 쏟는 것도 헛된 일이다. 이 점이 바로 비즈니스가 자연과학이나 사회과학과 다른 점이다.

요컨대 애매한 비즈니스 환경에 놓여 있다면 조금이라도 성공 확률을 높이기 위해서 본질적인 구조와 메커니즘을 깊이 생각하는 것이 중요하다. 바로 과거에서 미래의 구조를 생각하는 것이 장차 직면할 리스크를 최소화할 수 있는 방법이다. 그리고 또한 그렇게 논리적으로 구조를 통찰해야만 이치에 맞는 결론을 내릴 수 있다.

어떤 정보라도 손에 들어온 순간 과거의 것이 된다. 그러나 전략은 미래의 것이기 때문에 과거의 구조를 분석·해명하여, 자사의 새로운 경쟁에 의해서 변화하는 미래의 구조까지도 읽어내야 한다. 논리란 그처럼 미래를 읽는 데 꼭 필요한 것이다. 특히 소비자와 비즈니스의 메커니즘(이렇게 하면 어떻게 된다는 인과관계)을 포착하여 해명하는 논리력과, 문제발견과 해결책을 생각할 때의 논리력(그것은 구조를 짜맞추어 가는 구상력이라고도 말할 수 있지만), 그 어느 쪽에 있어서도 논리력이 중요하다. 즉 논리적으로 구조를 통찰한다는 것은 장래의 새로운 구조를 창조하는 것으로 직결되는 것이다.

◎ **가치기준을 가지고 위험을 감수하며 판단하는 능력**

과거와 미래의 구조를 논리적으로 포착하고, 책임지고 구체적인 결론을 내려 세운 전략이라도 성공할 수도 실패할 수도 있다. 바꾸어 말하면 리스크가 없는 전략이란 없다. 리스크가 없는 상태란 다른 경쟁자들에 의해 개척이 끝나 전혀 기회가 없는 상황이거나, 전략 사고와는 거리가 있는 오퍼레이션 사고가 통용되는 상태이다. 그렇기 때문에 전략 사고를 위해서 리스크를 감수하면서 판단하는 기술도 필요하다.

그러나 일본 기업의 대부분은 리스크를 적극적으로 통제하는 전략적 의사결정 능력이 부족하다. 리스크를 감수하더라도 내릴 수 있는 강한 판단력은 위기상황을 많이 경험해봐야 길러진다. 막다른 상황에 처해 결단을 내려본 적이 없는 사람은 그런 판단을 쉽게 할 수 없다. 가령, 구조를 정확하게 포착해 구체적인 결론을 내렸더라도, 또는 그 결론을 책임지고 명확하게 말할 수 있더라도, 최후에 리스크를 감수하고 'Go' 나 'No, Go'의 의사결정을 내리기는 어렵다. 이유가 무엇일까?

리스크가 있는 환경에서 의사결정을 쉽게 내릴 수 없는 것은, 대부분의 경우 평가와 판단을 명확하게 내리기 힘들기 때문이다. 리스크를 측정하는 척도가 없기도 하거니와 그 리스크의 시비를 판단할 근거가 되는 축이 없기 때문이다.

우선, 첫 번째 축은 비용/이익에 관한 수익상의 평가기준이다. 물론 각 기업이 처한 목적함수와 상황에 따라 다르겠지만, 수익과 경영자원의 투자에 관계되기 때문에 반드시 무엇인가는 존재한다. 그러나 그 비용/이익에 관계되는 수익상의 평가기준이 존재하더라도, 그 평가기준에 의해서 어떻게 리스크를 판단할까 하는 척도가 준비되어 있지 않다. 이 때문에 결과적으로 리스크의 판단 축이 불분명해진 것이다.

두 번째 축은 기업의 새로운 가치를 창출하기 위한 목적과 가치기준이 되는 이념이다. 기업에 따라 약간 표현은 다르지만, 기업이념·경영이념·비전·행동규범·사훈이라고 불리는 것을 갖고 있다. 어떤 기업에서는 액자에 넣어 장식해 두거나, 전사원에게 이념을 기록한 카드를 배부하여 매일 아침 작업 전에 전원이 그 문구를 제창하게 한다.

그러나 이 또한 리스크를 판단하는 단계에서는 그다지 효과를 발휘하지 못한다. 최전선에서 의논 상대도 없이 좌우 어디로 갈지 헤매고 있을 때 회사의 이념이 머릿속에 떠오를까? 또 이념에 근거해서 지위의 상하 관계를 초월하여 무엇인가 행동하지 않으면 안 된다는 결심을 할 때, 행동규범이 떠오를까? 나는 그럴 수 없다고 생각한다.

1980년대 일본에서 CI(Coporate Identity: 기업 이미지 구축) 붐이 일었을 때, 사명과 로고 타입을 바꾸고 새롭게 비전과 기업이념을 책정한 기업이 많았다. 그러나 당시 21세기를 겨냥하여 내걸었던 비전과 이념이 현장에서 행동규범화되어 직원들이 리스크를 감수하는 판단력을 발휘하게 된 곳은 매우 적다. 풍토의 개혁이란 어느 시점에서 갑자기 실행될 수 있는 게 아니다. 진행하는 과정에서 서서히 바뀌는 것이다. 행동규범이 기본이념이 되어 철저히 침투한 듯한 기업은, 새로운 가치를 창출한다. 침투되지 않은 기업은 그 노력을 게을리했거나, 아니면 이념 자체에 모순이 생겼는지도 모르겠다. 이념이란 비즈니스 현장에서 활용되지 않으면 전혀 가치가 없는 것이다.

전략 사고를 실현하기 위해서는 위험을 감수한 판단이 필요해진다. 그렇기 위해서는 판단기준이 되는 가치기준을 가지는 것이 중요하다.

변화가 격렬한 비즈니스 환경에서는 사고의 모럴해저드에 빠지기 쉽다. 어떤 일이 일어날 것이 분명함에도 불구하고 리스크를 회

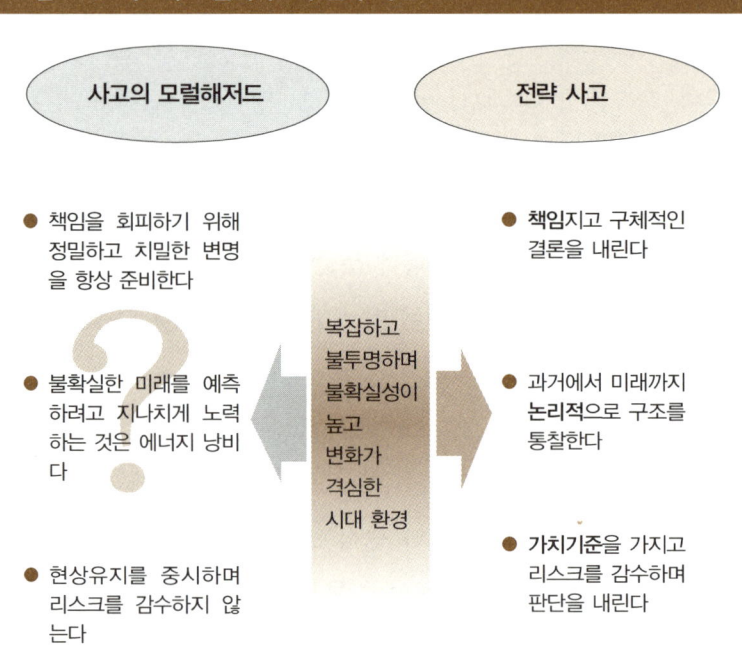

그림 2-3 사고의 모럴해저드와 전략 사고

피하거나 미래를 예측하는 데 시간을 질질 끌면서 실행하거나 책임 회피의 변명을 늘어놓는다. 그러나 불투명하고 불확실한 세상에서는 명쾌한 시나리오를 만드는 전략 사고가 중요하다. 그리고 전략 사고를 몸에 익히기 위해서는 '책임을 지고 구체적인 결론을 내리는 능력', '과거에서 미래까지 논리적으로 구조를 통찰하는 능력', '가치기준을 가지고 위험을 감수하며 판단하는 능력' 이 3가지 기술이 필요하다. 사고의 모럴해저드를 타파하려면 전략 사고를 해야 한다(그림 2-3). 다음 절에서는 실제 사례를 통해서 한층 더 전략 사고에 대해서 깊은 이해를 하기 바란다.

전략 사고 사례 ①
가오의 콤팩트형 분말세제 어택

◎ 전략 사고로 새로운 기회를 창조한다

일본 최대의 생활용품업체인 가오(花王)가 1987년 5월에 발매한 콤팩트형 분말세제 어택(attack)은, 발매 1년 만에 세탁세제 시장을 50% 이상 점유하는 경이적인 기록을 세웠다. 어택은 소비자와 비즈니스의 구조를 깊이 통찰하여, 경쟁사보다 한발 먼저 새로운 시장 구조를 창조했다. 이는 전략 사고를 통해 얻은 성과이다.

우선 소비자와 비즈니스의 메커니즘에 대한 통찰력이라는 관점에서 보도록 하자. 어택이 시판되기 전의 세탁세제는 슈퍼마켓에서 주로 특별할인 판매품으로 내세우는 인기품목이었다. 그럼에도 불구하고 지나치게 부피가 크고 무게도 많이 나가 주부들이 슈퍼마켓에서 집에까지 가져가기 힘들 만큼 크고 무거웠다. 생필품이라 자주 사야 하는데 그때마다 낑낑대며 들고가는 수밖에 없었다. 로지스틱스(logistics: 물적유통을 가장 효율적으로 수행하는 종합 시스템) 측면에서 봐도 세제는 부피가 커 물류비용과 재고비용이 많이 든다. 슈퍼마켓 진열대와 창고에서도 다른 상품에 비해 공간을 많이 차지하는 골치 아픈 상품이었다. 그러나 모두들 세제는 크고 무거운 것이라는 고정관념에서 벗어나지 못한 채 누구도 발상을 전환하지 못하고 있었다.

가오에서 이러한 고정관념을 깨고 콤팩트형 분말세제 어택을 내놓았다. 어택은 세제시장의 소비와 유통의 메커니즘을 크게 변화시켰다. 요즘에는 모든 세제가 어택 스타일로 생산되기 때문에 실감이 안 나겠지만 그 당시에는 세제가 한 손에 들어온다는 것 자체가 획기적이었다. 어택은 포장 단위만 작아진 것이 아니라 세제 분말의 입자를 고밀도로 압축해서 용량과 중량을 획기적으로 줄인 상품이다. 주소비자인 주부는 슈퍼마켓에서 다른 물건과 함께 편하게 가지고 돌아갈 수 있게 되어 쇼핑에 대한 부담이 크게 줄었다. 또한 더이상 좁은 세탁공간을 부피가 큰 세제 상자가 차지하지 않아도 되었다. 어택으로 인해 주부의 쇼핑 행동이 바뀐 것이다.

물류면에서도 같은 변혁을 초래했다. 고밀도화로 소형화되면서 당연히 물류비가 크게 줄어들었다. 더욱이 슈퍼마켓은 재고 공간이 줄어들어 재고관리가 쉬워졌다. 가게 진열대에 더 많은 상품을 진열할 수 있어 경쟁력이 높아진 것이다.

이와 같이 상품을 개발할 때 소비 메커니즘과 비즈니스의 구조를 분명히 파악하면 소비자와 유통채널 양쪽에 있어서 상품가치가 높아질 것이다. 콤팩트형 분말세제 어택은 소비자와 유통업계 모두를 강력하게 끌어당기는 구조를 새롭게 창조했다고 할 수 있다(그림 2-4).

지금 보면 어택은 그다지 놀라울 것이 없는 상품이다. 위에서 서술한 바와 같이 어택의 가치를 살펴봐도, 소비자와 유통업계를 대상으로 인터뷰를 실시했더라면 저절로 답을 얻을 수 있었을 것이

그림 2-4 콤팩트형 분말세제 '어택'

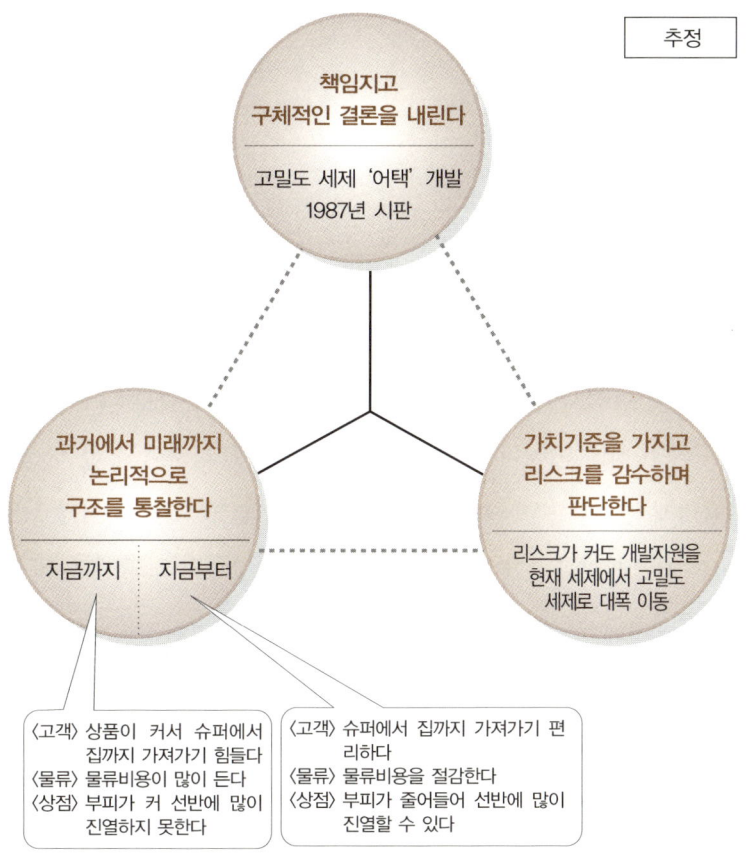

며, 상품개발 과정에서 자연스럽게 나올 수 있는 결론처럼 보이기도 한다. 그러나 이 어택을 개발한 회사가 가오였다는 점이 중요하다. 만약 어택을 신생 벤처기업에서 발매했다면, 설사 획기적인 상품을 내놓아 실패했더라도 어차피 리스크가 낮아 실패에 대한 부담이 크지 않았을 것이다.

　업계 정상에 있는 기업이 획기적인 상품을 개발했다는 점이 대단한 것이다. 왜냐하면 세제시장에서 이미 높은 시장점유율을 차지하고 있는 가오에게 어택의 시판은 다음 두 가지 관점에서 힘든 결단이었으리라 추측되기 때문이다.

　첫째는 자원배분상의 문제다. 신상품을 개발하려면 연구개발, 생산, 마케팅, 영업 등 각 부문별로 사람, 물자, 돈 등 모든 자원을 기존의 세제와 신상품 세제로 분산시켜야 한다. 그 사이에서 어떻게 우선순위를 정할 것인지가 판단의 포인트다.

　둘째는 한 회사에서 기존 상품과 신상품을 두고 서로 나눠먹기식이 되어 버리면 어쩌나 하는 문제다. 이렇게 한 회사에서 한 시장을 나눠먹게 될 때 경쟁사는 어떤 움직임을 보일까? 어택이 시장 도입에 실패하면 기존 상품의 매출도 동시에 떨어질지 모를 위험에 빠질 수 있다.

　1등 기업이 먼저 새로운 시장에 진출할 때는 반드시 이런 문제에 직면한다. 경쟁사에 앞서 움직이는 것 또한 리스크가 된다. 그렇기 때문에 엄청난 리스크를 감수하면서 새로운 시장을 창출하기로 결단을 내렸다는 것은 당시의 최고경영층에게 있어서 대단한 의사결정이었을 것이다. 최고경영층이 이런 대단한 의사결정을 내리기까지는 개발 책임자 역시 상당한 에너지를 쏟아 부으며 헌신했을 것이다.

◎ 기업이념을 전 구성원이 공유한 성공 사례

　부서와 입장에 따라 견해가 다를 때 하나의 결론을 도출하려면 프로젝트에 대한 명확한 평가 축과 조직의 전구성원이 공유하는 가치관이 있어야 한다. 전구성원이 가치관을 공유하고 있다면 다양한 이해관계와 리스크에 대한 수용방식의 편차를 초월하여, 적극적인 논의가 가능해진다. 공유하고 있는 가치관이 없으면 대개는 적극적인 논의에 이르기도 전에 입장론과 책임론으로 나눠져 좀처럼 이야기가 진행되지 않는다.

가오의 경우 "좋은 물건을 만들어 고객에게 감동을 준다"는 확고한 기업이념이 존재하고 있다. 그렇기 때문에 큰 리스크를 감수하며 판단해야 하는 상황에서 부서의 입장과 상호 이해관계를 초월하고 논의를 진행할 수 있었을 것이며, 현장에서 기업이념이 행동규범으로 기능할 수 있었을 것이다. 그렇기 때문에 전구성원이 한 방향으로 집중하여 이념을 구현할 수 있는 것이다. 어택은 그 과정에서 개발해낸 상품이다.

CI를 통해 기업이념을 세웠으면서도, 실제 비즈니스 현장에서는 판단하는 데 망설인다거나 행동규범으로 침투되지 않아 이해관계자와 충동했을 때 원만한 합의가 이루어지지 않는 기업이 많다는 점을 생각하면 기업이념을 전구성원이 공유하기란 어려운 일이다. 가오는 기업이념을 전 구성원이 잘 공유하여 성공한 사례로 꼽을 수 있다.

가오는 어택뿐만 아니라 그 뒤에도 교환용 막대걸레 청소기와 먼지 제거용 롤 테이프 등 다양하고 획기적인 신상품을 항상 타회사보다 앞서 발매하여, 계속해서 새로운 시장을 창출하고 있다. 이것은 가오가 전략 사고를 하는 기업이기 때문에 가능한 일이다. 바꾸어 말하면 가오는 최고 간부에서 사원에 이르기까지 계속해서 전략 사고를 하는 한, 새로운 가치를 창조하여 성장 발전해 갈 것임에 틀림없다.

이념의 침투라는 것은 대단한 작업이다. 가오는 기업이념이 전사적으로 잘 침투하여 실행에 옮겨 성공할 수 있었다.

전략 사고 사례 ②
미스미의 신규사업 진출

◎ **오퍼레이션 사고의 한계를 탈피해 전략 사고로 발전할 수 있을까?**

　미스미는 프레스 금형부품과 플라스틱 금형부품, 공장자동화(FA)용 기계부품을 생산하는 부품상사이다. 1994년에 도쿄 증시 제2부에 상장하였고, 1998년 3월 결산 때에는 매출액 약 389억 엔, 경상이익 약 38억 엔, 매출 대비 경상이익률 약 10%를 실현하여 상사로서도 부품업체로서도 높은 수익성을 나타내고 있다. 그러나 미스미의 성장이 순조로왔던 것만은 아니다. 먼저 미스미의 지금까지의 변천을 대강 훑어보자.

　1980년대부터 1990년대까지 미스미는 매출·수익 모두 순조롭게 신장했다(그림 2-5). 생산재의 유통혁명을 표방한 미스미는 수요자가 요구하는 것을 필요한 때에 필요한 양을 적정가격에 조달해주는 구매 대리점 개념을 내세웠다. 표준품에 대상을 좁히고 협력업체와 제휴를 맺어 특히 틈새 상품의 반제품 방식에 의한 생산협력 체제를 완성했다. 그리고 비용과 재고 리스크를 조절하여, 수요자에게 품질, 납기, 가격(정가) 3가지를 보증해주고, 생산재부품을 카탈로그 방식으로 판매했다. 그때까지 생산재부품은 품질이 제각각이었

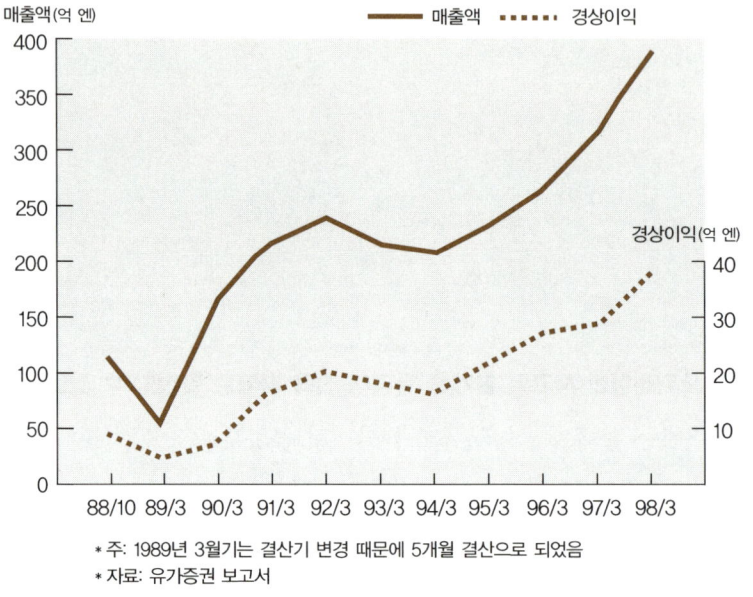

그림 2-5　미스미의 매출액과 경상이익 추이

* 주: 1989년 3월기는 결산기 변경 때문에 5개월 결산으로 되었음
* 자료: 유가증권 보고서

고, 납기일도 잘 지켜지지 않았으며, 가격도 제각각이라 수요자에게는 불투명한 세계였다. 주문도 일일이 영업자를 통해야 했기 때문에 번거롭고 시간도 오래 걸렸다. 미스미는 이러한 시장에 일반 소비재처럼 카탈로그 판매방식을 도입했기 때문에 당시로서는 매우 획기적이었다.

또 상품개발에 관해서는, 카탈로그 〈페이스(face)〉와 정보지 〈보이스(Voice)〉에 첨부된 주문용 카드에, 사용자의 불만과 니즈를 적게 하여, 상품에 반영하는 구조를 구축했다. 더욱이 시대의 변화를 읽고, 고객 니즈에 정확하게 대응하기 위해서는 조직이 가벼워야 한다는 경영신념에 따라 '소유하지 않는 경영'이라는 슬로건을 내

걸고, 정보시스템 부서를 시작으로 해서 가능한 한 모든 부서의 아웃소싱화를 추진했다.

그러나 1990년대 중반부터 매출·이익 모두 저조해졌다. 그래서 FA용 부품의 표준품 판매와는 별도로 특별주문품을 취급하기로 했다. 표준품의 카탈로그 판매에 덧붙여 특별주문품을 단기간에 저비용으로 공급하는 시스템을 만들었다. 이 FA용 부품 부문이 신장하자 다시 성장하기 시작해 1998년 3월 결산기에 높은 수익을 내게 된 것이다(그림 2-6). 또 새로이 음식점용 식재·소비 잡화, 개업의용 의료재료, DTP 관련 분야의 시장에도 참여하여 생산재의 차기 토대 구축을 목표로 하고 있다.

이와 같이 미스미는 항상 새로운 경영 시스템과 신사업 창조를 지향하고 있다. 본업인 금형사업에는 펀치공업 같은 틈새형 경쟁자

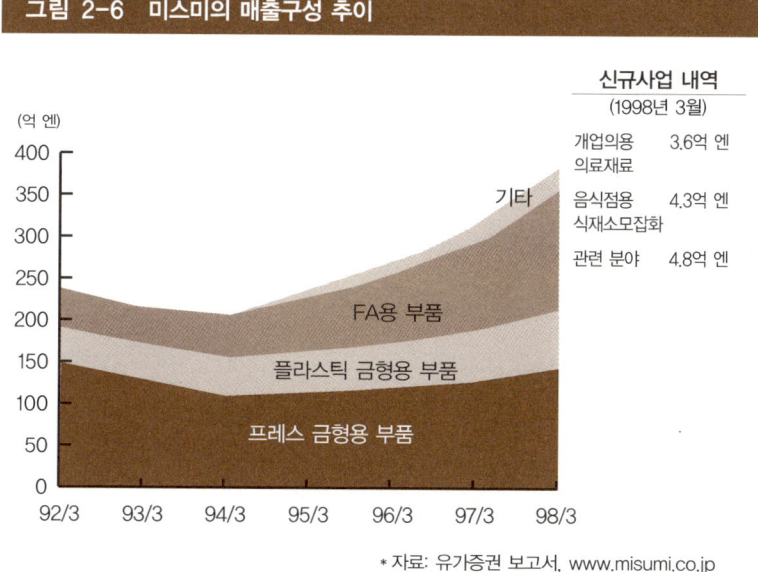

그림 2-6 미스미의 매출구성 추이

* 자료: 유가증권 보고서, www.misumi.co.jp

가 출현하고 있지만 최근 몇 년은 순조로운 성과를 올리고 있다.

미스미의 성장, 고수익의 원천은 'market out'이라는 개념으로 대표되는 것처럼 고객의 관점에서 업무과정을 철저하게 효율화시킨 데 있다. 미스미 사장에 의하면 'product out(market in)'이란, 생산중심의 사고로, 생산지향적 사고로 시장에 진입하는 것을 말한다. 'market out'이란 고객과 시장의 관점으로 출발해서 생산으로 들어간다고 하는 것, 알기 쉽게 말하면, 생산재의 편의점을 지향한다고 할 수 있다(그림 2-7).

생산재는 고객이 공장의 주체로, 고객과 얼굴을 맞대고 있기 때문에 고객 니즈를 분명히 알 수 있다. 고객 니즈를 미리 살펴서, 기존 완성품으로는 재고 관리의 효율이 떨어지고, 비용절감을 도모할 수 없었던 틈새형 상품을, 협력공장에서 반제품으로 준비해 두고

그림 2-7 미스미와 일반상사의 구조(1998년)

자료: 유가증권보고서

철저하게 비용절감을 도모했다. 미리 준비해 둘 수 있었기 때문에 높은 품질을 유지할 수 있었으며, 또한 납기일을 준수하고 정가판매를 했기 때문에, 영업 사원 중심의 낡은 체질을 가진 일반 상사의 접근법과는 분명한 차별화를 도모할 수 있었던 것이다.

1992년 10월의 〈니케이비즈니스〉의 기사에 의하면 미스미는 당시 연매출 240억 엔에 사원 277명이었으나, 2000년에는 연매출 2,100억 엔에 사원 500명을 이루겠다는 비전을 세우고 있다.

그러나 순조롭게 성장하는 것처럼 보이는 미스미에도 불안 요소가 있다. 1994년에 테스트 마케팅을 개시한 의료재료를 시작으로 한 신규 사업군이 생각처럼 활성화되지 않은 것이다. 1998년 3월 현재에도 제3 신규사업의 매출은 십수 억 엔에 지나지 않는다. 생산재의 유통혁명을 통해 배양한 기술과 시스템을 바탕으로, 비합리적인 시장에 카탈로그 판매라는 방법을 도입했지만 좀처럼 신속한 전개가 이루어지지 않아 침체상태에 빠져 있는 실상이다.

단순히 상품·시장 매트릭스에서 이들 제3 사업의 위치를 정하면, 기존 사업과는 전혀 관련이 없는 신시장·신상품의 오른쪽 위쪽에 속하는 것을 알 수 있다(그림 2-8). 즉 기업으로서의 시스템 혹은 스킬상의 강점이 없다면, 이들 제3 사업은 제로에서 시작하는 벤처사업과 전적으로 같은 위치가 되는 것이다.

그렇게 되면 중요한 것은 미스미의 강점은 도대체 무엇인가이다. 시스템상으로는 생산재의 카탈로그 방식을 그대로 응용하고 있지만, 생산재에 있어서 틈새형 상품에 눈을 돌리고, 협력업체와의 제휴를 바탕으로 반제품 방식을 도입해서 저비용, 단납기로 수요자의 요구에 응했던 것과 같은 중요한 조건이 제3 사업에는 충분히 반영

그림 2-8 미스미의 상품 시장 매트릭스

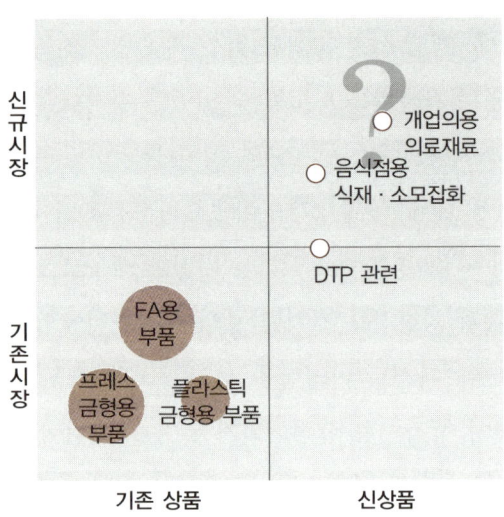

되어 있지 않다. 그저 단순히 카탈로그 판매 방식을 도입한 것에 지나지 않는다. 이것으로는 차별화할 수 없으며 미스미의 강점을 살렸다고 할 수 없다.

미스미가 생산재의 판매시스템에서 창출한 구매대리점 시스템은 틈새시장 속에서 판매가 잘 되는 것은 남기고, 판매가 잘 되지 않는 것은 잘라 버리는 편의점의 POS 시스템과 유사하다. 이 기간(基幹) 시스템에 협력 업체간의 개방경쟁을 통해 저가격과 고품질의 매입이 가능한 시스템을 추가했다. 또 주문용 카드를 통해 고객의 니즈를 효율적으로 수렴하고, 카탈로그와 팩스, EDI, 인터넷을 이용해 신속한 주문판매 시스템을 도입해서 단납기를 달성했다.

미스미가 창출한 시스템은 모두 업무상의 '개선합리화'를 위한 시스템이다. 생산재를 취급하는 비즈니스 시스템에 있어서 합리적인 운영을 도모하고, 낭비 없는 효율적인 비즈니스를 철저히 하여 만들어낸 점에서는 매우 우수하다. 그리고 사실상 이 시스템 덕분에 고수익이 이어져 왔다. 그러나 새로운 제3 사업이 침체상태에 빠진 원인은 오퍼레이션 사고를 바탕으로 전개했기 때문이다. 즉 미스미는 새로운 가치 창조 단계에서 오퍼레이션 사고의 한계에 부딪친 것이다.

예를 들어 고객의 정보에 근거하여, 현 상황에 이미 존재하는 상품의 불만과 좋지 않은 상품을 개선·개량하는 것은 가능하다. 그러나 전혀 새로운 상품 개발에 있어 단순한 고객의 주문용 카드로는 의견을 수렴하는 데 한계가 있으며, 또 수렴되었다 하더라도 신뢰성이 낮다. 생산재의 카탈로그 판매에 있어서도 표면적으로는 고객의 니즈를 수렴하는 데 성공한 듯 보인다. 그러나 카탈로그와 정보지에 첨부된 카드와 수주시의 전화응대 과정에서 고객의 니즈를 수렴하는 시스템으로는 한계가 있었으리라고 추측된다.

이것은 확실히 기존 상품에 대한 불만과 개선사항을 수렴할 수는 있지만, 고객이 정말로 원하는 것이 무엇인지에 대해서는, 고객 자신이 명쾌한 의견을 갖고 있지 않기 때문이다. 그렇기 때문에 생산재와 같이 경험많은 분야에서는 그 고객의 니즈를 예상할 수 있어도, 새로운 제3 사업과 같이 전혀 미지의 분야에서는 축적된 경험이 없어 고객의 니즈를 알아차리기 어렵다. 그래서 실제로 카탈로그 판매를 시작해서 어느 정도의 기간이 경과한 후, 잘 팔리는 상품와 그렇지 않은 상품을 알았더라도, 새로운 상품 개발의 기초가 되거나 어떤 상품을 출시하는 데 있어 고객이 구매하고 싶어하는지 그렇지 않은지 알 수 없다. 즉 상품개발에서 POS 시스템이 가진 한계와 같은 일이 일어난다.

바꾸어 말하면, 미스미의 생산재에서 확립한 시스템의 강점은 수동적인 효율 중시의 시스템에 불과하며, 창업자가 고생을 거듭해 몸으로 파악한 생산재 시장 시스템의 효율화는 도모할 수 있었다. 그러나 비즈니스 현장에서 새로운 니즈를 스스로 감지해야 하는 신규 사업에서는 강점을 발휘할 수 없다.

미스미는 오퍼레이션 사고의 한계에 직면하고 있다. 아니면 이후 직면할 가능성이 높다. 수익성이 아무리 뛰어났더라도 효율만을 요구하는 오퍼레이션 사고에서는 좀처럼 창조적 발전은 꾀하기 어렵다. 앞으로 미스미가 신규 사업에서 발전하기 위해서는, 새로운 시장 창조를 위해서 어떻게 적극적으로 고객 접점을 구축할 것인지, 새로운 상품·서비스를 창출할 수 있을 것인지에 달려 있다. 이는 전략 사고를 조직의 스킬로써 갈고 닦는 데 달려 있다. 또 신규 사업에 항상 따라다니는 여러 가지 리스크를 정확하게 판단하기 위해서는, 한 사람 한 사람의 명확한 가치기준이 되는 기업이념이 꼭 필요하다. 'market out'과 '소유하지 않는 경영'이 미스미의 경영 시스템을 나타내는 컨셉이지만, 이 컨셉은 구성원들의 업무 행동 규범과 가치기준이 되지는 못한다. 미스미가 경영상의 시행착오를 적극적으로 반복하는 속에서 정말로 자기 개혁을 목표로 하여, 조직으로서 전략 사고를 몸에 익혔을 때, 생산재의 범주를 초월한 새로운 발전을 이룰 것이다.

전략 사고 사례 ③
기린과 아사히의 싸움

◎ 전략 사고를 통해 1위를 차지한다

　1998년 1월 7일자 「니케이산업신문」에 '도망가는 기린과 쫓는 아사히'라는 제목의 기사가 실렸다. 맥주시장 점유율이 계속해서 하락하고 있는 기린과 계속해서 상승하고 있는 아사히를 비교하는 기사였다. 1997년 1월에서 11월까지 시장점유율은 기린은 42.8%, 아사히는 34.4%로 아사히가 기린을 바짝 추격하고 있었다.

　1998년 양쪽 회사의 서로 다른 전략을 살펴보자. 아사히는 '슈퍼 드라이' 하나에 전념하는 집중 전략을 펴고 있고, 기린은 '라거', '이치반시보리', '기린담려·生(생)' 등 다중 브랜드 전략을 펼치고 있었다. 사실 1998년 1월에서 7월까지 발포주를 제외한 맥주시장 점유율은 아사히가 42.6%로 34.3%를 차지한 기린을 완전히 역전했다. 발포주를 포함하면 기린 38.2%, 아사히 36.4%로 1998년에는 기린과 아사히의 시장점유율이 역전되어 45년 만에 맹주의 자리가 교체될 가능성이 높아졌다. 그렇게 되면 이번에는 도망가는 아사히와 쫓는 기린으로 구도가 바뀌게 되는 것이다.

◎ **맥주업계의 구조변화**

앞으로 특히 흥미진진한 것은 이후 두 회사가 어떤 전략 시나리오를 세울 것인가이다. 흥미진진한 점은 1987년에 슈퍼드라이 탄생 때 일어났던 맥주시장 소비자 구조 변화를 웃도는 구조변화가 현재 가속도로 일어나고 있기 때문이다.

그러면 맥주업계에 있어서 '구조 변화'란 어떤 것인가. 1994년 10월에 산토리가 다른 회사를 앞질러 발포주(알코올 도수와 맛은 일반 맥주와 크게 다르지 않으나 원료비용과 주세를 줄인 유사맥주-역주)를 발매했다. 일본 관련법규상 맥주는 맥아를 주원료로 67% 이상 사용해야 한다. 그러나 발포주의 경우는 원료의 25%를 넘어서는 안 되며 일본의 주세법상 가장 낮은 주세가 적용된다. 따라서 소비자에게 싼값에 맥주를 제공할 수 있었다. 종래의 맥주는 350ml 1캔이 220엔 정도지만, 발포주는 145엔 정도로 일반 청량 음료수만큼 저렴한 값이다. 당시 산토리의 '슈퍼 호프', 삿포로의 '드래프트' 두 상품은 기존 맥주와는 다른 탄산수로 소개되었다. 그러나 1998년 2월에 기린이 발포주 시장에 본격적으로 참여함으로써 맥주 시장의 구조 변화가 단숨에 이뤄졌다.

1998년 7월, 발포주가 맥주시장에 차지하는 점유율은 14.4% 정도였다. 이것은 기린이 발포주 시장에 참여하면서 초래된 것이다. 기린의 발포주 시장 참여는 실제 슈퍼드라이 때 이상으로 충격적이었다.

아사히의 슈퍼드라이는 1980년대에 진행하고 있던 맥주의 '생맥주화'(당시 생맥주화 비율 50%)의 흐름을, 1987년에 드라이生의 새로운 단면으로 포착한 것이다. 슈퍼드라이 이후 맥주시장은 단숨에 이 드라이生의 맛에 사로 잡혔다는 느낌이 든다. 그러나 이번에는 기린이 발포주 기린담려·生을 단순한 탄산주가 아닌 '진짜 맥주'로 포지셔닝해서, 성숙화되고 가격이 균일화된 맥주시장에 새로운 가격 축을 형성했다. 무엇보다도 이 발포주의 이름에 '기린'을 앞세운 것은 전략상 극히 상징적이다. 기린에 있어서는 대단한 결단이었을 것이라고 추측된다.

기린담려·生은 전 맥주시장의 약 14%를 차지하는 발포주 세분시장에서 약 60%를 점유하고 있다. 이 발포주 시장의 포착 방법과 전략 포지셔닝 설정 방법에 의해서 이후 양 회사의 시나리오는 크게 변화될 것으로 생각된다.

◎ **아사히의 집중 전략**

아사히는 앞에서 서술한 바와 같이 슈퍼드라이 한 병에 압축한 '집중 전략'을 표방하고 있다. 1997년 세계 맥주 브랜드별 랭킹 조사에 의하면 아사히의 슈퍼드라이는 1996년 7위에서 단숨에 4위로 약진했다. 한편 기린의 라거는 4위에서 11위로 순위가 떨어졌다. 아사히는 다음 목표로 슈퍼드라이를 세계적인 브랜드로 만들기 위해 맥주의 본고장 유럽에서 적극적으로 마케팅을 전개했다. 한편 국내 발포주 시장에 대해서는 '아사히는 절대로 발포주를 생산하지 않는다. 왜냐하면 아사히는 진짜 맥주만 만들기 때문에 발포주는 진짜가 아니다'라는 명확한 입장을 표명하고 있다.

아사히의 전략은 전 경영자원을 슈퍼드라이로 철저하게 집중하는 것이다. 그러나 발포주로 인한 일본 맥주시장의 구조 변화에 대한 대응과 글로벌화에 대한 대응 여하에 따라서, 이후 아사히의 성장 시나리오는 크게 흔들릴 가능성이 있다.

특히 발포주 시장의 포착방법에 따라 아사히의 전략적 방향은 변할 것이다. 단순히 메이커의 관점에서 발포주가 진짜냐, 가짜냐를 논하는 것은 의미가 없다. 일본 재무성에서 세금 걷기 편하려고 맥아 비율에 따라 맥주와 발포주로 선을 그은 것에 지나지 않는다. 결국 문제는 소비자가 어떻게 생각하느냐이다. 발포주를 포함한 1998년 상반기 맥주 시장의 규모는 전년도 같은 기간과 비교해서 0.7% 감소했다. 맥주만 놓고 보면 7.2% 감소했다. 이와 같이 완전히 성숙한 시장에서 발포주의 시장점유율이 14% 상승했다는 것은 7명에 1명 꼴로 발포주를 맥주로 받아들이고 있다는 뜻이다.

아사히가 정말 '고객만족도 1등 회사'를 목표로 하여 항상 '품질과 도전'을 표방하고 있다면, 발포주를 진짜 맥주가 아니라고 한다면, 7명 중 1명의 소비자를 부정하는 것과 같은 것이다. 부정하기보다는 아사히 나름대로 싸고 맛있는 획기적인 맥주 시장에 진출하는 것이 '품질과 도전'을 표방하는 기업의 자세다. 이것은 물론 성공할지 어떨지는 확실하지 않다. 또 슈퍼드라이 시장을 잡아먹게 될 수도 있다. 게다가 사람·물건·돈 모든 경영자원도 분산된다. 그러나 지금 이 리스크를 감수하지 않으면 국내 맥주시장에서 1등이 되고, 기린에게 쫓기는 입장으로 돌아선 뒤에는 한층 어려운 결단이 될 것임에 틀림없다.

지금까지 기린을 쫓는 입장이었던 아사히가 명실공히 쫓기는 입장이 되었을 때 도전하는 정신이 전사적으로 계속해서 유지될 수 있을까? 쫓는 입장 쪽이 도전하기 쉽기 때문에 발포주에 참여하려면 지금이 적기다.

요컨대 아사히의 경영철학이 소비자에 대한 새로운 가치 창출이라면 이 정도의 리스크는 각오해야만 한다. 그러나 만약 아사히가 슈퍼드라이로 자사 자원을 집중하고, 드라이 성공 신화에 단단히 묶여 버리면 소비자의 관점에서 멀어지게 될 것이고 따라서 아사히의 향후 신장은 기대할 수 없다.

슈퍼드라이를 창출했을 때, 아사히는 확실히 오퍼레이션 사고에서 탈피하여 전략 사고를 하는 기업이 되어 있었다. 그것이 지금에서는 또 오퍼레이션 사고로 되돌아간 것이다. 한번 더 전략 사고로 돌아갈 수 있을지는 앞으로 아사히의 과제다. 그것이 가능하지 않으면 슈퍼드라이의 성장은 멈출 것이고, 기린의 라거와 같이 시장 점유율이 하락할 가능성도 있는 것이다.

◎ **기린의 다중 브랜드 전략**

한편 자사의 자원에 집중하는 아사히에 대항하여, 기린은 소비자의 요구에 집중하는 '다중 브랜드 전략'을 선명하게 내세우고 있다. 슈퍼드라이 이전에 라거라는 강한 상품이 있어서 그것에 자사의 자원을 집중하고 있을 때와는 달라진 것이다.

대 경쟁사의 관점에서 보면 기린이 취해야 할 전략은 명쾌하다. 다중 브랜드 전략의 다중은 다중이라 하더라도 라거, 이치반시보리, 기린담려·生 3종류를 주축으로 각각의 포지셔닝을 명확하게 하여, 특히 이치반시보리와 기린담려·生이 서로 잡아먹기식이 되는 것을 두려워하지 말고 기린담려·生에 자원을 철저하게 집중하는 것이다(그림 2-9).

아무리 포지셔닝을 바꾸어도 이치반시보리와 기린담려·生의 서

그림 2-9 기린맥주의 상품 컨셉트

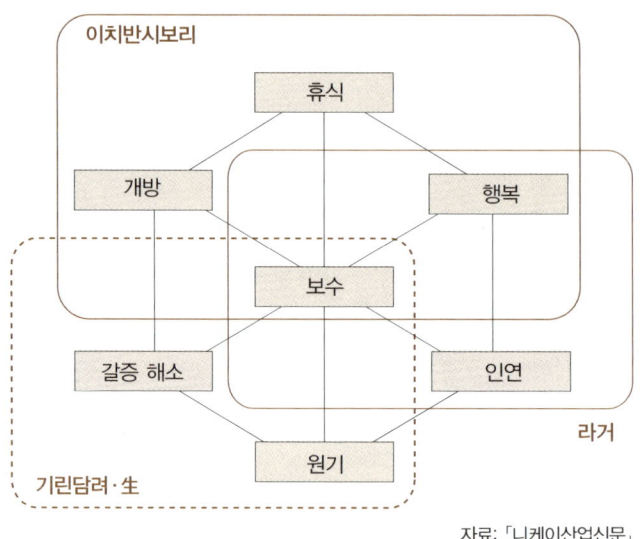

자료: 「니케이산업신문」

로 잡아먹기는 피할 수 없다. 그렇다고는 해도 기린담려·生의 발포주 시장은 기린이 단일 가격이었던 일본의 맥주시장에 새로운 가격축을 형성한 것이다. 그 새로운 가격 형성의 기세를 가지고 슈퍼드라이에 맞서면 반드시 길은 개척된다. 슈퍼드라이와 직접적으로 경합하는 이치반시보리와 기린담려·生의 연합군은 슈퍼드라이에 있어서는 상당한 강적이 될 것이다.

단, 한 가지 염두해야 할 점은 슈퍼드라이가 시판되었을 때 기린이 이에 타격을 받아 실시한 풀라인 전략의 실패를 반복하지 않는 것이다. 그렇지 않는 한 기린의 라거 신화가 더듬어 찾은 길을 슈퍼드라이가 더듬을 가능성도 있다.

어느 쪽이든 기린과 아사히의 싸움은, 아사히가 리스크 회피형의 오퍼레이션 사고를 벗어나서 전략 사고의 원점으로 한번 더 돌아오든지, 아니면 기린이 새로운 성장을 향해서 참된 전략 사고를 소비자의 눈높이에서 구축할 수 있을지가 이후의 승부에 매듭을 짓는 것이다.

3장
전략 사고 트레이닝
전략 사고도 훈련을 통해 향상될 수 있다

strategic scenario
core skills and techniques

전략 사고를 몸에 익히자

전략 사고를 실현하기 위해서는 '책임지고 구체적인 결론을 내리는 능력', '과거에서 미래까지 논리적으로 구조를 통찰하는 능력', '가치기준을 가지고 리스크를 감수하며 판단하는 능력' 이 3가지 스킬을 갖추어야 한다. 대부분의 비즈니스맨은 3가지 중 1가지 능력은 갖추고 있다. 그러나 매일매일 업무 중에 의식적으로 자신의 스킬을 발휘해 전략 사고를 하기는 힘들 것이다.

전략 사고가 가장 필요하고 실천해야 할 계층은 국민에게 미래 비전을 제시해야 하는 정치가이다. 그러나 아쉽게도 일본의 정치가는 전략 사고가 부족한 것 같다. 정치가의 의사결정을 따라야 하는 관료들도 마찬가지다. 이들은 오퍼레이션 사고에는 뛰어나다. 그러나 과거의 구조에 대한 통찰력만 뛰어날 뿐, 미래의 비전을 구체적으로 그리고 리스크를 감수하며 판단하는 능력은 없다(그림 3-1).

데츠카 오사무의 만화 주인공 블랙 잭과 같이 병의 상태를 순간적으로 판단하고, 환자에게 수술 이후 나타날 수 있는 증상을 설명한 뒤, 필요한 조치를 신속하게 실행하는 '전략 사고'는 훈련을 받으면 누구나 몸에 익힐 수 있다. 또한 항상 의식적으로 전략 사고를

그림 3-1 전략 사고의 비교 예

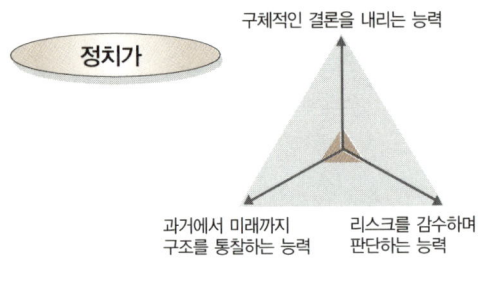

● 자신의 지위에 집착하는 정치가는 대부분 이 3가지 스킬 모두가 결여되어 있다.

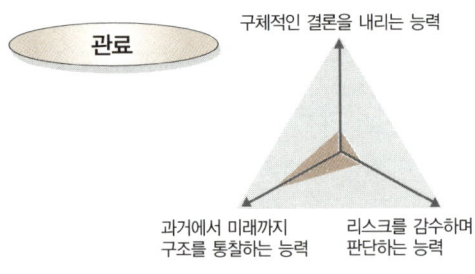

● 관료들은 자신보다 국민을 먼저 생각하는 가치관과 책임감이 부족하다. 대신 이들은 과거에 대한 분석능력이 뛰어나다.

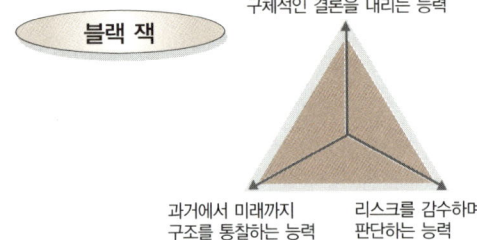

● 무면허지만 천재적인 의사 블랙 잭은 이상적인 의사상이다. 조직에 소속되어 있거나, 과거 사례에 얽매어 구체적인 결론을 내리기 힘들거나, 환자에 대한 열의가 부족해 제대로 진단을 내리지 못하는 의사는 블랙 잭 같은 의사가 될 수 없다.

하려고 노력한다면 확실히 향상된다. 하루아침에 몸에 익힐 수는 없겠지만 조금씩 훈련을 쌓아가면 나아질 것이다.

나의 전략 사고 능력은 어느 정도인가

자신 또는 자신이 소속된 기업의 전략 사고 능력이 어느 정도인지 진단해 보자. 다음 9가지 질문에 대해 고민하지 말고 머릿속에 떠오르는 대로 자신 또는 자신의 상사와 사장의 이미지를 떠올리면서, Yes 또는 No로 대답하면 된다.

◎ **책임지고 구체적인 결론을 내리는 능력**

과제에 대한 결론이 요구될 때

1. 정보수집과 조사가 충분치 않더라도 다음 단계 행동으로 이어지는 구체적인 결론(가설)을 내는가?

2. 구체적인 결론을 재빨리 요약할 수 있는가?(사장과 엘리베이터에 함께 탔다고 하자. 사장이 당신의 사업과제에 대해서 질문을 했다. 사장 집무실은 8층인데 사장이 내리기 전까

지 대답할 수 있는가?)

3. 자신의 일에 대해서 명확한 목적을 가지고 내린 결론에 대해서 책임질 수 있는가?

◎ **과거에서 미래까지 논리적으로 구조를 통찰하는 능력**

과제의 본질을 파악해야 할 때

4. 문제발생 메커니즘과 구조를 구체적으로 이해할 수 있을 때까지 'Why So?'를 몇 번이고 되풀이하며 철저하게 해명하려 하는가?

5. 비즈니스의 미래에 영향을 미치는 다양한 외적 신호를 항상 주시하며, 자사에는 어떤 영향을 미칠지 생각하고 있는가?

6. 구체적인 결론이 자신이 직면하고 있는 목적에 미칠 인과관계나 전체관을 가진 해결책의 구조 속에서 생각하고 있는가?

◎ **가치기준을 가지고 리스크를 감수하며 판단하는 능력**

> **결론의 선택·판단시 리스크가 발생할 때**
>
> 7. 리스크를 회피하지 않고, 어떤 기회를 찾아서 항상 적극적으로 몰두하려 하는가?
>
> 8. 명확한 수치(수익적인 것도 포함)로 나타낼 수 있는 리스크 평가기준을 가지고 있는가?
>
> 9. 상대방이 자신과 다른 입장이라도 양쪽 모두에게 발전적인 방향으로 논의를 이끌어갈 수 있는 자신만의 행동방식이나 가치관을 가지고 있는가?

이 9가지 질문은 전략 사고의 근간이다. 만약 명확하게 Yes라고 대답할 수 없는 질문이 많았거나 No라고 대답한 것이 많았다면 요주의 상태이므로 전략 사고를 강화할 필요성이 높다는 인식을 가지고 긴장하기 바란다.

전략 사고 연습 ①
OA기기 사업에서 철수해야 하는가

연습문제를 풀면서, 전략 사고로 어떻게 문제를 포착할 수 있는지 배워보자. 과제, 상황설명을 읽으면서 자기 나름대로의 결론을 정리해 보자.

> **과제: S사는 OA기기 사업에서 철수해야 하는가**

S사는 사무용 OA기기를 풀라인(full-line)으로 제조·판매하고 있다. 취급 상품은 기종에 따라 차이가 있지만 판매가격에 따라 평균 300만 원의 저가 상품부터 평균 2,000만 원의 고가 상품까지 있다.

사무용 OA기기 시장은 상품 라이프사이클이 점점 짧아지고 있고, 가격경쟁도 심해지고 있다. 또한 출시된 지 1년만 지나면 가격이 큰 폭으로 떨어진다. 따라서 상품개발이 지연되거나 제대로 구색을 갖추지 못하면 수익이 현저하게 떨어진다.

이처럼 시장 경쟁이 치열한 환경 속에서 S사의 영업이익은 3년 연속 마이너스를 기록하고 있다. 1998년 경쟁사인 A사는 1,500억 원 흑자를 올렸고, S사는 230억 원의 적자를 냈다(그림 3-2). 현재 X

그림 3-2 S사의 경쟁 상황

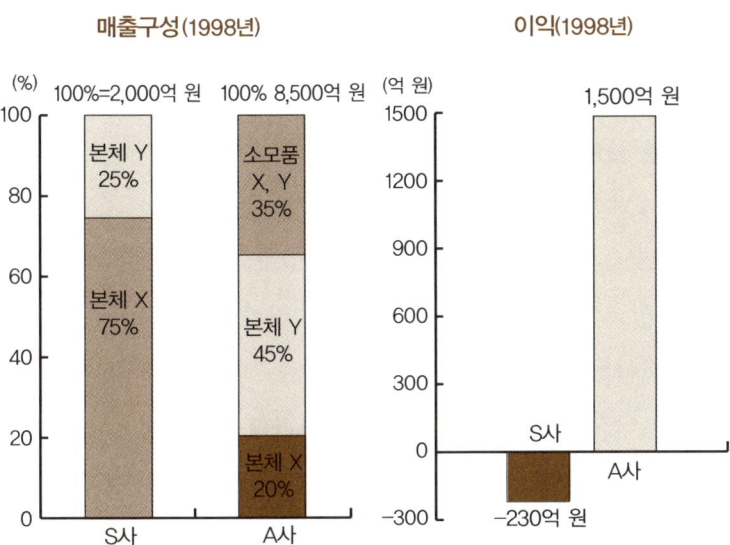

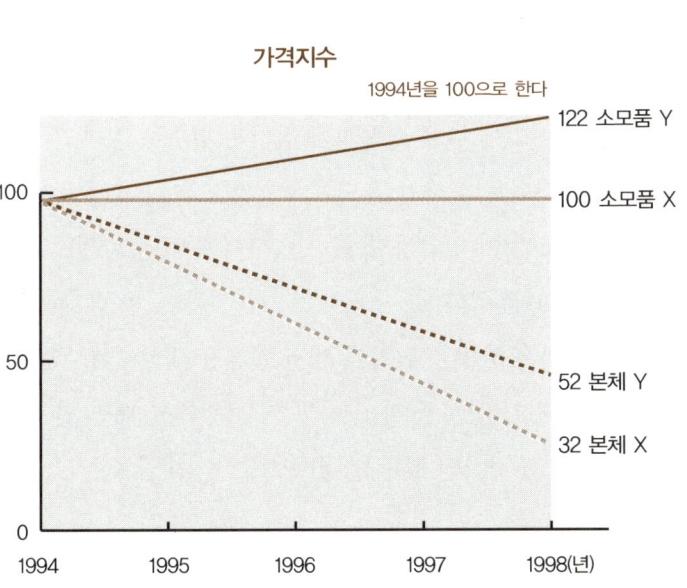

상품과 Y상품의 매출은 본체와 소모품으로 구성되어 있다.

당신이 S사의 최고경영층이라면 이 상황에서 이후 전체 사업 방향을 어떻게 잡아야 할지 결론을 내려보자.

◎ **상황 설명**

사무용 OA기기 본체에는 복사기와 프린터가 속하며, 소모품에는 정기적으로 교환하거나 보충해야 하는 잉크와 카트리지 등이 속한다. 제품은 출시 후 1년만 지나면 가격이 하락하는데, X상품은 매년 25%씩 떨어져 4년 후에는 첫 출시가의 32%밖에 안 된다. Y상품은 매년 15%씩 떨어져 4년 후에는 첫 출시가의 52%밖에 안 된다. 그러나 소모품은 가격이 하락하지 않는다. 오히려 X상품의 소모품은 매년 5%씩 가격이 상승하고 있다.

S사의 연매출은 2,000억 원 규모이며, X상품의 판매에 주력하면서 Y상품도 취급하고 있지만 무슨 이유인지 소모품은 취급하고 있지 않다. A사 이외에 다른 경쟁자가 있다는 정보는 없다.

한편 A사는 S사보다 사업 규모가 4배 정도 크고, Y상품의 비중이 높고, 소모품도 많이 취급하고 있다. A사의 수익은 1,500억 원이고, 매출이익률은 18%이다.

그러면 이 같은 상황을 근거로 해서 결론을 내려보자. '정보가 부족해서', 'OA기기 업계를 잘 몰라서' 라는 핑계를 대면 안 된다. 어쨌든 책임지고 구체적인 결론을 내려보자.

◎ **전략 대안**

이 문제에 관해서 다음과 같은 3가지 전형적인 전략대안을 세울 수 있다.

대안 1

> X사업에서 Y사업으로 경영자원을 대폭 이동하고, 즉시 소모품 사업에 참여한다.

탄탄대로를 달리고 있는 A사는 가격이 안정된 소모품과 가격 하락률이 낮은 Y상품에서 큰 이익을 올릴 가능성이 높다.

한편 적자가 눈덩이처럼 불어나고 있는 S사의 상품구성을 살펴보면 가격하락률이 심한 X상품 중심이다. X상품보다 가격하락률이 낮은 Y상품의 취급비율이 낮은 것이다. 또한 가격이 안정된 소모품을 전혀 취급하지 않고 있다.

따라서 S사는 경쟁사와 비교해서 수익상의 약점을 극복할 수 있는 상품들로 재구성해야 한다. 수익이 높은 Y상품군을 강화하고 동시에 소모품 비즈니스에 신규 참여해야 한다.

대안 2

> Y사업에서 철수하고, X사업에 자원을 집중 배분한다. 동시에 소모품 사업의 참여를 도모한다.

X상품과 Y상품을 비교하면 확실히 X상품의 가격 하락폭이 크지만, 가격경쟁력의 관점에서 바라보면 양쪽 모두 조건이 엄격하여,

우열을 가리기는 어렵다. 따라서 X상품 및 Y상품의 수익성은 Y상품쪽이 상대적으로 유리하지만 어쨌든 양쪽 둘다 엄격할 가능성이 있다.

또한 X상품, Y상품, 소모품 각각의 가격 하락률과 S사와 A사의 매출구성을 비교하면 A사의 수익원은 가격경쟁이 없는 소모품에 의한 것일 가능성이 높다. 이런 경쟁조건에서 A사의 Y상품의 매출은 S사의 8배를 올리고 있으며, 압도적인 우위성을 나타내고 있다. 그러면서도 X상품군에 대해서는 현상황을 통해 충분히 알 수 있듯이 S사가 잘 대응하고 있다.

또 OA기기 사업의 수익원은 소모품 수요에서 창출되고 있다고 예상된다. 소모품의 연간 수요는 과거의 누계 판매대수에 의해 결정된다. 때문에 이후 소모품 수익을 확보하기 위해서는 X상품이 그동안 얼마나 팔렸는지가 중요한 의미를 갖는다.

따라서 S사가 A사와의 격렬한 경쟁에서 살아남기 위해서는 S사가 상대적으로 강세인 X사업에 자원을 집중한다. 동시에 수익을 확보하기 위해서 모든 방법을 동원하여 X상품의 소모품 비즈니스에 참여한다.

대안 3

> X 및 Y사업에서 철수하여 더욱 부가가치가 높은 새로운 Z사업을 시작한다.

상품 라이프사이클이 단축되는 추세라 X상품과 Y상품 모두 가격

하락폭이 크고, A사와의 경쟁이 치열한 점을 생각하면 이후에도 수익을 확보하기 힘들 것이다. 또 이 사업의 수익 구조는 소모품에 의존하고 있다.

그러나 S사가 이 사업의 수익원인 소모품 비즈니스에 전혀 참여하고 있지 않은 데는 기술 또는 특허문제 같은 진입장벽 때문일 수도 있다. 따라서 X상품과 Y상품으로는 현상유지는 물론이고 소모품 사업의 확대도 극히 곤란하다고 예상된다.

현재 S사는 OA기기를 풀라인으로 제조·판매할 수 있는 기술 개발력이 있다. 따라서 현재 사방이 막혀 어찌할 수 없는 상황에서 벗어나려면 S사는 기사회생의 수단으로 획기적인 신상품을 개발해야 한다. 라이프사이클이 짧은 비즈니스 환경에서도, 새로운 부가가치를 거두어들일 수 있는 장래 수익원을 확보해야 하는 것이다.

◎ **전략 대안의 평가**

그러면 여러분의 결론은 어떻게 되었는지 각각의 전략 대안을 평가해 보자.

대안 1 – 오퍼레이션 사고: 불 속에 뛰어드는 불나방

> X사업에서 Y사업으로 경영자원을 대폭 이동하고 즉시, 소모품사업에 참여한다.

대안 1은 가장 표준적인 회귀형 사고법으로 이 결론을 제시하는 사람이 가장 많다. S사의 문제를 현재의 수익력으로 한정지어 포착하고, 탄탄대로를 달리고 있는 A와 비교하여 그 차이를 보완해서 경쟁력을 강화한다. 소위 잘나가는 경쟁사의 방법을 벤치마킹해서, 경쟁사와의 차이를 메우는 접근법이다.

그러나 이 접근법은 약자인 S사가 A사의 판에 스스로 들어가는 것이기 때문에 실제로는 매우 위험한 접근법이다. 입장을 바꾸어 자신이 A사라면 S사의 전략에 대해서 어떤 방법을 취할 것인가를 생각하면 이 접근법의 한계가 분명히 드러난다.

확실히 Y상품이 X상품보다 가격하락폭이 적어 이익률이 높겠지만, 경쟁사인 A사가 강세를 보이는 상품이자 수익원인 Y상품과 소모품 시장에 S사가 참여한다면 Y상품을 둘러싸고 A사와 더욱 치열한 가격경쟁을 벌이게 될 것이다.

더욱이 S사는 OA기기를 풀라인으로 생산하고 있기 때문에 적자가 연속되는 속에서 어떻게 소모품 사업에 참여할 새로운 자원을 조달할지도 문제다.

현상을 분석한 결과, 지금과 같은 상태가 장래에도 계속된다고 전제한다면, 이 접근법은 처음 볼 때는 안전하고 위험이 적어 보이지만 실제로는 가장 위험한 접근법이다. 왜냐하면 A사의 입장에서 보면 S사가 자기 시장에 스스로 들어오는 것이기 때문에 이렇게 되면 S사는 '불 속에 뛰어드는 불나방'과 같은 꼴이다. 즉, 현재의 위기에서 벗어나기 위해 A사와의 경쟁이라는 새로운 위기상황을 만들게 될 수도 있다.

게다가 S사는 회사의 구조를 변화시키는 데 있어 논리적인 통찰력이 부족하고, 자사의 경영자원이 분산되는 문제에 전혀 눈을 돌리고 있지 않다. 곧 닥칠 위험에는 눈을 돌리지 않고, 더욱이 상대가 어떤 자세를 취할지는 생각지도 않은 채 극히 단기적이고 자기중심적인 과거 회귀형 접근법을 사용하고 있다. 이것이 바로 오퍼레이션 사고의 한계이다.

대안 2 - 전략 사고: 호랑이 굴에 들어가야 호랑이를 잡는다

> Y사업에서 철수하고, X사업에 자원을 집중 배분한다. 동시에 소모품 사업의 참여를 도모한다.

이 접근법으로는 Y상품으로 올리고 있는 매출액 25%를 잃게 된다. 동시에 가격경쟁이 심한 X상품을 특화하기 위해서, X상품의 매출과 수익성 모두가 커다란 위기에 빠질 수 있다. 그러나 경쟁의 관점에서 바라보면 A사에 대해 상대적으로 경쟁우위인 X상품으로 승리할 수 없다면, S사의 장래는 암울하다고 할 수밖에 없다.

누계 판매대수를 늘려 소모품을 판매해 정상적인 수익을 확보하려면 X상품에 자원을 집중하고 그 시장점유율을 확보하는 것 이외에는 방법이 없다. 또한 소모품 사업에 참여해서, 동시에 X상품의 상품력을 높이려면 Y상품의 자원을 활용하지 않을 수 없다.

이 접근법은 현재의 매출 및 수익성 관점에서 바라보면 분명히 리스크가 크지만, 이 방법은 S사가 강점을 살려서 생존을 걸고 A사와 경쟁할 수 있는 유일한 방법이다. 현상태 그대로 방치해두면 상당한 자본력이 없는 한 S사는 확실히 도산할 것이다.

대안 2가 지닌 불확실성을 파악한 뒤 리스크를 감수하고 판단을 내리기 위해서는 S사의 전사원이 자사의 지속적인 성장발전을 목표로 일치단결해야 한다. 전략 사고를 하지 못하면 이와 같은 명쾌한 결단을 내릴 수 없다.

대안 2 – 갬블 사고: 일확천금, 한여름밤의 꿈

> X 및 Y사업에서 철수하여 더욱 부가가치가 높은 새로운 Z사업을 시작한다.

X사업, Y사업 모두 미래가 어둡기는 마찬가지다. 그렇다고 X사업과 Y사업을 모두 포기하고 Z사업을 시작한다고 해서 성공할 수 있을지는 미지수다. 이것은 현재의 정보만으로는 분석할 수 없는 리스크가 대단히 큰 대안이다.

이 발상은 X사업 Y사업 모두 경쟁이 엄격하므로, 수익을 내기 위해서는 다른 획기적인 상품이 필요하다는 비약이 심한 발상이다. 사업의 구조를 논리적으로 통찰하는 능력이 없으며, 책임있게 판단을 내렸다고 할 수도 없다.

오퍼레이션 사고에 이르면 곧바로 결론으로 점프해 버리는 경우가 의외로 많다. 이것이 바로 갬블 사고이며, 책임을 지지 못한다는 점에서 갬블 사고는 위험하다.

전략 사고 훈련 시간에 이 문제를 수강생에게 내면, 가장 많은 수강생이 대안 1의 오퍼레이션 사고를 내고, 다음으로 대안 3의 갬블 사고를 낸다. 그 외는 대안 1과 3의 절충형이 많다.

현재를 직시하고 깊이 분석해서 문제를 좀더 분명히 해야 하지만 굳이 현재 상태보다 더 나아질 것이 없는 오퍼레이션 사고에 의한 해결책을 내놓을 필요는 없다. 더욱이 앞뒤 맥락도 없이 갬블 사고를 내서도 안 될 것이다.

애석하게도 전략 사고에 의한 결론을 내리는 수강생은 매우 적다. 대부분의 수강생이 현 상황을 분석하는 틀에서 좀처럼 벗어나지 못하기 때문이다. 전략 사고에 의한 결론을 내리기 위해서는 정보가 부족하더라도 비즈니스의 구조를 파악한 뒤 현재의 상황이 연장되는 해결책을 내지 말아야 하며, 경쟁에 졌던 과거와 미래의 구조를 동시에 파악해야 한다.

그러나 대안 2를 내는 데 최고경영층도 참여하고, 기업의 목표에 근거하여 충분히 논의한 끝에 나온 게 아니라면 현실에서 대안 2를 받아들이는 최고경영층은 없을 것이다.

전략 사고란 '불확실한 비즈니스 환경에서 명쾌한 미래의 시나리오를 창조하는 사고'이다. 전략 사고를 하기 위해서는 '책임지고 구체적 결론을 내리는 능력', '과거에서 장래까지 논리적으로 구조를 통찰하는 능력', '가치기준을 가지고 위험을 감수하며 판단하는 능력'이 필요하다.

전략 사고 연습 ②
어느 회사 방침을 채택해야 하는가

> **과제: C사와 H사, 어느쪽 MD 방침을 채용해야 하는가?**

 이 과제는 전국적으로 양판점과 편의점을 네트워크화하고 있는 대형 유통기업인 C사와 H사의 MD(merchandising; 머천다이징·상품화 계획, 효과적 판매 촉진책) 방침에 관한 것이다. 오른쪽 그림에서 볼 수 있는 바와 같이 상품개발과 매입에 관해서 C사와 H사의 입장이 크게 다르다.

 C사의 최고경영자의 상품개발 지침은 "상품개발의 기본은 현장에 있다. 가게 점원들은 자신의 눈으로 고객을 동향을 살피고, 판매 데이터를 근거로 어느 상품이 가장 잘 판매되는지를 분석해라. 그렇게 하면 정말로 손님이 원하는 상품이 무엇인지 알 수 있을 것이다." 또 매입 지침은 "우리 회사는 대량으로 안정적으로 매입하여, 전국 규모로 판매해 왔다. 우리는 제조업체의 큰 단골고객이다. 팔다 남은 재고를 반품하는 것은 당연하다. 이것은 제조업체의 개발력을 한층 더 강화시킬 것이다."

 H사 최고 간부의 생각은 다르다. 상품개발 지침은 "POS시스템은

그림 3-3 C사와 H사의 MD 방침

	C사의 사고방식	H사의 사고방식
상품개발	상품개발의 기본은 현장에 있다. 가게 점원들은 자신의 눈으로 고객의 동향을 살피고, 판매 데이터를 근거로 어느 상품이 가장 잘 판매되는지 분석해라. 그렇게 하면 정말로 손님이 원하는 상품이 무엇인지 알 수 있을 것이다.	POS시스템은 잘 팔리지 않는 상품정보만을 알려줄 뿐이다. 정말로 손님이 원하는 앞으로의 새로운 니즈에 관한 정보는 현장에는 없다. 상품개발 담당자는 현장에 갈 필요가 없다.
매입	우리 회사는 대량으로 안정적으로 매입하여 전국 규모로 판매해왔다. 우리는 제조업체에게 있어 큰 단골고객이다. 팔다 남은 재고를 반품하는 것은 당연하다. 이것은 제조업체의 개발력을 한층 더 강화시킬 것이다.	매입담당자가 자신감을 가지고 개발하여 매입한 상품은 판매에 책임을 져야 한다. 당사는 전부 매입제를 취한다. 이는 상품개발의 안목을 단련시키기 위한 것이며 매입 교섭력을 높여 이익률을 높이게 될 것이다.

잘 팔리지 않는 상품정보만을 알려줄 뿐이다. 정말로 손님이 원하는 앞으로의 새로운 니즈에 관한 정보는 현장에서는 알 수 없다. 상품개발 담당자는 현장에 갈 필요가 없다." 그리고 매입 지침은 "매입담당자가 자신감을 가지고 개발하여 매입한 상품은 판매에 책임을 져야 한다. 당사는 전부 매입제를 취한다. 이는 상품개발의 안목을 단련시키기 위한 것이며 매입 교섭력을 높여 이익률을 높이게 될 것이다."

이것은 현재 성장하고 있는 유통기업과 헤어나지 못하고 헤매고 있는 유통기업을 가상하여 사례화한 문제이다. 당신은 어느 쪽 입장을 지지하는가. 그리고 그 이유는 무엇인지 생각해보자.

◎ **사고방식의 힌트**

C사의 MD 방침은 거래처에서 주도하는 상품정책에 의존하는 것이며, 자사에서는 전혀 리스크를 부담하지 않겠다는 사고방식이다. H사의 MD 방침은 매입에 대한 리스크를 판매처가 지고 주체적으로 상품을 개발하겠다는 사고방식이다. 각각 일장일단이 있으며 장점과 단점은 표리일체를 이룬다.

H사의 매입제는 이익률이 향상할 것이라는 장점이 있다. 매입 교섭력이 강화되기 때문에 매출이익 폭이 커진다. 또 매입제가 지닌 리스크에 대응하기 위해 MD 프로세스에 따른 기술과 시스템이 강화된다. 한편 단점으로는 고객의 동향을 읽는 능력, 상품을 정확하게 지켜보는 능력, 구입한 상품을 모두 판매하는 능력, 데이터를 이용한 재고 관리 능력(품절과 과잉재고)이 부족하면 리스크가 높아져 이익을 창출하기 힘들다.

C사의 MD 방침의 장점은 재고가 발생하면 생산업체로 반품이 가능하므로 상품 라이프사이클이 짧아지는 데 따른 리스크를 회피할 수 있다는 것이다. 고객에게 잘 팔리는 물건의 동향을 살피면서 매입에 유연성을 발휘할 수 있는 것도 장점이다. 반품이 가능하기 때문에 모험적인 상품도 과감히 취급할 수 있다.

한편 단점은 재고 리스크를 부담하지 않는 부분·판매차익률은 매입방식보다 낮아져 수익을 압박할 가능성도 있다는 것이다. 더욱이 재고에 대한 위험을 제조업체에게 떠넘기기 때문에 거래처와 좋은 관계를 유지하기 어렵다. 또 상품개발을 제조업체에서 주도하기 때문에 개발에 대한 영향력이 약해질 가능성이 있다.

◎ **결론**

　책임있게 구체적인 결론을 내릴 수만 있다면 어떤 접근법도 나쁘지 않다. 그러나 요즘과 같은 사업 환경에서는 H사의 방침이 더욱 효과적이다.

　우선 C사의 방침은 H사에 비해 담당자의 책임, 리스크가 모두 적다. 이와 같은 현상·현장 개선형의 오퍼레이션 사고는 고도성장기와 같이 수요가 항상 공급을 상회하는 시대에는 충분히 통용될 수 있었다. 공급의 효율화를 도모해 비용경쟁력을 높이는 것이 가장 중요한 과제였기 때문이다. 그러나 다양하고 성숙한 시장에서는 C사의 최고경영자가 말하는 것처럼 현장의 효율화·비용절감을 꾀하면서 시장 요구를 수렴한 새로운 상품을 개발하기가 어려워졌다.

　기업의 규모가 확대되고 기능이 분산되면서 대행 판매업체들이 판매에 대한 리스크를 부담하지 않으려고 한다.

　현재 사업 환경에서는 H사처럼 불확실하지만, 앞을 예측하고 리스크를 각오하지 않으면 새로운 고객 니즈의 창조와 이익의 확보가 어려워진다. 가치기준을 가지고 리스크를 감수하면서 판단할 수 있을지가 중요하다. 예를 들면 일본 최대 유통업체인 이토요카도는 거래처와 함께 상품을 개발하는 '팀 MD' 방침으로 유명하지만 이것은 이토요카도와 거래처가 리스크와 이익을 서로 공유하려는 발상이다.

　전략 사고에는 리스크가 따른다. 그러나 리스크가 있기 때문에 기회를 포착하고 경쟁 우위를 달성할 수 있는 것이다. 그리고 리스크에 대해서 책임지는 것이 역으로 미래의 리스크를 최소한으로 줄이고 질 높은 구체적인 방향을 만들어내 자기 자신의 전략 사고를 단련하는 방법이다.

전략 사고 연습 ③
지역 전개 우선순위 정하는 법

I사는 기타큐슈를 중심으로 하는 배달전문 피자업체로 '독특하면서 본격적인 맛'으로 급성장해 현재 24개의 직영점을 운영하고 있다. 대다수의 점포가 순조로운 매출 신장을 이루고 있으며, 수익도 영업이익에서 20% 가까이 확보하고 있다. 앞으로의 과제는 직영점을 운영하면서 축적한 노하우로 전국적인 프랜차이즈 사업을 하는 것이다. 향후 지역 전략을 전개하는 데 있어 3개의 지역이 검토 대상으로 올라와 있다(그림 3-4).

시장구조를 잘 분석한 뒤에 현시점에서의 전개 우선순위를 결정하여 그 결과가 나온 판단기준과 평가의 이유를 생각해 보자. 본 연습은 가공사례이지만 시대배경은 배달피자 시장이 크게 성장하던 시기인 1990년대 초이다.

◎ **상황설명**

직영 방식은 자사의 경영자원을 활용하지만, 프랜차이즈 방식은 독점판매권을 가지고 있는 가맹점의 경영자원을 활용한다. 따라서 프랜차이즈 방식으로 사업을 전개하면 본사의 위험부담이 비교적

그림 3-4 지역 특성과 자사의 상황

	시장	경쟁	자사
A 지역	전국의 40%가 집중되어 있는 만큼 시장 규모가 크고, 이후에도 연 10% 정도 시장이 성장할 것이라고 예상된다.	대부분의 상권을 대형 거래처가 점유하고 있지만, 군데군데 타지방에서도 진출해 있다. 경쟁이 줄어들고 있고 가격은 비교적 안정적이다.	두 곳에서 시험점포를 운영했다. 1년이 지났지만 영업이익률은 5% 정도에 불과하다. 매출은 약간 증가했다.
B 지역	A지역에 이어 두 번째 시장 규모(20%). 맛에는 꽤 민감한 지역이지만 이제 시장이 개척되기 시작해 가장 성장률이 높을 것으로 기대된다.	B지역 출신 기업에서 전개하고 있지만 아직 점유율이 낮다. 도쿄의 대형거래처 두 군데에서 본격적으로 진출 개시하여 신속하게 전개하고 있는 상태이다.	미출점(개업한 점포가 없음)
C 지역	시장 규모는 크지 않지만 전형적인 지방 중핵 도시다. 맛에는 의외로 둔감하다. 어떤 이유에서인지 옛날부터 '이 지역을 제압하는 자가 전국을 제압한다'는 속설이 전해진다.	중소 배달피자 업체가 북적되고 있는 격전지. 가격할인과 가격경쟁이 치열하고 개업과 폐업이 일상화되어 있다. 도태는 지금부터다.	시험점포를 세 군데 출점했다. 반 년이 지났지만 매출이 오르지 않고 수익도 거의 비슷하거나 마이너스다. 점장이 끈기 있는 사람이라 상당히 노력하고 있다.

적고 신속하게 사업을 영위할 수 있지만, 본사에서 완전히 통제할 수 없다.

어떤 지역에서 본부가 사업을 시작하려면 프랜차이즈 소유자에게 돌아갈 이점(merit)이 명확해야 전개할 수 있다. 즉 프랜차이즈 소유자의 이익과 리스크에 대한 사고방식을 어떻게 포착할 것인가에 따라 결론이 달라진다.

또 각 지역의 시장 매력도를 평가함에 있어서는 어떤 판단자료가 중요한가, 또 각각의 자료에 대한 전략상의 비중이 얼마나 차이나느냐에 따라 우선순위가 바뀐다.

A지역은 시장 규모가 최대로 성장할 가능성이 있다. 경쟁이 일단락되었고, 직영점포는 기타큐슈 정도는 아니지만 영업이익을 5% 정도 올리고 있다. 소유자가 얼마나 매력적이라고 생각하는지 참여했을 때 경쟁관계가 어떻게 변할지에 대한 통찰이 중요한 판단 포인트가 된다.

B지역의 시장은 가장 빨리 성장하고 있으며, 맛에 대한 민감도가 높은 지역이지만, 자사 직영점이 출점해 있지 않아 걱정이 된다. 경쟁사의 포착방식과 자사의 강점을 무엇으로 볼 것인가, 또 프랜차이즈 소유자가 리스크를 받아들이는 방식에 따라 우선도가 달라질 것이다.

C지역은 시험점포를 열어본 결과 전형적인 지방 중핵도시로 밝혀졌다. 경쟁이 치열하고 직영점도 상당히 고전하고 있다. 하지만 당사의 목적이 전국적인 프랜차이즈 전개임을 생각하면 전국으로 통용되는 기술과 프랜차이즈 전개 시스템을 구축하는 점에서 중요한 위치를 차지하고 있다. 단 매력도라는 관점에서 프랜차이즈 소유자의 평가를 받을 필요가 있다.

◎ **결론**

전략 사고의 관점에서 결론을 내리면 지역 전개 우선순위는 B, A, C 순으로 하면 된다. C지역은 가능하면 철수하도록 하고, 그렇지 못하면 최소한 앞으로 새로운 점포를 출점하지 않는 것이 좋겠다. 3C(고객 Customer, 경쟁 Competitor, 자사 company)와 프랜차이즈 소유자의 관점에서 판단한 지역 전략 전개 순위는 다음과 같다.

1. 고객(시장): B→A→C

규모의 관점에서는 A→B→C순이지만 가장 중요한 것은 기타큐슈에 대한 I사의 참여 기회이다. 따라서 성장성 관점을 우선시 하면 B→A→C순이다.

2. 경쟁사: B→A→C

경쟁사의 관점에서는 어떻게 헛된 경쟁을 회피하면서 전개가 가능한지가 중요하다. 얼핏 A지역은 경쟁이 안정되어 있는 듯이 보이지만 실제로 I사가 참여했을 경우 군데군데 틈 사이에서 판매하고 있을 때는 대기업과의 격전을 벌이지 않지만, 그 틈 사이에서 일탈하는 순간 경쟁 규모가 커지고 가격 경쟁을 유발할 가능성이 크다. C지역은 문제에서 벗어나 있다.

3. 자사: B→A→C 경우에 따라서는 A→C→B

I사의 관점에서는 어느 지역에서 I사의 강점이 가장 잘 통용될 수 있는지가 중요하다. I사 피자의 강점인 '독특하면서 더욱 본격적인 맛'이 가장 통용되지 않는 곳은 C지역이며, B지역이 맛에 민감한 지역 특성을 감안하면 본격적인 맛이 받아들여질 수 있으면 차별화 할 수 있지만, 독특한 맛이 받아들여지지 못하면 리스크를 안게 된다.

4. 프랜차이즈 소유자: B→A→C

프랜차이즈 소유자가 느낄 매력을 리스크라는 관점에서 평가하면, 그동안의 실적에 따라 달리 받아들일 것이다. 어느 정도 리스크가 있더라도 수익을 올리는 프랜차이즈 소유자에게는 B→A→C순이다. 저위험-저수익형에게는 A→B→C의 순이다.

A지역은 확실히 얼핏 보면 리스크는 낮아 보이지만 영업이익 5% 정도로는 본부에 특허권 사용료를 지급하고 나면 이익이 남지 않을 가능성도 있으며 정말로 매력적인지 어떤지는 의문으로 남는다. 단 B지역에 직영점이 없다는 점은 프랜차이즈 소유자에게 불안요소가 된다.

이상과 같이 전략 사고에 근거하여 판단하면 결론은 어느 구조에서 봐도 B→A→C순이지만 B지역을 선택하면 수익은 높지만 한편으로 리스크도 있다.

이 문제에 대해서 오퍼레이션 사고라면 A→B→C순으로 결론을 내릴 것이다. I사의 자원이 끝없이 많다면 C에서 승리하여 전국제패를 노릴 수 있으며, 흥하든 망하든 갬블 사고에 의해 최악의 결론인 C→A→B순을 선택할 수도 있다.

하나 더 추가하면, 경쟁이 존재한다는 것은 시장이 있다는 것을 증명하지만 반드시 경쟁에 이긴다고 볼 수는 없다. 또 B지역처럼 정보가 없다는 것은 리스크는 있지만 기회가 있을지도 모른다는 것을 잊어서는 안 된다. 정확한 정보를 얻는 것도 중요하지만 정보가 없다고 말하면서 결론의 틀을 작고 가볍게 다루어서는 안 된다.

전략적 판단을 내리기 위해서는 현상의 구조를 포착하여 결론의 미래 구조에 미치는 영향을 예측한다. 그리고 기회를 실현하기 위해서는 리스크를 각오하지 않으면 안 된다.

전략 사고 집중 트레이닝

몇 가지 사례 연습을 통해 비즈니스 현장에서 전략 사고를 실행하여 성공을 쟁취한다는 것이 얼마나 어려운지 조금은 상상할 수 있었을 것이다. 실제 전략 사고를 몸에 익히기 위해서는 '책임지고 구체적인 결론을 내리는 능력', '과거에서 미래까지 논리적으로 구조를 통찰하는 능력', '가치기준을 가지고 리스크를 감수하며 판단하는 능력' 이 3가지 스킬을 항상 의식하면서 자신의 비즈니스 현장에서 실천해야 한다. 구체적인 사업 전략과 3가지 스킬의 관계는 2부에서 자세하게 설명할 것이다.

그러면 여기에서는 전략 사고를 실천하기 위한 스킬 중 최고 핵심인 논리력을 중심으로 한 실천적 연습문제를 소개하겠다.

3가지 스킬을 발휘해서 전략 사고를 실천하더라도 논리에 의해 문제를 정확하게 통찰하지 않으면 표면적인 해결책으로 끝나버려서, 구체성도 없고, 리스크도 높아 결국 아무것도 해결할 수 없다. 표면적으로 포착해서 내린 결론은 그저 단지 동전의 앞뒤가 될 뿐이다(그림 3-5).

전략 사고의 3가지 스킬을 강화하기 위해서는 우선 모든 기술의

그림 3-5 논리에 의한 구조의 통찰

문제의 구조를 통찰하지 않으면, 표면적인 동전의 앞뒤와 같은 해결책이 된다.
어떤 것도 본질적으로 해결하지 못한다.

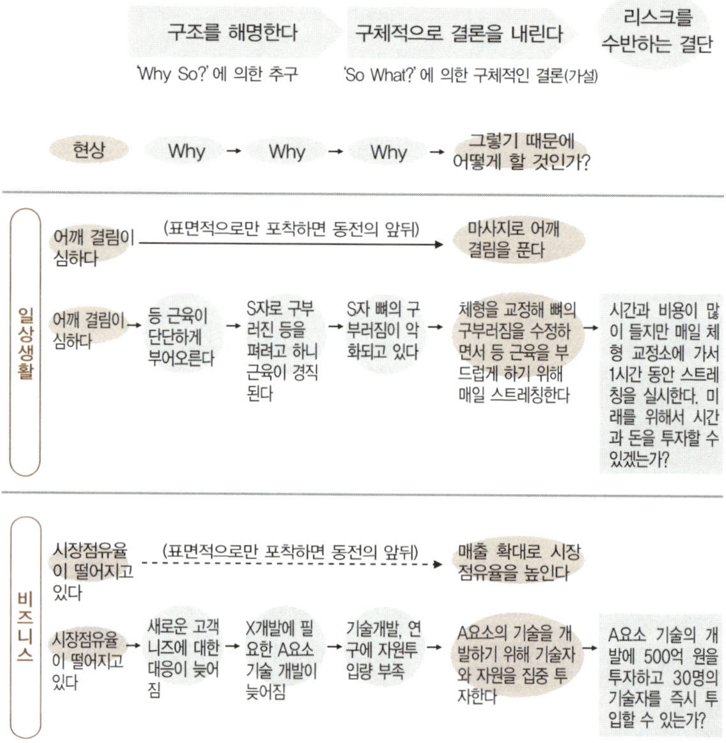

	구조를 해명한다	구체적으로 결론을 내린다	리스크를 수반하는 결단
	'Why So?'에 의한 추구	'So What?'에 의한 구체적인 결론(가설)	

현상 → Why → Why → Why → 그렇기 때문에 어떻게 할 것인가?

일상생활

어깨 결림이 심하다	──(표면적으로만 포착하면 동전의 앞뒤)──	마사지로 어깨 결림을 푼다	
어깨 결림이 심하다	등 근육이 단단하게 부어오른다 → S자로 구부러진 등을 펴려고 하니 근육이 경직된다 → S자 뼈의 구부러짐이 악화되고 있다	체형을 교정해 뼈의 구부러짐을 수정하면서 등 근육을 부드럽게 하기 위해 매일 스트레칭한다	시간과 비용이 많이 들지만 매일 체형 교정소에 가서 1시간 동안 스트레칭을 실시한다. 미래를 위해서 시간과 돈을 투자할 수 있겠는가?

비즈니스

시장점유율이 떨어지고 있다	──(표면적으로만 포착하면 동전의 앞뒤)──	매출 확대로 시장점유율을 높인다	
시장점유율이 떨어지고 있다	새로운 고객 니즈에 대한 대응이 늦어짐 → X개발에 필요한 A요소 기술 개발이 늦어짐 → 기술개발, 연구에 자원투입량 부족	A요소의 기술을 개발하기 위해 기술자와 자원을 집중 투자한다	A요소 기술의 개발에 500억 원을 투자하고 30명의 기술자를 즉시 투입할 수 있는가?

최고 핵심인 논리력을 길러야 한다.

가설 사고와 논리에 따른 구조화

◎ **사칙 연산으로 자신의 구조를 만든다**

비즈니스에 있어서 중요한 것은 우선 좌우, 상하 어디로 나아가야 할지 방향을 정하는 것이다. 제1단계는 단순하면서 동시에 정량적으로 '과제를 구조화' 하는 것이다. 이 방법으로는 초등학교의 사칙연산이 가장 적당하다. 덧셈(+), 뺄셈(−), 곱셈(×), 나눗셈(÷)을 잘 다루면 비즈니스 메커니즘을 구조화하는 데 충분히 이용할 수 있다(그림 3-6).

예를 들면 기업이 창출하는 부가가치인 매출이익은 매출액에서 매출원가를 뺀 뺄셈(−)이다. 시장 규모는 상품단가에 수량을 곱한 곱셈(×)이다. 시장점유율은 자사의 매출액을 시장 규모로 나눈 나눗셈(÷)이다. 또 기업의 매출액은 각 사업의 매출을 합산한 덧셈(+)이다.

그런데 이 사칙연산을 사용한 과제의 구조화가 간단한 듯 하나 의외로 어렵다. 자신이 소비와 비즈니스의 메커니즘을 정량화할 때, 알 수 없는 조건이 나오면 사고정지 상태가 되며 급하다고 해서 마음대로 전제조건을 둘 수 없기 때문이다. "○○ 데이터를 알 수

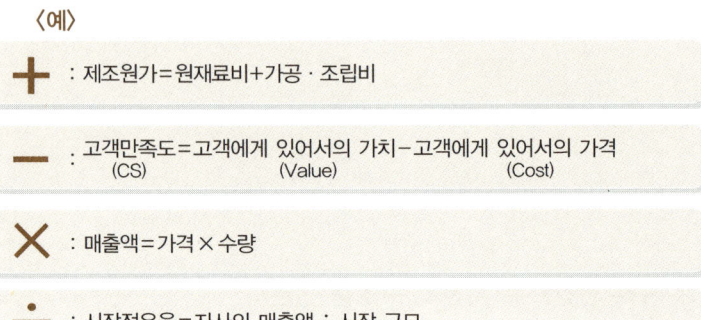

없기 때문에 이 연산은 할 수 없습니다" 하는 이유다. 계산이 가능한지 그렇지 않은지의 문제가 아니다.

일본인이나 한국인은 문제를 해결할 때 이미 구조가 정해진 후에 하나의 해답을 찾도록 배워왔기 때문에 자기 스스로 전제조건을 정하거나, 가정해서 구조를 만드는 일에 친숙하지 못하다. 가설을 구축하는 능력을 기르는 교육을 받지 못한 것이다. 수학공식만 기억할 뿐 왜 그런 공식이 존재하는지 생각한 적이 없는 사람이 대부분일 것이다. 여담이지만 나는 공식을 외우는 것을 매우 싫어하며 잘못했다. 그렇기 때문에 시험 때마다 우선 공식을 만들고 나서 실제로 문제를 풀기 시작했다. 그렇게 하면 몇 년이 지나도 문제를 풀 수 있다. 논리적으로 파악해서 풀었기 때문이다. 바둑에서도 논리가 중요하다. 아마추어든 유단자든 누구라도 그렇겠지만 바둑을 다

둔 뒤에는 어떤 바둑을 두었는지 재현할 수 있다. 어디에 어떤 바둑돌을 두었는지 기억하는 것은 매우 어려운 일이지만, 바둑은 논리적으로 두는 것이기 때문에 논리적으로 사고한다면 최초부터 더듬어 찾을 수 있다.

다시 과제 구조화로 되돌아가 이야기하자. 예를 들면 가정용 냉장고의 일본 시장 규모와 이후 시장의 매력도에 관한 결론을 내리는 문제를 생각해보자(그림 3-7).

얼핏 뜬구름 잡는 듯한 문제로 보이지만 누가, 언제, 왜 냉장고를 구입하는가 하는 소비의 현장을 상상해보면, 시장 규모의 구조화가 어려운 작업이 아님을 알 수 있다. 누가? 주부, 독신 남성, 독신 여성, 혼자 사는 고령자 등을 생각할 수 있다. 언제? 물건이 새로 필요할 때, 신제품으로 교체할 때, 고장나서 교체할 때 등을 생각할 수 있다. 왜? 너무 오래 써서 낡았기 때문에, 결혼을 하기 때문에, 지방 발령을 받아 혼자서 자취를 해야 하기 때문에 같은 상황을 생각할 수 있다.

이와 같이 가정용 냉장고의 소비 현장을 하나하나 짚어나가면서 시장 구조를 명확히 밝혀보자. 그리고 각각 어느 정도의 규모인지 자기 나름대로 이유를 붙여서 가정해볼 수 있다.

예를 들면 연간 신혼 부부 수를 추정한다. 평균 수명을 80세로 추정하되, 인구 구성은 피라미드형이 아니라 계산하기 쉽게 상자형으로 한다. 즉, 각 연령마다의 인구는 어느 연령이든 같다는 전제하에 1세당 인구를 산출한다. 전체 인구 1억 2,000만 명을 평균나이 80세로 나누면 1세당 인구가 150만 명이다. 사람이 한번 결혼한다고 가정하면 결혼할 예정인 사람은 150만 명이고, 이는 남녀 혼합된 수

그림 3-7 사칙연산에 의한 시장 규모의 구조화의 예

예제 • 가정용 냉장고의 시장 구조를 파악한다
〈추정 예〉 ○△공업계의 일본 내 출하대수의 기본 데이터를 모른다 하더라도…

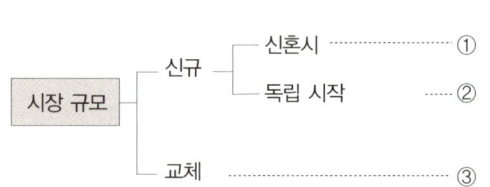

① 신혼 1억 2,000만 명(인구수)÷80세(평균수명)÷2(남과 여)×0.8(결혼율)
=60만 쌍 → 100% 신제품 구입 → 연 60만 대

② 독립 1억 2,000만 명(인구수)÷80세(평균수명)=150만 명
독립할 확률을 50% 정도로 추정하면,
150만 명×0.5=75만 명 → 100% 신제품 구입 → 연 75만대

③ 교체 전국 4,000만 세대 - (①의 세대주+②의 세대주)
=4,000-(60+75)=3,865만 세대
세대 보급률 100%, 평균 10년에 한번 교체한다고 하면,
3,865÷10=386.5만 대

〈가설〉
따라서 연간 수요는 ①+②+③에 의해 약 520만 대로 추정할 수 있다.
시장의 매력도는 조건을 **시장규모**와 **시장 성장률**로 정의한다.
1대 100만 엔이라고 가정하면 100만 엔×520만 대=5,200억 엔
시장 규모는 5,200억 엔이라면 크지만 성장성에 관해서는, 결혼율의 저하 및 교체주기의 큰 변화가 없다고 가정하면 이후의 큰 성장은 바랄 수 없기 때문에, 신규 참여의 매력은 없다.

치이므로 다시 둘로 나누면 결혼할 것으로 예상되는 남녀 커플은 75만 쌍이다. 이 중 실제로 결혼이 성사되는 커플이 80%라고 가정한다면, 신혼부부는 60만 쌍이라고 추정할 수 있다. 이렇게 한다면

연령대별로 상세한 데이터가 없어도 계산이 가능하다.

우선 이와 같이 결론을 내린다. 정밀도를 높이고 싶을 때에는 뒤에 하나하나의 숫자를 중요한 순서대로 검증하면 된다. 중요한 것은 구조를 생각하는 것이다.

그러나 갑자기 하늘에서 떨어진 것처럼 전혀 검증방법이 떠오르지 않는 숫자는 한층 더 구체화시켜 본다. 그렇지 않으면 다른 숫자들까지 상관없는 것이 되는데 이렇게 흔들리기 시작하면 애써 구조화한 것들까지 사용할 수 없게 된다. 이 사칙연산에 의한 구조화는 언제라도 쉽게 할 수 있는 것이므로, 항상 머릿속에서 생각하는 버릇을 갖기 바란다.

예를 들면 아침 출근시간에 지하철을 탔다고 하자. 지하철공사의 매출액은 어느 정도일까? 전동차 한 대에 승차한 사람 수, 차량 수, 아침·점심·저녁에 대충 운행되는 회수, 역의 수, 평균운임 등등을 생각해서 대략의 수치를 계산할 수 있다. 또 회사에 도착한다. 점심시간에 근처 가게에 도시락을 사러 간다. 그 가게의 매출액은 얼마나 될까? 퇴근 후에 영어회화 학원에 간다. 수강료는 1시간에 5만 원이다. 영어회화 학원은 수강생이 얼마나 되야 채산이 맞을까?

만약 당신이 영업사원이라고 하자. 한 슈퍼마켓에서 신규 거래를 트고 싶다는 요청을 했다. 이 슈퍼마켓과의 거래를 시작할 것인가? 상세한 것은 뒤에 조사하더라도 그 경우 어떻게 대응할 것인가? 적극적으로 대응할지 아니면 조금 어렵다는 태도로 대응할지 판단해야 한다. 어떻게 할 것인가? 그 슈퍼마켓을 살펴보고 의사결정을 내리는 데 필요한 수치들을 대략적으로 계산할 수 있다면 유리한 입장에서 대응할 수 있다.

 또 신상품 스카치위스키를 레스토랑에 프로모션한다고 하자. 입지 장소는? 영업 형태는? 크기는? 손님 층은? 좌석 수는? 필요한 여러 가지 수치들을 생각하며 열심히 영업할 만한 가게인지 아닌지 머릿속으로 생각해 본다. 그럼 그 가게의 스카치위스키 소비량을 정확히 모르더라도 영업 방문처의 우선순위는 충분히 결정할 수 있다.

 단, 갑자기 이런 노력을 기울인다고 해서 가능해지는 것은 아니다. 그렇기 때문에 평소 머릿속으로 이런 훈련을 해두면 좋다. 전략 사고의 바탕이 됨에는 틀림없기 때문이다.

원인에서 결과에 이르는 인과관계

◎ **바람이 분다고 통 장사가 잘되는 것은 아니다**

비즈니스 구조를 밝힐 때에는 원인에서 결과에 이르는 인과관계를 포착하는 것이 매우 중요하다. 상품 판매가 부진한 것은 기술혁신으로 인해 A상품이 구식이 되어 버렸기 때문이다. 예를 들어 A상품이 윈도 95용 소프트웨어라고 하자. 그러면 윈도 98에 이어 윈도 XP가 주류를 이루게 되면 윈도 95용 소프트웨어의 판매가 떨어지는 게 당연하다. 이는 기술혁신이라는 '인(因)'으로 인해 판매되지 않는다는 '과(果)'가 분명히 드러나는 사례이다.

그러나 비즈니스 현장에서는 이처럼 인과관계가 분명히 드러나는 경우가 많지 않다. 왜냐하면 불확실하고 불투명한 현대 비즈니스는 다양한 요인이 복합적으로 관련되어 있어 100% 확실한 인과관계라는 것은 거의 없다. 단, 인과관계를 포착하기 어렵다고 포착하려는 노력마저 하지 말라는 것은 아니다. 단지 어림짐작으로 인과관계가 거의 없는 원인을 문제 삼아 대책을 강구했다고 하더라도, 이것은 인과관계가 거의 없기 때문에 결과에 영향을 미치지 않는다는 뜻이다. 결과에 영향을 미치지 않는 해결책은 실행하더라도

그림 3-8 논리의 교류

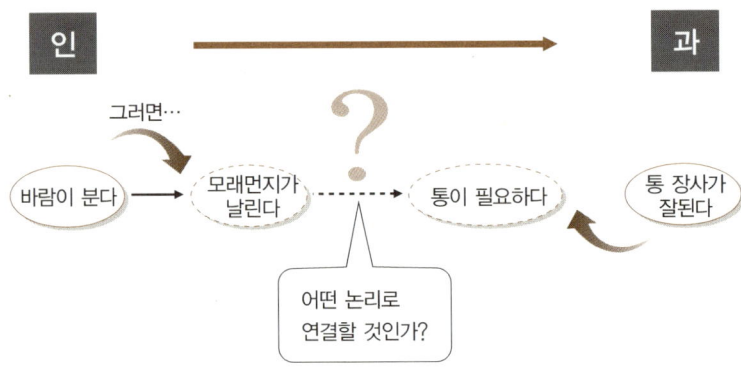

바람과 통의 관계를 논리적으로 연결시키려고 하면, 인간의 머릿속에서는, 바람이 불면 다음에 어떻게 될까라는 '인(因)'과 '과(果)'의 방향과, 통 장사가 잘되는 것은 왜 일까라는 '과(果)'의 양방향에서 동시에 두뇌회로가 작동한다.

완전히 헛일이다. 더욱이 그냥 헛일로 끝나면 괜찮지만 그 사이에 다른 일이 발생할 관점에서 생각하면 기회손실이 발생할 수도 있다.

그렇게 때문에 가능한 한 원인에서 결과에 이르는 인과관계를 우선 포착해 그 원인의 확률을 확실히 파악한 뒤에 해결책을 실행에 옮겨야 한다.

'바람이 불면 통 장사가 잘된다'는 옛날 속담을 가지고 인과관계를 검증해 보자. 이 속담은 다음과 같은 가설을 근거로 생겨났다. 바람이 불면 흙먼지가 날려 눈병이 생기는 사람이 늘어나고, 눈병으로 앞을 못 보는 사람이 늘어나, 맹인들이 주로 연주하는 샤미센(일본의 에도 시대에 가장 널리 애용된 현악기-역주)의 수요가 증가하고, 고양이 가죽으로 만드는 샤미센의 수요가 늘어나면 고양이가

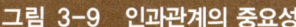
그림 3-9 인과관계의 중요성

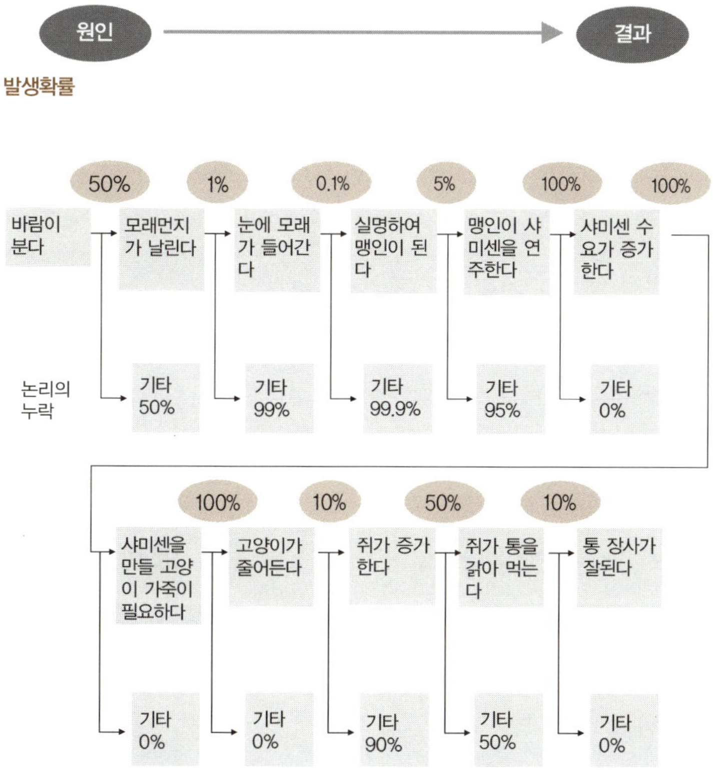

$$0.5 \times 0.01 \times 0.001 \times 0.05 \times 1.0 \times 1.0 \times 1.0 \times 0.1 \times 0.5 \times 0.1$$
$$= \frac{1.25}{10^9} \text{ (10억 분의 1의 발생률)}$$

줄어 쥐가 늘어날 것이고, 쥐가 늘어나면 쥐들이 통을 갉아먹어 통 장사가 잘 될 것이다. 이것을 자기 나름대로의 논리로 연결하려면 바람이 불면 '어떻게 되어서'라는 인에서 과로의 관계, 또는 통 장사가 잘되는 것은 '왜인가'라는 과에서 인으로의 관계가 양방향에서 자동적으로 머릿속에서 연결되어 간다(그림 3-8). 일반적으로는 〈그림 3-9〉와 같이 전개된다.

각각의 단계마다 인과가 발생할 확률을 적당하게 설정해 보자. 예를 들어 시대 배경은 일본의 에도 시대라고 상정하고, 바람이 불면 그 결과 모래먼지가 날릴 확률은 50%. 모래먼지가 눈에 들어갈 확률은 1%, 샤미센의 수요가 증가하면 샤미센은 고양이 가죽으로 만들어지기 때문에 고양이 가죽이 필요해지는 것은 1대 1의 100%의 인과관계라고 볼 수 있다.

이것을 계속하면 실제 바람 때문에 통 장사가 잘될 확률은 10억 분의 1에 지나지 않는다는 것을 알 수 있다. 확률의 설정을 바꾸더라도 거의 영향이 없을 것이다.

따라서 가령 아무리 강풍이 불어도 통 장사가 잘되는 것은 아니며 '바람이 불면 통 장사가 잘된다'는 억지 이론임을 증명할 수 있다. 즉 억지이론인지, 맞는 이론인지의 차이는 인과의 발생확률의 차에 지나지 않는다는 것을 알 수 있다.

◎ 항상 Why so?를 추궁한다

그러나 여기가 중요한 점이지만 만약 이 인과의 확률이 10억 분의 1이 아닌 3분의 1이라면 어떻게 될까. 통 장사가 잘되는 데 바람의 강약이 매우 중요한 요인임이 증명된 것이므로 통 장사를 프랜차이즈 사업으로 전개하려면 에도시대에 바람이 강한 지역, 예를 들면 조슈(上州)의 강풍지대에 통 가게 체인점을 열면 좋을 것이다.

비즈니스 현장에서 100% 확실한 인과관계는 거의 존재하지 않는다. 그렇기 때문에 역으로 어떻게 확률이 높은 원인을 선정할 수 있는가. 아니면 어떻게 성공할 확률이 높은 타개책을 생각하는가가 중요하다. 이로써 이치에 맞는 이론인지 아닌지는 인과관계의 발생 확률의 차이에 지나지 않음을 알 수 있다. 그리고 인과관계의 논리 계열이 강할수록 리스크를 낮게 통제하는 것이 가능해진다.

  이 인과관계의 논리도 앞에서 서술한 사칙연산에 따른 구조화와 마찬가지로 항상 머릿속에서 단련하는 것이 가능하다. 이를 위해서는 항상 Why so?를 추궁하는 것이 중요하다. 상사로부터 무엇을 하라는 지시를 받았을 때 왜 이 일을 지시했는가를 생각하면 지시가 불명확한 상사였다고 해도 어렵지 않게 실행할 수 있을 것이다. Why so?를 모르면 터무니없는 실수를 할지도 모른다. 그리고 이 Why so?를 되풀이하는 것에 의해 인과관계를 분명히 할 수 있다.

결과를 발생시키는
전체 메커니즘을 해명한다

◎ **하천 상류에 댐을 건설하면 아름다운 모래사장이 소실된다**

앞에서 서술한 바와 같이 결과와 현상을 발생시키는 메커니즘을 포착할 때의 키워드는 why so?다. 이 Why so?를 몇 번에 걸쳐 철저하게 되풀이 하다 보면 결과를 발생시키는 메커니즘을 역동적으로 시간축 속에서 해명하여 구체적 원인을 부각시킬 수 있다.

예를 들어 모래사장의 넓이가 줄어드는(해안침식 등에 의해 모래사장의 넓이가 줄어든다) 현상이 있다. 그 원인을 추궁하기 위한 접근법으로써 '나열형 접근법'과 '정리형 접근법' 그리고 '메커니즘형 접근법'을 비교한다(그림 3-10). '나열형 접근법'은 왜 그런 것인지 보이지 않는데다 원인의 수준도 제각각이라 발상의 확대 구체성, 깊이의 추구에 한계가 있다.

정리형 접근법은 나열형보다는 좋지만 이미 알고 있는 것을 정리하는 수준이라 문제 발생의 메커니즘이 명확하게 보이지 않는다. 발상을 짜낼 수는 있지만 의도적, 강제적으로 진행하면 발상이 확대되는 한계가 있다.

한편 메커니즘형 접근법은 왜 그렇게 되는지 원인관계가 분명하

그림 3-10 원인추궁형 논리 3가지(Why So?)

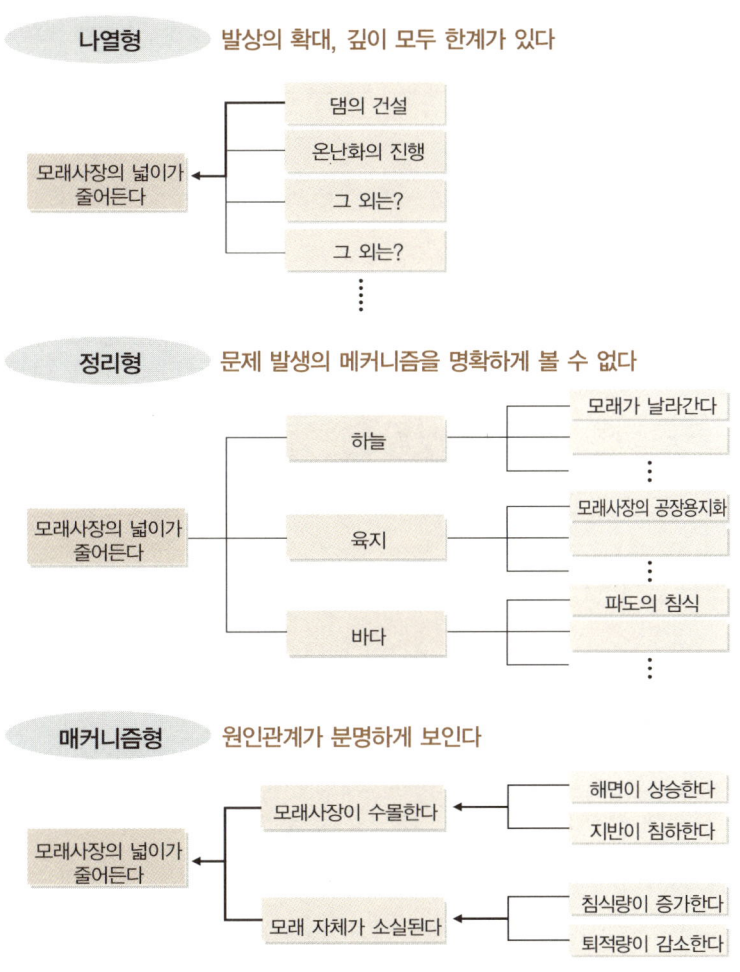

기 때문에 발상을 한층 확대할 수도 있으며 구체화도 가능하다. 더욱이 생각하는 과정에서 논리를 꼼꼼하게 뒤쫓아갈 수 있어 큰 누락을 막게 되어 있어 발상이 한층 확대된다(그림 3-11).

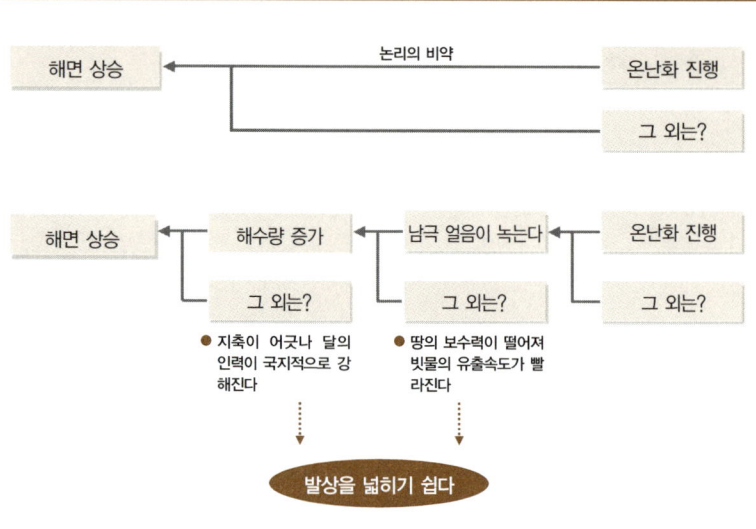

그림 3-11 논리의 비약과 발상의 확대

예를 들어 왜 해면이 상승하는지 생각했을 때 그 원인이 온난화라고 단정해 버리면 온난화 이외의 해면상승 이유를 찾아내기 어렵게 된다.

그러나 '지구 온난화로 남극의 얼음이 녹는다→남극의 얼음이 녹으면 해수량이 늘어난다→해수량이 늘어나면 해면이 상승한다'라고 하는 상태로 해면상승과 온난화의 관계를 꼼꼼하게 좇다 보면 해수량이 증가하는 것 이외에 해면상승의 원인이 없는지, 얼음이 녹는 것 이외에 해수량이 늘어나는 원인이 없는지 누락이 생겨 발상을 확대하기 쉽다.

따라서 Why so?에 의해서 메커니즘을 파악하려면 단순히 체계적으로 분해할 뿐만 아니라 몇 번이고 원인관계의 시행착오를 거쳐 이치에 맞는 논리를 획득하는 것이 중요하다(그림 3-12).

그림 3-12 Why so?에 의한 문제발견의 구조 예

메커니즘을 발생시키는 구조 구상

◎ 기업의 조직구조와 가치를 창출·전달하는 구조

〈그림 3-13〉은 살찌는 문제의 메커니즘과 살을 빼기 위한 해결책을 도식화한 것이다. '살찌는' 문제의 메커니즘은 너무 먹고 운동

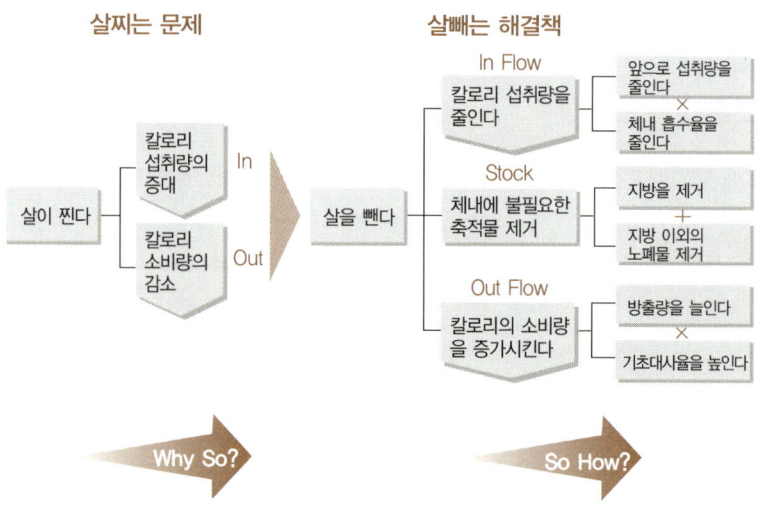

그림 3-13 Why So?에 의한 문제발견과 So How에 의한 해결책의 구조화

하지 않기 때문이라는 것을 그림을 보면 바로 알 수 있다. 그러면 살을 빼려면 어떻게 해야 할까. '먹지 않고 운동한다' 라는 단순한 원인의 뒤집기만으로는 체내의 불필요한 축적물을 제거한다는 '축적' 에 대한 문제는 해결되지 않는다.

즉 원인이 발생하는 메커니즘 그 자체를 파악했더라도 다음으로 필요한 해결책의 메커니즘을 발생시키는 구조까지 동시에 파악한 것은 아니다. '살찌는' 문제의 메커니즘을 파악했어도 '살뺀다' 는 해결책을 실행으로 이끄는 구조를 생각해낸 것은 아니다.

문제발생의 메커니즘을 일으키는 구조와 해결책을 실행으로 이끄는 구조를 생각하기 위해서는 논리가 중요한 역할을 담당한다. 이것이 '논리에 의한 구상력' 이다.

이 메커니즘을 발생시키는 구조의 예로 기업의 조직구조를 들 수 있다(그림 3-14). 기업의 조직은 기업이 가지는 구상인 비전과 전략을 실행하여 결과를 발생시키기 위한 구조이다. 그렇기 때문에 흔히 이야기하는 것처럼 '조직은 전략에 따른다' 는 것이다.

그런 관점에서 조직도를 다시 보면, 조직의 체계를 연결하는 지휘계통을 나타내는 선이 논리적으로 되어 있다. 조직의 논리에 동맥경화가 일어난 기업에서는 기업의 비전을 달성하기가 어렵다. 그런 기업은 최고 경영자가 '시장점유율 탈환' 을 외치면 현장에서 그저 '시장점유율 탈환' 이라고 외칠 뿐 실제로는 어떤 구체적 행동도 하지 않는다. 요컨대 기업의 가치를 창출·전달하는 구조가 조직구조다.

그러면 어떻게 해서 논리에 의한 구상력을 익힐 것인가? 일반적으로 논리를 추구하여 메커니즘을 해명할 때에 사람은 머릿속에서

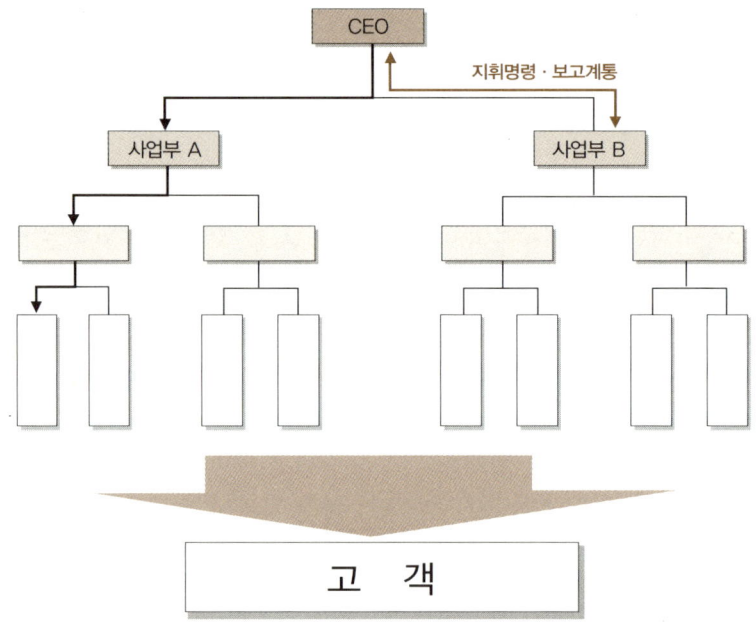

그림 3-14 조직의 구조

조직도란 기업의 가치를 만드는 메커니즘을 구조화한 것

는 무의식적으로 〈그림 3-15〉에 나타낸 것과 같은 '연역법'과 '귀납법'의 짜맞춤으로 생각한다. 사실과 현상을 근거로 한 분석인 귀납법에서 연역법 논리의 대전제를 추정하고 있다. 그러나 무의식적으로 생각하는 경우 아무래도 누락과 중복이 생긴다. 거기에서 연역법과 귀납법에 의한 생각을 로직트리로 짜 나가면서 생각하면, 자연히 구상력이 떠오르게 된다.

로직트리란 문제의 원인을 깊게 파거나 해결책을 구체화할 때에 제한된 시간 안에서 확대와 깊이를 추구하는 데 유용한 스킬이다. 문제를 상태로 분해·정리하는 스킬이지만 이것에 의해 누락과 중

그림 3-15 연역법과 귀납법의 조합

연역법 : 누구라도 평소 의식적 또는 직감적으로 사용하고 있는 '이럴 때는 이렇게 된다'라는 구조를 파악하기 위한 논리의 대원칙. 아리스토텔레스의 3단논법이라고도 한다.

일반적 구조: 대전제	B→C	영업사원 점유율이 → 시장점유율을 결정한다
일반적 구조: 소전제	A→B	수도권에서는 → 영업사원 점유율이 저하되는 경향
결론	A→C	수도권에서는 → 시장점유율이 하락한다

귀납법 : 사실로부터 공통점을 찾아내서, 비즈니스 메커니즘을 추론한다. 과거·경험 중시의 접근법으로 치우친 사실에 근거하는 추론, 즉 논리에 맞지 않는 가설은 결론을 잘못 이끈다. 연역법의 일반적 구조(대전제)로 되는 경우가 많다.

사실 1	A1	→ G	A1 지구에서는 영업사원 점유율이 지구의 시장점유율에 영향을 준다
사실 2	A2	→ G	A2 지구에서는 영업사원 점유율이 지구의 시장점유율에 영향을 준다
사실 3	A3	→ G	A3 지구에서는 영업사원 점유율이 지구의 시장점유율에 영향을 준다

추론	그룹 (A1, A2…)	→ G	영업사원 점유율이 시장점유율을 결정한다

(대전제에 편입)

그림 3-16 로직트리 작성의 흐름

복을 사전에 확인하거나 원인과 해결책을 구체적으로 추리해낼 수 있다.

로직트리를 작성할 때에는 〈그림 3-16〉과 같이 사실과 현상을 묶어주는 사고방식을 기본으로 하면 전개하기 쉽다. 논리를 전개할 때 이 사고방식을 항상 의식하면, 차츰차츰 논리적으로 구조를 해명하거나 전체의 구조를 구상하는 능력은 확실히 향상될 것이다.

'누락과 빗나감'의 관점에서 구조 변화를 포착한다

◎ **시장점유율 하락의 원인**

　시장점유율이 올랐다 내렸다고 하면 대부분의 경우 바로 무엇이 경쟁에서 이기고 무엇이 경쟁에서 뒤떨어지고 있는지를 비교한다. 시장점유율 자체가 경쟁사의 상대적 우열을 나타내는 것은 확실하지만 경쟁사와의 우열만으로 시장점유율의 변동을 분석하여 대책을 강구하고 있다면 큰 잘못을 범하는 것이다.

　시장점유율을 대폭 신장해 상대적인 경쟁우위를 차지했다고 해서 반드시 가장 최상의 접근법을 취하고 있다고는 볼 수 없다. 특히 경영자에게는 경쟁사의 타개책이 가장 잘 보이기 때문에 아무래도 걱정스럽다. 또 주위에서도 시끄럽게 떠들어 댄다. 그러면 경쟁사와 비교한 뒤에 뒤떨어지는 부분을 개선하려고 한다. 이는 경쟁사가 취한 최상의 실행책을 벤치마킹하여 경쟁사와의 간격을 좁히려는 전략이다. 그러나 이것은 분명히 창조적인 전략이 아니며 이런 전략으로 유일하게 승리할 수 있는 조직은 판매채널이나 조직적 하부구조에서 압도적 우위에 있어 신속한 대응이 가능한 마쓰시타나 도요타 같은 정상메이커에 한정된다.

그러나 시장점유율 하락으로 인해 경쟁에서 뒤떨어진 것은 현상에 지나지 않으며 별로 중요하지 않다.

본질적으로 중요한 것은 고객 니즈의 대응에 대해 '누락' 과 동시에 자사의 제품·서비스가 새로운 니즈에 대해 '빗나감' 이 발생해 진부화되었다는 것이다. 그럼에도 불구하고 경쟁에서 뒤떨어졌다는 결과에만 천착한 경쟁 전략은 고객에 대한 서비스의 본질을 망각한 것이다.

◎ 업소용 가라오케에서 파이오니어의 전략

예를 들어 현재 일본의 가라오케 기기는 대부분이 ISDN 등의 통신회선을 통해서 히트곡을 배급하는 것이 주류지만 1992년부터 1995년 사이에 큰 구조 변화가 있었다. 1992년에는 업소용 가라오케 기기 시장에서 50%에 가까운 압도적인 시장점유율을 가지고 있던 파이오니어가 3년 뒤의 1995년에는 23%로 전락했다(그림 3-17).

한편 1993년에 야마하의 가라오케 기기로 시장을 공략한 다이이치코우쇼(弟一興商)가 1995년에 눈 깜박할 사이에 시장점유율 30.7%의 최고의 자리를 차지했다. 영상도 중요하지만 가라오케를 이용하는 고객의 최우선 니즈는 '히트곡을 좀더 빨리 부르고 싶다' 는 것이었다.

이것을 파이오니어의 관점에서 보면 '영상의 질이 다소 나쁘더라도 히트곡을 빨리 부르고 싶다' 는 새로운 고객 니즈에 대해 누락을 발생시킴과 동시에 고품질의 패키지형 레이저 디스크는 이미 빗나가 진부화되었다는 것이 문제다.

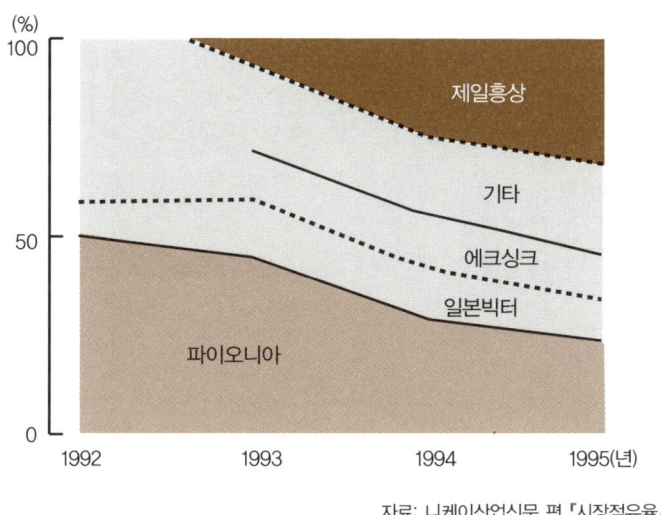

그림 3-17 업소용 가라오케 기기의 시장점유율

자료: 니케이산업신문 편 『시장점유율』

    이렇게 되어 버린 것은 ISDN 등의 통신 인프라가 구축되면서 가라오케 기기 시장의 구조가 고객 니즈의 변화에 대응해서 순식간에 큰 변화가 일어났기 때문이다(그림 3-18).

    파이오니어도 1995년에 겨우 통신 가라오케 기기 사업에 참여했지만 시간은 이미 늦어버렸다. 강점을 가지고 있으면서도 시장 구조의 변화에 대한 대응이 늦어지고 말았다. 파이오니어 영업사원의 입장에서 보면 새로운 고객에게 자사 제품을 팔려고 해도 받아들여지지 않는 상황이 계속되고 있다. 이것은 경쟁사와의 경쟁에서 이기려고 노력한다고 해서 승리할 수 있는 문제인가, 아니면 고객의 니즈에서 빗나가 있기 때문에 새롭게 제품을 개발해야 하는 것인가. 어느 쪽이든 최전선에 있는 영업사원으로부터 시장 구조의 변화에 대한 정보가 시시각각 올라왔을 것이고 이에 대응하는 의사결

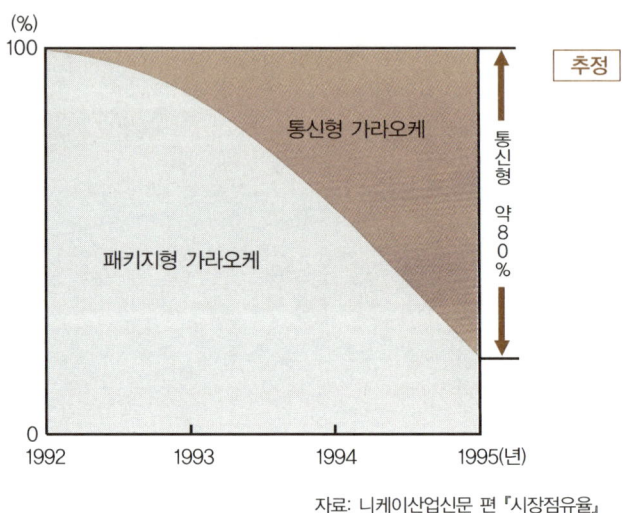

그림 1-30 업무용 노래방기기 시장

자료: 니케이산업신문 편 『시장점유율』

정이 늦어져서 시장점유율 하락을 초래한 것이다.

시장점유율 변화가 치열한 경우 대부분의 원인은 이처럼 자사의 제품·서비스가 고객 니즈에 대해 진부하게 대응한 데 있다. 그로 인해 시장 구조의 변화를 발생시킨 것이다. 소위 재개발과 재포지셔닝이 필요한 경우는 이러한 구조의 변화가 발생하는 시기다.

어쨌든 어려운 일이지만 시장점유율이 떨어지면 경쟁사가 아니라 고객을 제로베이스에서 바라보는 것이 가장 중요하다.

Yes, No의 판단으로
구체적인 결론을 내린다

무엇인가 문제에 직면했을 때 중요한 것은 항상 자신의 결론을 가지는 것이다. 계속해서 오퍼레이션 사고에 의해 결론을 내린다면 앞으로 전혀 나아가지 못하고 오히려 장차 리스크를 안게 된다는 것을 지금까지 충분히 설명했다.

판단하지 않으면 안 되는 때에는 논리적으로 생각하여 판단의 방향을 구체화·구상화해야 한다. 이때 장차 발생할 리스크를 생각해서 현재의 판단이 아니라 미래의 판단을 실행하지 않으면 안 된다.

만약 당신의 판단이 Yes라면 그때는 So how?를 생각한다. 다음으로 So how?의 방향을 나타내는 구체적인 결론을 내린다. 그리고 최저일지라도 최악, 최선, 가장 가능성이 높은 안 이렇게 3가지 결론(대안)을 내놓아야 한다.

또 No의 경우는 이유, 즉 명확한 판단기준을 나타낼 필요가 있다. '왠지 No일 것 같다'라고 해서는 안 된다. 부정의 이유를 확실하게 댈 수 있어야 한다. 예를 들어 '컴퓨터가 부서졌는데 교체해야 하는가?'라는 문제가 있다고 하자. Yes라면 다음은 So how?이다. '컴퓨터를 잘 아는 친구의 도움을 받아 어떻게든 부품만 교환해서 끝내려고 한다. 그것이 안 되면 중고로 구입한다'는 구체적 결론을 내린다. 최선의 결론은 '어떻게든 부품만 교환해서 끝낸다'는 것이며 최악의 결론으로 '시간이 없으므로 예산을 무시하고 바로 적당한 성능의 컴퓨터를 구입한다'는 결론(대안)도 생각해 둔다. No의 경우는 '예산이 없기 때문에 당장 교체하지 않는다'로 결정된다.

  자신과 밀접한 문제라면 누구라도 바로 Yes/No의 답을 내릴 수 없을 것이다. 그래도 결론을 내리지 않고 친구에게 상담하여 "결국 어떻게 하고 싶은데?"라는 질문을 받을지도 모른다. 밀접한 문제라도 그런 것이다. 비즈니스 현장에서는 좀처럼 결론을 내리지 못하는 사람이 많다.

  일본인과 미국인을 비교하고 싶지는 않지만 역시 일본인이 애매한 결론을 내리는 경우가 많다. 깊이 생각하지 않으면 자신도 모르게 그만 결론이 무엇인지도 모른 채 이야기가 진행되는 경우를 많이 볼 수 있다. 비즈니스의 현장에서는 Yes→So How?, No→Why So?를 철저하게 명심해야 한다.

전략 사고 연습문제

일상적으로 전략 사고를 단련하기 위한 연습문제를 실행해 보자. 또 스스로 문제를 만들어서 구체적인 결론을 내려보자. 이 훈련은 대답이 옳은가 그렇지 않은가를 알아보려는 것이 아니다. 어디까지나 프레임워크를 생각하는 것이 중요하다.

◎ **문제 1**

'불경기가 된다'는 원인, '엔카가 히트한다'는 결과인 인과관계를 '바람이 불면 통 장사가 잘 된다'와 같이 3가지 패턴으로 생각해 보자.

> **힌트** 3가지 패턴 각각에 발생 확률과 논리의 누락을 체크하여 원인과 결과의 인과관계를 이해하도록 한다.
> 본문 115~119쪽, 그림 3-8과 3-9 참조

◎ 문제 2

'바람이 불면 통 장사가 잘 된다' 와 같은 문제를 자신이 3가지를 생각하여 인과관계를 연결해 보자.

> **힌트** 문제는 비즈니스뿐만 아니라 일상에서 뽑아도 된다. 예를 들어 '쓰레기가 줄어든다' → '참새가 늘어난다' 등도 생각해 볼 수 있다.
> 본문 115~119쪽, 그림 3-8과 3-9 참조

◎ 문제 3

일본에는 전국적으로 몇 개의 전봇대가 있을까? 먼저 개수를 추정해 보고 미래의 성장성을 판단해 보자.

> **힌트** 가설을 세우기 위해서는 논리의 전개가 필요하다. 이 문제에서는 자신이 살고 있는 지역에서의 가설을 세워서 그것을 일본 전국을 확대할 경우에 어떻게 되는지 생각해 본다.
> 본문 109~114쪽, 그림 3-6과 3-7 참조

◎ 문제 4

오늘부터 일주일간 매일 한 가지씩 어떤 제품과 서비스의 시장 규모를 추정하는 구조를 만들어 이후의 성장성에 대한 결론과 이유를 서술한다.

> **힌트** 주위의 상품·서비스 혹은 최근 화제가 되고 있는 물건을 적당히 선택해 본다. 가능한 한 같은 범주가 되지 않게 선정한다.
> 본문 109~114쪽, 그림 3-6과 3-7 참조

◎ **문제 5**

'소형화가 진행된다'를 가지고 Why So?를 반복해 그 메커니즘을 해명하고 근본적인 원인을 생각해 보자.

> **힌트** 인과관계(메커니즘)가 명확한 논리를 전개하여 원인을 찾는다. 논리를 꼼꼼하게 따라가다 보면 큰 누락이 없는 원인을 발견할 수 있다. 여기에서는 로직트리를 사용해 볼 것.
> 본문 120~123쪽, 그림 3-10~3-12 참조

◎ **문제 6**

자기 주위에서 일어나고 있는 현상적 문제 한 가지를 골라 그 문제가 발생하고 있는 메커니즘을 해명해 보자.

> **힌트** 우선 주위에서 걱정되는 것을 선택해 보자(예: '국민에게 지지받지 못하는 정당인 여당이 정권을 잡고 있다', '백화점이 매력이 없어 쇼핑하러 갈 기분이 들지 않는다'). 그 뒤에 문제 5와 같이 Why So?를 반복한 논리의 전개에 의해 원인을 찾아낸다.
> 본문 120~123쪽, 그림 3-10~3-12 참조

◎ 문제 7

주택정보지에 게재할 수 있는 거주하고 싶은 좋은 아파트에 대한 체크리스트를 작성한다. 거주하고 싶은 기분이 드는 아파트는 어떤 것인지 정의를 잘 생각해 보자.

> **힌트** 로직트리를 사용해서 자신, 가족에게 '거주하고 싶다'는 생각이 드는 것은 어떤 구조(건물과 환경 등)와 메커니즘에 의해서 발생되는가를 구상하여 구조화해 본다.
> 본문 124~128쪽, 그림 3-13과 3-16

◎ 문제 8

가정용 자동 식기 세척기의 일본 국내 시장 규모를 추정하여 이후의 시장 매력도에 관한 결론을 내려보다. 매력도를 판단하는 조건을 명확하게 한다.

> **힌트** 문제 3과 동일하게 생각해 본다.
> 본문 109~114쪽, 그림 3-6과 3-7 참조

2부
기술 편
전략 시나리오 구상의 핵심

전략 사고에 기초한 전략 구상

1부에서는 전략 시나리오를 구상하기 위한 기본적 사고인 전략 사고에 대해서 서술했다. '전략 사고'는 '불확실한 비즈니스 환경에서 명쾌한 미래의 시나리오를 창조하는 사고'다. 2부에서는 이 전략 사고를 바탕으로, 구체적인 전략 시나리오를 구상하는 데 핵심이 되는 사고방식에 대해 설명한다. '핵심이 되는 사고방식'이라고 굳이 서술한 데는 이유가 있다.

전략 구상에 대해서는 많은 책이 출판되어 있기 때문에, 전략이 무엇인지에 대해서는 누구나 잘 알고 있을 것이다. 그러나 책을 읽는 동안에는 알 것 같지만, 실제 비즈니스 현장에서 전략 시나리오 만들어 응용하려면 좀처럼 생각대로 되지 않는다. 더구나 무리하게 끼워 맞추려고 하면, 좋지 않은 결과만 나온다.

또 전략을 구상하기 위한 조건이 너무 많아 도대체 중요한 포인트가 무엇인지, 자신의 비즈니스에 어떻게 적용하면 되는지 이해가 되지 않는다. 결국 책 속에 쓰여진 전략의 정의는 응용해 보지 못하고, 지금까지의 연장선상에서 전략이라고 말하기엔 골격이 애매한 상태인 이름뿐인 상세 계획을 완성하게 된다. 이렇게 만들어진 시나리오는 정보의 소용돌이 속에 빠져 버리고 만다.

변화가 극심한 현대사회에서 복잡한 전략을 구상하는 것은 오히려 생명을 단축시키는 것이다. 더군다나 그 구상 방법이 복잡해서 결국에는 실속 없는 계획이 된다면, 실행하기 어렵기만 할 뿐 소용없게 된다. 부처를 만들어도 혼이 들어가 있지 않으면 의미가 없는 것과 같다.

전략을 구상할 때는 아주 기본적이고 중요한 점만을 추려서, 간단하고 명쾌하게 만든다고 생각해야 한다.

우선은 전략 사고의 3가지 스킬인 '책임지고 구체적인 결론을 내리는 능력', '과거에서 미래까지 논리적으로 구조를 통찰하는 능력', '가치기준을 가지고 리스크를 감수하며 판단하는 능력'을 제대로 체득해야 한다. 그리고 2부에서 설명하는 '전략 시나리오 구상의 핵심'이라는 프레임워크를 이해해야 한다. 그것만 체득한다면 전략 구상력을 갖췄다고 볼 수 있다. 만약 더 배울 필요가 있다면, 각각의 고유한 비즈니스를 전개하는 중에 그때그때 지식이나 새로운 구성을 덧붙이면 된다.

4장
전략 구상의 기본적 사고방식
전략은 간단하고 명쾌하게 만들어야 한다

strategic scenario
core skills and techniques

전략은 어느 조직, 누구에게나 필요하다

전략이라고 하면 간부나 관리자가 입안하는 것이라고 생각하는 사람이 있지만, 그것은 커다란 착각이다. 경영자층에서 비즈니스 현장의 실행 단위까지 전략은 어디에나 존재한다. 계층과 조직에 관계없이 전략은 존재하는 것이다. 그렇더라도 소속된 조직에서 어느 위치에 있느냐에 따라 전략 실행자의 자유도가 크게 달라진다. 즉, '스케일'이 달라지는 것이다.

전략의 스케일이란 무엇인가? 그것은 비즈니스에서 통제할 수 있는 시간의 폭, 자원의 규모(사람·물건·돈), 조직을 관리할 수 있는 폭(전략과 관련된 조직의 확장), 이 3가지를 가리킨다(그림 4-1). CEO라면, 회사 조직을 총동원해서 모든 경영자원을 활용할 수 있고, 장기적인 시야로 내다볼 수 있다.

가장 스케일이 큰 전략은 기업의 전체 윤곽을 설계하는 회사 경영 전략이다. 그 다음으로 스케일이 큰 전략으로는 사업 전략, 그 다음은 R&D 전략, 상품 전략, 커뮤니케이션 전략, 영업 전략, 재무 전략, 리쿠르트 전략 등과 같은 부문(부서) 수준의 기능별 전략이다.

그림 4-1 전략 피라미드와 전략의 스케일

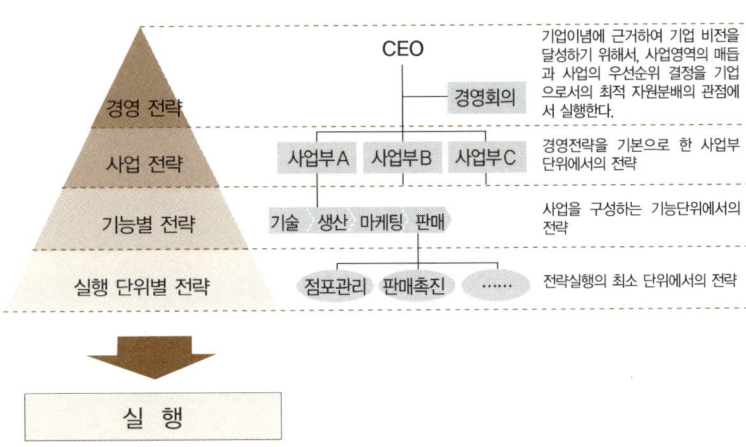

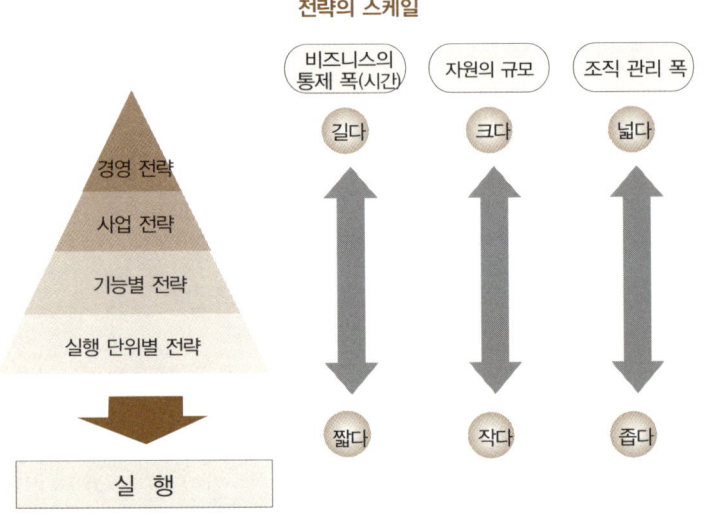

◎ 전단지 1장을 만들 때도 전략을 생각한다

전략의 스케일은 조직의 말단일수록, 또는 기업 규모가 작을수록 사람·물건·돈·시간의 자원 투입량이 제한적일수록 작아진다. 그러나 전략 구상에 대한 자유로움이 없어지는 것은 아니다. 오히려 제약 조건이 엄격해질수록 전략적으로 해결하는 데 필요한 지혜와 에너지가 보다 많이 요구된다.

전단지를 생각해 보자. 판매촉진을 위해 만든 전단지 한 장에도 전략은 존재한다.

예를 들면, 비만 클리닉에서 가을 다이어트 체험 코스를 시작했다고 하자. '가을이기 때문에 과식한다→살찌는 것이 걱정이다→그런 당신을 위해서 체험 코스를 시작했습니다→문의는 이렇게…….' 이런 식으로 만든 경우를 생각해 보자. 살찌는 것이 걱정이라는 여성의 고민을 충격적으로 환기시킬 수 있을까? 기네스북에 실린 듯한 덩치 큰 여성이 '너무 많이 먹어서 움직일 수 없어요! 다이어트가 필요해요!'라고 말하고 있는 사진을 사용하는 건 어떨까? 또는 '이전/3개월 후'라는 식의 비교사진이 가장 효과적이지 않을까? 아니면, 이런 방법은 다른 곳에서도 많이 하니까 과학적으로 다이어트를 하고 있다는 특징을 내세워서 아주 지적인 느낌의 여성을 모델로 기용하면 어떨까?

게다가 전단지는 어느 지역까지 뿌릴 것인가? 신문에 끼워서 돌리는 것이 좋은가, 아니면 DM, 우편물이 좋은가? 무슨 요일에 뿌리는 것이 좋은가? 체험 코스를 희망하는 사람이 전단지를 지참하게 할 것인가, 아니면 전화예약을 받을 것인가? 대강 생각해 봐도 이 정도로 생각할 게 많다. 디자인이며, 인쇄며, 전단지 종이는 어떤 것을 사용할 것인가 하는 문제도 있고, 단 한 장의 전단지를 만들어도 검토할 사항이 수없이 많다.

이 작업에 과연 전략이 있을까? 대부분의 사람은 전략이라고 생각하지 않을 것이다. 그러나 이 전단지에도 확실히 전략은 있다. 전단지를 '전략'으로서 어떻게 내세울 것인가에 따라서 위의 다양한 검토사항에 대한 해답이 바뀐다. 오히려 제약조건이 심해질수록 전략적 해결을 위해 필요한 지혜와 에너지가 보다 많이 요구된다.

또 하나의 예를 들어보자. 대형점포에 관한 법률이 완화되어 도심 주택가의 오래된 주류 판매점 옆에 주차장을 완비한 대형 슈퍼가 개점했다. 이 대형 슈퍼는 식료품임에도 술을 취급하고 있다. 이 점포에서 어느 곳보다 싼값에 캔맥주를 팔고 있다고 치자.

이 주류 판매점 이 앞으로 대형 슈퍼와의 경쟁에서 이기려면 어떠한 방법을 강구해야 하는가? 우선 이 주류 판매점의 경영자원을 살펴보자. 종업원 몇 명, 25평짜리 가게, 다소 비축되어 있는 이익금, 장기간 그 주택가에서 장사를 해왔다는 실적, 주민들의 신뢰감, 그리고 그 동안 배달 등의 방법으로 축적해 온 고객 정보, 그리고 무엇보다도 이 가게 주인이 이 주택가에 살면서 주민들과 공적, 사적으로 유대관계를 갖고 있어서 주민들의 라이프 스타일이나 기호를 피부로 느끼고 있다는 것, 이런 것들이 이 가게의 자원이다. 또 기존의 내점(內店) 고객은 반경 300미터 상권 내에 사는 사람들이고, 술을 배달시키는 고객은 반경 1킬로미터 이내에 산다.

이 경영자원을 어떤 식으로 활용해서 지금부터 어떻게 경영해 나갈 것인지 주류 판매점의 비전을 달성하기 위한 구체적인 방향을 생각하는 것이 전략이다.

예를 들면, 예전에는 특매품을 게재한 전단지를 손수 만들었지만, 경쟁력을 높이기 위해서 이전보다 고급스럽고 화려하게 만들어야겠다고 생각했다고 하자. 곧바로 아는 사람을 통해 디자이너와 카피라이터를 소개받아서, 그들이 만든 전단지를 지금까지의 상권에 배포했다고 하면, 거기에 전략은 없는 것이다. 이래서는 잘될 리가 없다.

그러나 구체적인 전략의 방향을 '고객의 니즈를 선택해서 경쟁사와 차별화하고, 자사(自社)의 자원을 집중시켜서 강점을 구축한다'는 시점에서 새롭게 고쳐 잡을 수 있다면 가게가 살아날 길은 반드시 있다.

우선 주류 판매점의 상권에 대형 슈퍼가 생김으로써 내점객의 물리적 반경은 넓어진다. 대형 슈퍼는 주차장이 완비되어 있기 때문에 멀리서도 차로 올 수 있다. 술이라는 상품만을 본다면 맥주 같은 대량소비 상품은 케이스 단위로 사가고 싶다고 생각할 것이다. 그것을 노려서 대형 슈퍼는 맥주 소비량이 많은 고객을 타깃으로 자체적으로 개발한 묶음으로 할인판매를 하고 있다.

따라서 주류 판매점은 슈퍼와 가격경쟁을 할 것이 아니라면, 이렇게 싼값에 대량으로 맥주를 사들이는 고객은 타깃층에서 제외시켜야 한다. 반면 주류 판매점은 도매의 매입가격에 한계가 있지만, 대형 슈퍼가 대량으로 물건을 구비하는 한, 와인이나 토속주 같은 상품에서 지역 특성(주민의 기호)을 생각한 상품을 구비하기는 힘들 것이다. 그런 와인이나 토속주의 범주에서 부가가치가 높은 상품을 어떻게 선택할 것인가에 대형 슈퍼와 차별화할 수 있는 열쇠가 있다.

즉, 대형 슈퍼의 출현으로 지역적으로 확대된 고객 가운데, 어떤 고객의 니즈에 초점을 맞춰서 어떻게 경쟁 상대와 차별화할 것인가. 여기서 주류 판매점의 전략 구상력이 요구되는 것이다.

그 전략에 따라서 전단지를 만드는 방법이 달라진다. 와인의 구비나 전문성을 어필하려 한다면, 단순히 상품을 소개하는 것으로 끝날 것이 아니라 와인 선택법이나 마시는 법, 와인에 어울리는 요리인 콩 조리법과 같은 지식을 전단지에 싣거나 시음회 등을 계획해서 그것을 전단지를 통해 어필하거나, 또는 매달 회원 모집을 하면서 샘플을 무료 배포하는 행사를 계획해서 고지하는 것 등도 생각해 볼 수 있다.

혹은 광역화된 상권을 조사해서 자동차가 없는 고객을 주 타깃으로 설정해서, 택배 전문 비즈니스로 특화시키는 것도 생각해 볼 수 있다. 그런 경우의 전단지는, 팩스를 사용해서 주문할 수 있도록 주문용지가 붙어 있는 전단지가 좋을지도 모르겠다. 또는 고객이 전단지를 챙겨두었다가 배달 메뉴를 고를 때 사용할 수 있도록, 내구성이 있는 종이에 메뉴판처럼 만들어도 좋을지 모르겠다.

이렇게 그 전략의 구체적인 방향성에 따라, 전단지의 컨셉도, 배포할 세대의 타깃 특성도, 범위도 달라지는 것이다.

전략은 기업의 규모나 조직의 의사결정 계층과 상관없이 존재한다. 자사, 자부문, 또는 자신의 자원(사람, 물건, 돈, 시간)에 제한이 있고 어떠한 형식의 경쟁이 존재하는 한, 어떤 고객의 니즈를 선택해서 어떻게 경쟁상대와 차별화하고 어떻게 자신의 자원을 집중시킬 것인가에 따라서 기업이 고객에게 제공하는 임팩트(impact, 고객에게 인지되는 가치)에는 커다란 차이가 생긴다.

전략의 핵심 '전략 엔진'을 창조하라

전략이 누구에게나 필요하다는 것은 이제 모두 알았을 것이다. 그렇지만 대부분의 사람들이 전략을 만드는 일이 상당히 어렵다고 생각한다. 그전에 전략이란 무엇인가에 대해 명확하게 대답할 수 없는 사람도 많다. 어떤 사람은 '미래의 목표'라고 말하고, 또 어떤 사람은 '차별화된 계획'이라고 말한다. '자원배분'이라고 말하는 사람도 있다.

본서에서는 전략을 '기업 고유의 기본이념에 입각해서 기업 비전을 달성하기 위해서 나아가야 할 방향을 제시하는 시나리오'라고 정의한다.

'기본이념'이란 기업 고유의 존재 목적과 가치기준이고, '비전'이란 장래에 도달할 목표이다. 마케팅 전략이라고 하면 '기업 고유의 기본이념에 입각해서 기업 비전을 달성하기 위한, 마케팅에 있어서 나아가야 할 방향을 제시하는 시나리오'인 것이다. 조직상 어떠한 위치이든, 이와 같이 전략을 파악하면 알기 쉽다.

◎ 전략 정공법을 의심하라

또, 자기 자신의 구상력만으로는 전략 구상이 어렵다고 생각해서 전략의 골격에 단순히 끼워 맞추는 것으로 일관하는 사람도 많다. 지금까지 대분분의 전략 정공법은 경쟁에서 이기는 것을 제일 우선으로 생각하고 있는 것 같다. 경쟁에서 이겨서 자사의 우위를 차지하기 위해서는 어떻게 하는 것이 좋을 것인지에 대한 해답을 거기에서 찾으려고 하는 것이다. 그러나 지금까지 자사의 우위성을 높이기 위해 보유하고 있던 기술, 생산설비, 영업체제, 그리고 판매 채널에 이르기까지 과거에는 강점으로 여겨지던 비즈니스 기반 자체가 시장이나 기술의 변화 속도가 빨라지면 변화에 대응할 수 없는 비용이 되어 버린다. 꾸물거리고 있으면 눈 깜짝할 사이에 정공법이 아킬레스건(약점)이 되어 오히려 성장을 저해할 수 있다.

지금까지 일본이나 한국 시장에서 경쟁에서 이긴다는 것은 얼마나 유리한 포지셔닝을 확립하는가를 의미했다. 그러나 현재는 기업의 위치가 아주 불안정해지고 있다. 특히 글로벌화되고 개방화된 경쟁 환경에서는 기업 매수나 인수·합병, 거대한 자본을 지닌 타업종이나 해외자본의 참여에 따라 시장점유율에 의한 기업의 위치는 단기간에도 다이내믹하게 변할 수 있다. 지금까지 구축해 온 기업의 위치가 하룻밤에 붕괴되어 버리는 경우도 있다. 즉 경쟁에서 이기는 것에만 중점을 둔 전략은 완전히 의미 없는 것이 되어 버릴 가능성이 크다.

필립 코틀러는 그의 저서 『마케팅 매니지먼트(*Maketing Management*)』에서 이렇게 서술하고 있다. "마케팅 전략의 최우선 요소는 시장에서 차지하는 기업의 상대적 규모와 지위이다. 시장의

그림 4-2 필립 코틀러의 경쟁 전략

경쟁지위	기본 전략 방침
마켓 리더 (시장점유율 1위)	• 시장 규모의 확대 • 전 방위형 전개
시장 도전자 (시장점유율 2위)	• 마켓 리더와의 차별화
시장 추격자 (시장점유율 3위)	• 경영자원의 효율화
마켓 니처 (시장점유율 10% 이하의 소규모 기업)	• 특정 제품 시장에 집중

> 기술, 고객, 인재, 사업 인프라(생산·물류·경영·채널)의 격렬한 변화 속에서 지금까지의 경쟁 지위에 의한 전략의 정공법은 통용되지 않는다.

40%는 마켓 리더(Market Leader)의 손에 달려 있고, 최대의 시장점유율을 자랑한다. 30%는 시장 도전자(Market Challenger)의 손에 달려 있고, 공격적 전술로 적극적인 시장점유율 확대를 도모하고 있다. 20%는 시장 추격자(Market Follower)이며, 이 기업은 현재 시장점유율 유지를 목표로 한다. 나머지 10%는 마켓 니처(Market Nicher)라고 불리는 소규모 기업군으로, 이들 소기업은 대기업이 흥미를 보이지 않는 작은 부분을 대상으로 하고 있다." 그는 마케팅 전략의 정공법이 된 범주에 따라서 시장을 파악하고 있는 것이다(그림 4-2).

그러나 그러한 전략의 정공법을 그대로 따라해도 실제로는 통용되지 않는 경우가 많아졌다. 예를 들면 지금까지 장기간 마켓 리더로서 시장점유율 1위를 자랑해 온 기린맥주가 시장 추격자였던 아사히맥주에게 정상의 자리를 빼앗긴 것과 같다. 만약 아사히가 추격자로서의 '경영자원의 효율화'를 추구했다면, 슈퍼드라이의 성공은 있을 수 없었을 것이다. 또, 한참 신문 지상을 떠들썩하게 한 외자계 기업에 의한 광고회사의 M&A나, 장래 흡수합병을 노린 자본 참여 등의 움직임은 지금까지의 일본 광고업계에서의 시장점유 경쟁이 완전히 변질되어 버렸다는 것을 의미한다. 글로벌 시장에서 최고 기업의 순위가 계속해서 바뀌는 제약업계 또한 그렇다. 어제까지의 경쟁상대가 내일부터는 파트너가 되어 버리는 세상이다. 이렇게 오늘의 시장점유율이 내일이 되면 완전히 바뀌는 일도 있을 수 있는 것이다.

교과서적인 이론에 따른 끼워 맞추기식 전략 구상은 아무런 의미가 없다. 코틀러의 이론을 부정하는 것은 아니다. 다만 지금까지처럼 그대로 끼워 맞춰도 통용되지 않는 상황이 되었다는 것이다. 세상이 변하는 데는 신경 쓰지 않고, 이론에만 너무 집착해서 항상 같은 방법으로만 미숙한 장기를 두어서는 치열한 경쟁 속에서 절대로 이길 수 없다. 정공법은 그 사고방식을 이해하고, 더 나아가 정공법을 뛰어넘어 더 깊게 생각할 수 있게 하는 데 의미가 있다.

이와 같이 기업은 시장에서의 유리한 위치 선택만으로는 절대적인 우위성을 유지하기가 어려워지고 있다. 특히 경쟁만을 중시하는 전략의 위치는 붕괴되고 있다. 그렇다면 도대체 기업은 무엇을 기반으로 전략을 구상하면 좋을 것인가?

◎ **전략의 핵심을 창조하라**

본서에서는 이 전략의 핵심이 되는 것을 '전략 엔진'으로 파악했다. 전략 엔진이란, 기업을 자동차라고 봤을 때 자동차를 움직이기

그림 4-3 '전략 엔진'과 전략 실행 계획

'전략 엔진'이 없는 실행 계획은 가치가 없다

위한 전략의 핵심에 해당하는 것이다(그림 4-3).

구상된 전략이 실제로 움직이기 위해서는 엔진이 전략 시나리오의 중심에 위치해야 한다. 전략 엔진 없이는 목표 설정, 책임과 권한, 실행 체제, 평가 시스템이라고 하는 실행 계획을 아무리 상세하게 만들어도 자동차는 움직이지 않고, 자동차의 성능을 무시한 고성능 엔진은 도움이 되지 않는다. 경자동차에 포르쉐 엔진을 부착하면 자동차는 움직일지 모르지만 엔진의 성능은 충분히 발휘되기 어렵다. 거꾸로 경주용 자동차에 경자동차 엔진을 부착해도, 자동차의 기능을 충분히 발휘할 수 없다. 그러나 자동차가 가진 현 상태의 성능을 정확하게 파악한 다음, 최적의 엔진을 탑재한다면 반드시 쾌적한 주행을 기대할 수 있을 것이다.

전략 시나리오도 그와 같아야 한다. 엔진을 제일 먼저 생각하지 않고 자동차의 디자인이나 세부 부속품의 설계를 생각한다거나, 운전을 누구에게 시킬 것인가를 생각하면서 세부적인 부문에만 정신을 빼앗겨서는 안 된다. 세상에는 엔진이 없는, 실행에 아무런 도움도 되지 않는 전략 시나리오가 산처럼 넘쳐나고 있다. 중요한 것은 엔진인 전략 시나리오의 핵심을 만드는 것이다. 그리고 그 전략 시나리오를 구상하기 위한 포인트는 단순 명쾌하며 누구나 적용할 수 있는 것이어야 한다.

전략 시나리오를 구상하는 3대 핵심

지금부터는 전략 시나리오를 구상하는 데 가장 핵심이 되는 3가지를 생각해 보자(그림 4-4).

1. '3C 분석'에 의해 전략의 구조를 통찰하고 구체적인 방향을 설정하는 것
2. 고객에게 가장 중요한 '핵심 가치'를 창조하는 것
3. 수익기준과 가치기준에 의해 위험부담을 수반하는 판단과 평가를 하는 것

즉, 고객(Customer)을 선택하고 경쟁사(Competitor)와 차별화하여, 자사의 자원을 집중시킨다. 그리고 고객에게 있어서 가장 중요한 핵심가치가 무엇인가를 생각해서 핵심가치를 제공하기 위한 구조를 구상한다. 마지막으로 수익기준과 가치기준에 의해 만들어진 전략 시나리오를 실행해야 할지 실행하지 말아야 할지 리스크를 감수하며 판단과 평가를 실행한다.

그림 4-4 전략 시나리오를 구상하는 3대 핵심

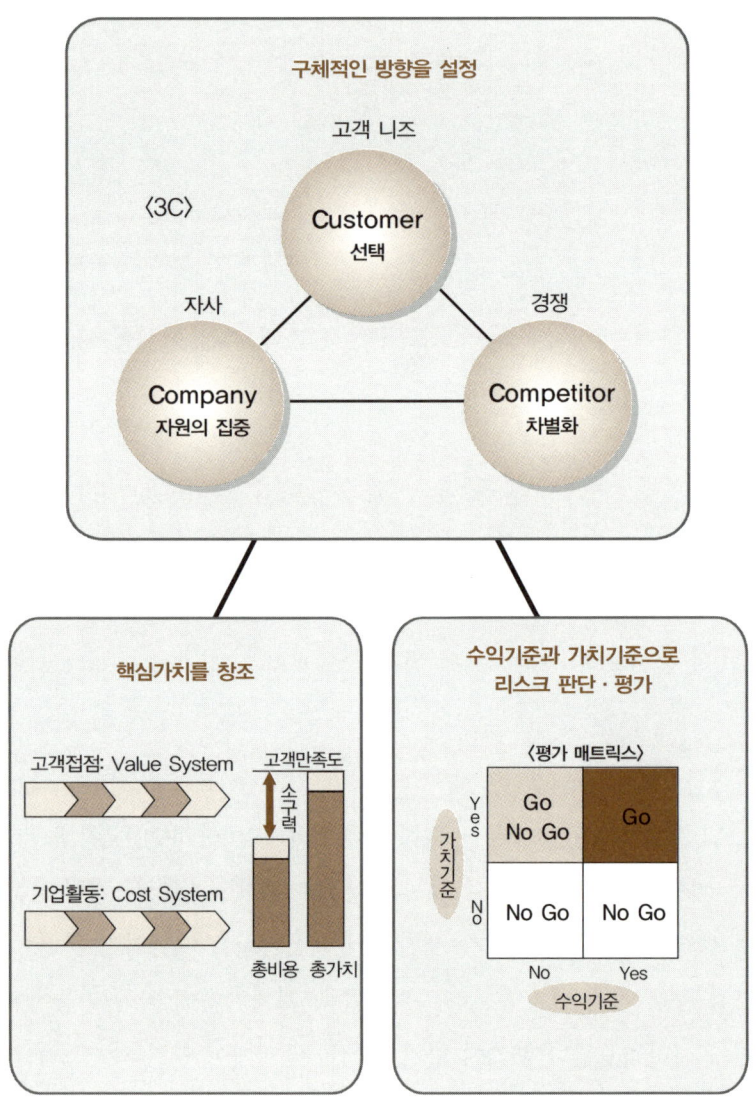

◎ **A씨의 전직 전략 시나리오 구상**

A씨는 현재 백화점 식품매장의 매니저다. 불황이다, 불황이다 하면서도 백화점의 식품매장을 보면 인기있는 빵집이나 두부매장에는 이른 아침부터 줄을 서 기다릴 정도이다. A씨가 근무하는 백화점에서도 경쟁력 있는 인기매장을 잘 체크하여 독창적인 상품을 제공하기 위해 밤낮으로 애쓰고 있다.

얼마 전 A씨는 어떤 유기농산물 판매회사 사장인 B씨와 우연히 만나게 되었다. B씨는 진짜 유기농산물을 조금이라도 쉽게 살 수 있는 값으로, 한 사람이라도 더 많은 사람에게 먹이고 싶다는 확고한 신념을 가지고 자신의 일을 하고 있었다. A씨의 백화점에서도 B씨의 유기농산물 코너를 신설해서 좋은 평가를 받고 있었다. A씨는 B씨와 이야기하는 동안, B씨의 경영철학에 감동받아 가능하다면 B씨와 함께 일하고 싶다고 생각하게 되었다.

A씨는 어떠한 전직 전략 시나리오를 만들어서 B씨에게 접근해야 하는가?(그림 4-5)

우선 A씨는 자신의 장래 커리어 비전(상품)을 생각해서 타깃 기업을 선택해야 할 것이다(고객의 선택). 그리고 그 타깃 기업인 고객의 니즈에 자신의 커리어 비전이 맞는지를 생각해야 한다.

B씨의 회사는 독특한 비전과 이념으로 건실한 성장을 계속해 온 상장 전의 벤처기업이다. 진정으로 고객의 건강을 생각한 식품을 취급하고 있다. 지금 주력하고 있는 것은 유기농산물뿐이지만 장래에는 가공식품에도 손을 대려고 생각하고 있다. 이에 따라, 건실하고 도전적인 마케팅 매니저를 찾고 있다. 즉 고객의 니즈는 '건실하고 도전적인 마케팅 매니저'이다.

그림 4-5 A씨의 전직 전략 시나리오 구상

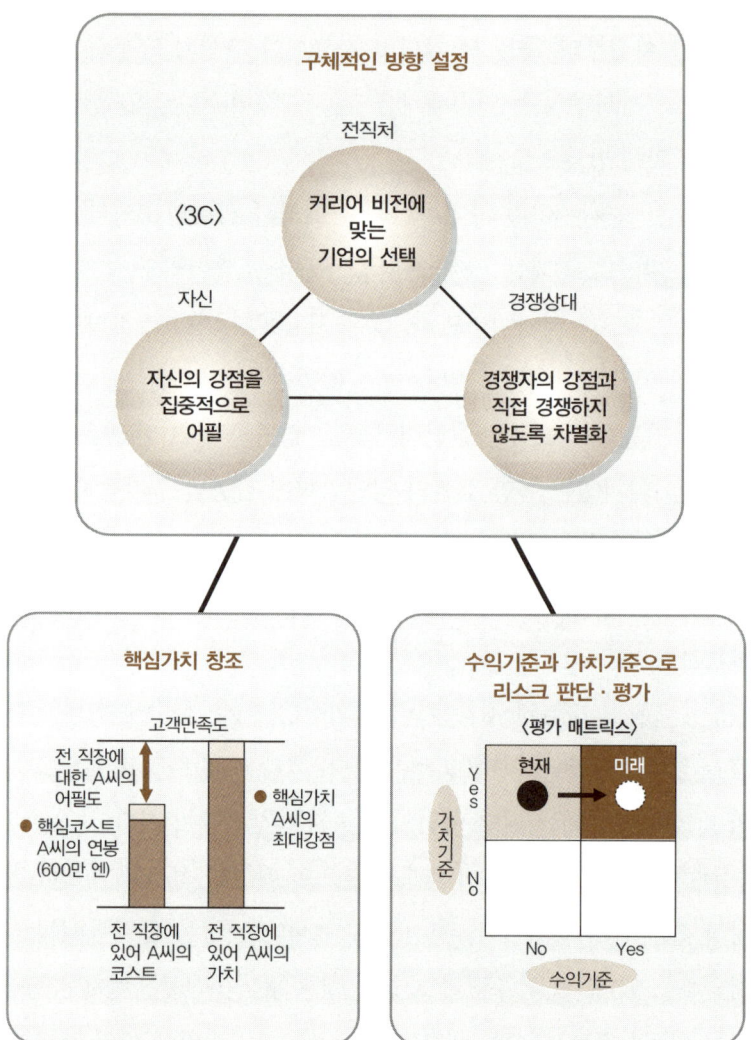

그 다음으로 A씨는 자신의 강점 중에 어떤 것에 주력하면 고객에게 어필할 수 있고, 경쟁상대와 차별화할 수 있는가를 생각한다(자사의 자원을 집중, 경쟁상대와 차별화). A씨는 학창시절 럭비를 했었기 때문에 체력에는 자신이 있고, 장래에는 뭔가 자신의 사업을 하고 싶다고 생각하고 있다. 하고 싶은 사업은 인간의 건강을 생각한 것이나 환경문제를 생각한 사업이다. 자신의 강점은 백화점 현장에서의 경험으로 인해, 여유 있게 생각하고 나서 무언가를 시작하기보다는, 어쨌든 실행에 옮기고 나서 진행하면서 생각하는 타입이라고 생각하고 있다. 현장에서의 경험이 일류기업 출신의 엘리트와는 확연히 차이가 나는 것이고, 자신이 전직할 기업에서 A씨가 발휘할 수 있는 핵심가치는 '고객접점인 점두에서 마케팅할 수 있는 능력'이라고 파악하고 있다(핵심가치 창조).

물론 체력도 가치이고, 백화점에서 근무했었다는 것도 가치가 될 수 있다. 또한 식품 마케팅에 강하다는 것도 가치가 될 수 있다. 그러나, 경쟁을 벌일 사람들은 제조·생산·경영 그룹(maker·product·manager class)이 많을 것으로 예상되기 때문에 마케팅 전반에 관해 이야기한다 하더라도 장점으로서 발휘될 수 없다. 체력 하나 뛰어나다고 하는 것도 문제이다. 백화점의 경험도 그것만을 어필한다 하더라도 자신의 세계가 좁았다는 것을 강조해 버리는 것이 될지도 모른다. 그렇게 생각한 A씨는 '고객접점인 점두에서 마케팅할 수 있는 능력'이라는 포인트가 마케팅, 영업 쌍방의 경험으로서 파악될 수 있고, 무엇보다도 고객과의 직접적인 접점은 타깃 기업에 대해서도 강점이 될 것이라고 결론지었다.

이와 같이 A씨는 '3C 분석'에 의해 자신의 전직 전략의 방향을 설정하고, 핵심가치를 창조하는 방법으로 "건강산업 벤처기업에 고객접점인 점두에서 마케팅할 수 있는 힘이 얼마나 중요한지 역설하여, 자신의 가치를 최대한으로 끌어올릴 수 있도록 접근한다"는 시나리오를 만들었다.

다음은 이 시나리오가 좋은 것인지 판단과 평가를 실시해야 한다. 우선은 비용 문제이다. 사람을 고용할 때 기업에는 연 수익의 약 2배 가까운 비용이 발생한다. A씨에게 있어서 핵심가치를 창출해 내는 핵심비용은 연봉이다. 지금은 연봉 800만 엔이지만 장래를 생각하면 1,000만 엔은 받고 싶다고 생각하고 있다. 그렇다면 고객인 B씨의 회사는 어떻게 생각하고 있는가? B씨는 아직 직접 접근을 하지 않았기 때문에 실제 상황은 알 수 없지만, 이전에 잠깐 이야기해 본 것에서 추정해 본다면 새로 고용하려고 하는 마케팅 매니저의 연봉은 600만 엔 정도로 생각하고 있는 것 같다. 만약 600만 엔이라면 어떨까? 비용만을 생각하는 수익기준으로만 평가하면, '800만 엔→600만 엔' 이라는 200만 엔의 감소는 '부정' 이다. 그러나 가치기준으로 본다면 어떻게 될까? B씨의 경영철학이나 비전은 자신이 최우선으로 생각하는 가치와 딱 들어맞는다. 가치기준은 '긍정' 이다. 그렇다면 '전직한다/전직하지 않는다' 로 '재검토' 하게 된다.

한 번 더 수입에 대해 생각해 보자. 연봉이 600만 엔으로 줄어든다고 하는 동기부여의 감소는 별도로 치고, 돈이 줄어든다는 관점에서 생각해 보면 생활수준을 낮추고 저축을 중단하고 이것저것 계산을 맞춰보면 어찌하면 가능한 숫자라는 결론이 나온다. 또 B씨가 경영하는 기업의 장래성을 생각해 본다면 자신의 노력 여하에 따라 장차 수익기준도 만족스러워질 것이라고 판단했다. 그렇다면 가치기준과 수익기준은 모두 '긍정'이고, 이 전직 전략 시나리오는 '전직한다'이다. A씨는 B씨에게 전화를 걸어 면접을 보기로 했다.

　이와 같이 전략 시나리오는 크게 3대 핵심을 만족시키는 것으로 구상할 수 있다. 물론 실제 비즈니스의 예에서는 A씨의 이야기처럼 단순하지는 않겠지만, 기본적으로는 동일하다. 이 3대 핵심을 왔다 갔다 하는 가운데, 실현 가능한 전략이 만들어지는 것이다. 이렇게 해서 만들어진 전략 시나리오는 실행 단계의 바이블이 되어 실행 전선에 있는 사람들에게 좋은 본보기가 된다. 시나리오와 실행 계획에 커다란 간격이 생기는 것은 단순한 휴지 조각에 지나지 않는다. 잊어서는 안 될 것은 전략 시나리오를 구상하는 사람도, 실행하는 사람도 모두 공통적으로 '전략 사고'를 해야 한다는 것이다. 전략 시나리오의 실행과 적절한 궤도 수정은 전략 사고를 지니고 있지 않으면 효과적으로 실행할 수가 없다.

　그러면 전략 구상의 3대 핵심을 어떻게 형성할 수 있는지 5부에서부터 하나하나 상세하게 설명해 보자.

5장

핵심 1: 전략 구상의 열쇠, 3C 분석
3C 분석으로 전략 구조를 통찰하고 방향을 제시한다

strategic scenario
core skills and techniques

3C 분석의 중요성

전략 시나리오를 구상하는 핵심은 3C(Customer, Competitor, Company) 분석을 통해 전략 구상에 영향을 끼치는 비즈니스 메커니즘이나 구조를 관찰하여, 선택·차별화·집중에 의해 다이내믹한 구체적인 방향을 제시하는 것이다. 여기서는 특히 전략 사고의 3가지 스킬 가운데, '책임지고 구체적인 결론을 이끌어 내는 능력'과 '과거에서 미래까지 논리적으로 구조를 통찰하는 능력'이 요구된다.

기업은 지금까지의 전략 구상에서 표면적으로는 고객(Customer)이 중요하다고 말하지만, 실제로는 경쟁(Competitor) 부분에 에너지를 쏟아 붓고 있다. 물론 경쟁사와 어떻게 차별화하느냐도 중요한 포인트이지만, 어떤 고객을 선택하느냐가 사실 가장 중요하다. 더욱이 자사의 자원을 어디에 어떻게 집중할 것이냐는 기업의 미래에 큰 영향을 미친다. 그 때문에 3C를 어떻게 분석하고, 선택·차별화·집중에 의해 어떻게 구체적인 방향을 설정할 것인지가 전략 구상의 열쇠가 되는 것이다.

◎ 경쟁사보다 고객에 집중한다

지금까지 경쟁사와 어떻게 차별화하느냐에 에너지를 쏟아 부은 이유가 무엇일까? 경쟁사는 보여도 고객은 보이지 않거나, 또는 고객을 보지 않기 때문이다. 또 비즈니스를 전쟁과 비교하곤 하는데 그러는 데는 이유가 있다. 전쟁이라고 하면 적, 즉 경쟁상대가 누구인지를 명확히 해야 이해하기 쉽기 때문이다. 그러나 무력 충돌을 벌이는 전쟁에서는 맞서 싸울 상대인 고객이 없다. 비즈니스를 전쟁으로 생각해 버리면, 상품이나 서비스를 직접 받는 사람인 고객이 없어지는 것이다(그림 5-1).

전쟁은 전쟁터에 있는 고객의 가치를 파괴하고 국민의 세금을 전쟁비용으로 낭비할 뿐이다. 경쟁 전략을 수립할 때 전쟁을 떠올린다면 효과적이겠지만, 전반적인 전략 모델로서는 부적합하다. 전쟁

그림 5-1 전략범위: 전쟁의 경우

전쟁 전략에 따르면 서비스를 받는 사람이 없다.
승리에 의해 창출되는 부가가치는 제로 또는 마이너스다.

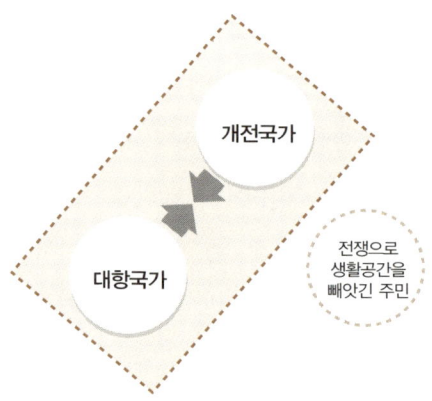

이 전략 모델로서 가치가 있는 점은 상대의 공격을 예측할 수 없을 때 자신의 진로를 변경해야 하는 것처럼, 전략상 자원 배분을 해야 할 때 정확한 미래의 예측 모델로서 파악하는 경우다.

경쟁사만을 주시하는 게 왜 전략상 가치가 전혀 없는지 '솔로몬의 지혜'라는 말이 생겨난 일화를 통해 알아보자.

고대 이스라엘의 솔로몬 왕은 상당히 현명한 사람이었다. 어느 날 두 여인이 한 명의 아기를 둘러싸고 싸움을 하고 있었다. 둘 다 자기가 진짜 엄마라고 주장하며 물러서지 않는 것이었다. 그래서 솔로몬 왕은 그 아기를 칼로 두 쪽으로 잘라서 두 사람에게 나누어 가지라고 말했다. 그러자 한 여인은 아무렇지도 않은 얼굴을 하고 있었지만, 다른 한 명의 여인은 울면서 "이 아이를 죽일 거라면 살아 있는 채로 저 여자에게 주십시오"라고 말했다. 그래서 솔로몬 왕

그림 5-2 전략범위: 진짜 어머니와 가짜 어머니의 경우

아이를 서로 다투어 빼앗는 어머니의 전략 범위는 비즈니스와 동일하다.
아이에게 있어서의 진짜 가치가 가장 중요한 과제다.

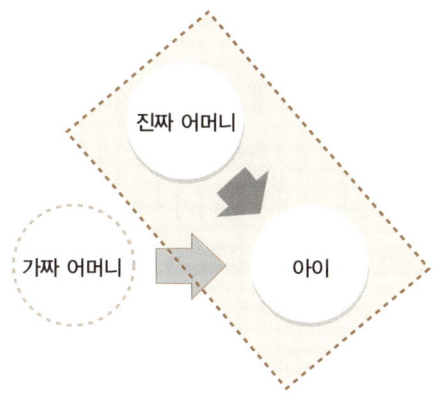

은 울면서 양보한 여자에게 아기를 주었다는 이야기다.

이 두 여인 중 분명히 진짜 어머니가 있다고 추측해 볼 수 있다. 아기를 두 쪽으로 자른다는 것은 아이를 죽이겠다는 말인데, 진짜 어머니라면 아기를 죽게 내버려두지 않을 것이다. 진짜 어머니는 자신이 가짜로 몰리더라도 아이를 살리는 편이 낫다고 생각했다. 가짜 어머니는 아이가 죽을 위기에 처했어도 아무렇지 않다. 아이 입장에서 본다면 뜻하지 않은 죽임을 당하게 된 것이다. 그래서 진짜 어머니는 싸움에서 양보한 것이다. 그러나 결과는 어떠했는가? 경쟁에서 이긴 가짜 어머니는 아이를 가질 수가 없었고, 고객(아이)을 생각해서 양보한 진짜 어머니는 고객의 대변자인 솔로몬 왕에 의해 선택된 것이다.

서비스를 받는 고객을 보지 않고 경쟁에서 이기려고만 한다면 아무런 의미가 없다(그림 5-2). 고객에게 자신의 생각이나 서비스를 인정받고, 높이 평가받지 못한다면 대상자(고객)를 획득할 수 없는 것이다. 경쟁상대에게 이기는 것만으로는 전략상의 승리로 이어질 수 없다. 정치 모델도 마찬가지다. 자신이 소속되어 있는 당과 경쟁당의 서비스를 받는다고 할 수 있는 유권자의 관점에서 보면, 현재의 정치는 국민은 상관없이 당끼리의 싸움이 되어 버린, 유권자가 사라진 듯한 구도가 되었다. 그러니 선거 때가 되어도 투표하고 싶은 당이 없다는 결과로 이어지는 것이다. 전략의 3C분석 중 고객분석이 얼마나 중요한지 다시 한번 말해주는 것이다.

◎ 자사 입장에서 독단적으로 판단해서는 안 된다

자사(Company) 분석도 중요하다고 할 수 있다. 하지만 자사만을 주시하고 고객과 경쟁사를 생각하지 않는다면 어떻게 될까? 예를 들면 작년까지의 실적을 바탕으로 시장이나 경쟁사에 대한 분석을 제대로 하지 않고, 매출 목표나 수익 목표 등을 일률적으로 10% 올리는 방법을 강구했다고 하자. 이런 '오퍼레이션 사고'형 계획은 자사만을 전략의 틀로 여기는 것으로 근본적인 결함이 있다.

예를 들면 수익을 10% 올리기 위해 1만 원짜리의 상품을 일률적으로 1만 1,000원으로 올렸다고 하자. 그러나 경쟁사는 1만 원에서 9,000원으로 내렸다. 고객은 상품가치로 볼 때 8,500원 정도가 타당하다고 생각한다. 이런 상황에서 1만 1,000원짜리 상품이 팔릴 리가 없다. 자사 영역에서 가장 중요한 것은 '자사의 강점이 무엇인가', '자원을 효과적으로 활용하고 있는가'가 포인트이고, '고객과 경쟁사를 고려했을 때 어떠한가' 하는 균형도 생각해야 한다. 결코 자사 입장에서 독단적으로 판단해서는 안 된다.

3C 분석을 통해 전략의 구체적 방향을 제시할 때에는 시간 축도 동시에 봐야 한다. 비즈니스 전략이라고 하면 사람에 따라서는 먼 장래의 기업 비전을 포함해서 말하는 사람이 있지만, 전략의 시간 축은 그 먼 장래에 기업의 비전을 달성하기 위한, 가까운 장래의 시나리오를 의미한다(그림 5-3). 시간 축이 어긋나면 전략 구상에도 영향을 미치므로 주의해야 한다.

또 구체적 방향을 제시할 때에 자사, 자부문, 자신에게 있어서 의미가 충분한지를 생각해야 한다. 즉 전략에는 고유의 주체가 필요하다. 만약 주체를 바꾼다고 해도 성립되는 전략 시나리오, 심한 경우에는 업계를 바꿔도 성립되는 전략 시나리오는 전략이라고 부를 수 없다. 두뇌집단이라 불리는 ○○종합연구소가 매년 발표하는 업

그림 5-3 전략을 생각하는 범위

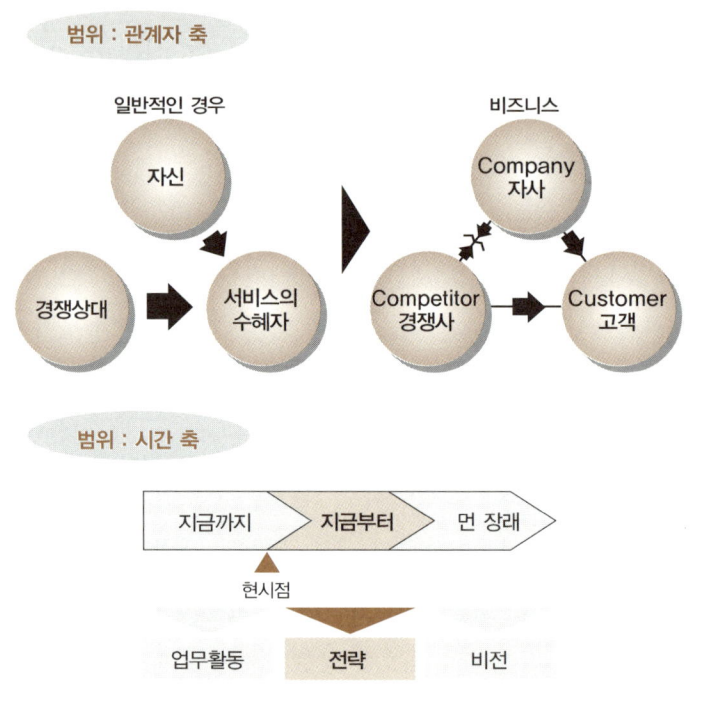

계의 장래 동향이나 환경분석 보고서에는 주체가 존재하지 않는다. 이들 보고서에 주체를 대입하지 않고 그대로 자사의 전략 시나리오로 썼다가는 실패하는 것이 당연하다.

◎ 3C 분석에서 선택·차별화·집중 방향 제시

고객, 경쟁사, 자사의 3C를 분석하여 자사의 상황을 파악했다면 그 다음은 어떻게 해야 하는가? 선택·차별화·집중에 의해 결정을 내리고 전략의 구체적인 방향을 제시해야 한다.

그림 5-4 전략의 3C와 선택·차별화·집중

1	고객층 모두에게 대응할 수는 없다	▶	어떤 고객의 니즈를 선택할 것인가?
2	경쟁사와 같은 시장에서 경쟁하면 고객에게 인지되지 못한다	▶	어떻게 차별화할 것인가?
3	자사의 자원(사람, 물건, 돈)에는 제약이 있다	▶	어디에 자원을 집중할 것인가?

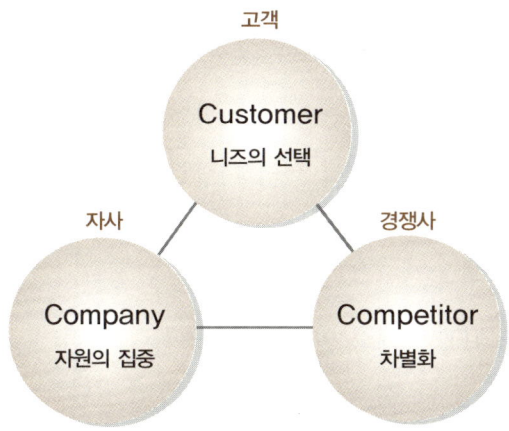

고객은 누구인지, 어떠한 욕구를 지니고 있는지 파악했다고 하자. 그러나 모든 고객을 타깃으로 해서 니즈를 충족시킬 수는 없으므로 어떤 고객의 니즈를 선택할 것인가에 대해 결단을 내려야 한다. 또 경쟁사에는 어떤 기업이 있고 어떤 시장에서 싸우고 있는지를 파악했다면, 이번에는 그 경쟁사와 어떻게 차별화할 것인지에 대해 생각해야 한다. 그리고 자사 분석을 통해 자사의 자원이나 강점을 파악했다면, 어디에 자원을 집중해야 할지 판단해야 한다. 이 선택·차별화·집중의 결단이 전략 시나리오의 구체적 방향이 된다.

즉, 3C 분석을 통해 도출되는 전략 시나리오의 구체적 방향은 '고객의 니즈를 선택해서 경쟁사와 차별화를 도모하고, 자사의 자원을 집중시켜 강점을 만들고, 장래에도 자사가 계속해서 우위를 확보하는 것' 이다(그림 5-4).

전략 시나리오의 구체적인 방향을 제시하는 단계에서는 '버리기' 를 잘 해야 한다. '선택' 은 선택하지 않은 상태에서 무엇인가를 고르는 것이다. 무언가를 선택한다는 것은 무언가를 버림으로써 리스크가 따르고, 버리기 위해서는 무언가 기준이 있어야 한다. 고객의 니즈를 선택한다는 것은 선택된 것 이외의 니즈를 버리는 것이기 때문에 어떤 고객의 니즈를 선택할 것인가 하는 기준이 명확하지 않으면 안 된다.

'차별화' 도 마찬가지다. 차별화라는 것은 경쟁사와는 다른 것을 창조하는 것이다. 눈에 보이는, 잘 실행될지 알 수 없는 경쟁사의 정책은 버려야 한다. 경쟁사를 모방해서는 안 된다.

그리고 '집중' 도 버리는 것과 연결되어 있다. 자사의 자원을 집중하는 것은 집중하려는 시나리오 이외에는 집중하지 않는 것, 그 외의 것을 버리는 것을 의미한다. 잃는다는 리스크와 판단을 위한 기준이 없으면 불가능한 일이다.

요컨대 3C 분석과 선택 · 차별화 · 집중에 의해 구체적인 방향을 제시하는 배경에는 항상 리스크가 존재하고 그것을 달성하기 위한 명확한 판단기준이 필요한 것이다(그림 5-5).

선택 · 차별화 · 집중의 반대는 망라(網羅)하는 것, 모방하는 것, 분산 · 확대하는 것이다. 이렇게 하면 선택 · 차별화 · 집중을 실행하는 것보다 간단하고 리스크가 따르지 않는다고 착각하기 쉽다.

그림 5-5 선택·차별화·집중

Active ↔ **Passive**

선택한다 ↔ **망라한다**
기준이 없으면 선택이 불가능하다 / 얼핏 기회손실이 작아 보인다

차별화한다 ↔ **모방한다**
창조하지 못하면 차별화는 불가능하다 / 결정적 패배는 없을 것이다

집중한다 ↔ **분산·확대한다**
리스크를 취하지 않으면 집중화할 수 없다 / 리스크는 분산시킬 수 있다

자기 나름의 판단 기준과 책임이 요구되고, 리스크도 높다

스스로 적극적으로 판단할 필요성이 낮고, 변명하기 쉽다

전략 사고를 몸에 익히고 있다면 '고객을 망라하고, 경쟁사를 모방하고, 자원을 분산·확대하는' 수동적인 길은 결코 선택할 리 없겠지만, 반면 능동적인 길은 수동적인 길에 비해 $10 \times 10 \times 10 = 1,000$

배 이상의 에너지가 요구되는 곤란한 작업이다. 그러나 그것이 불가능하다면 아무리 구체적인 방향을 제시하더라도 기업은 살아남기 힘들다.

고객을 선택한다

◎ **어떤 고객의 니즈를 선택할 것인가**

비즈니스에서는 상품이나 서비스를 제공받는 쪽인 고객에게 인지되는 가치의 최대화와 제공하는 데 필요한 경제적 비용의 최소화가 동시에 요구된다. 그러나 고객의 관점에서는 고객 커버율이 높을수록 고객이 느끼는 희소가치는 저하되고, 또 기업측이 다양한 고객의 니즈 모두에 대응하는 것은 소구(訴求)의 임팩트가 애매해져서 고객이 인지하는 가치는 점점 저하된다. 고객 커버율이 높을수록, 고객 임팩트는 저하되는 것이다.

반면 상품이나 서비스를 제공하는 기업의 입장에서 생각해 보면 단 한 사람을 위해서 상품을 주문받는다는 것은 비효율적이고 비용이 많이 든다. 그렇다고 해서 다양한 고객의 니즈를 100% 완전 대응하는 것은 막대한 활동 비용이 들어 불가능하다. 물론 매출 규모가 증가하면 고정비를 안고 있는 기업이 규모의 경제를 실현할 수 있겠지만 거기에는 한계가 있다. 즉 고객 커버율과 제공하는 가치/비용의 관계 속에 반드시 최적치가 존재한다는 것이다(그림 5-6). 이 '최적 커버율'의 존재를 무시하면 고객 확대를 도모하더라도 비

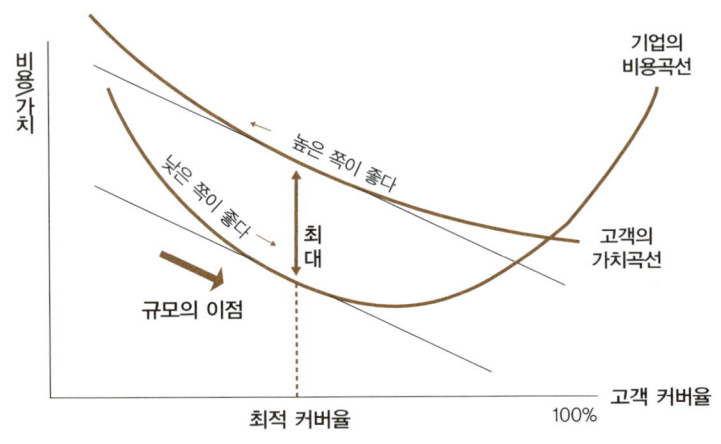

그림 5-6 고객 니즈의 선택 곡선

용의 비효율을 초래하여 결과적으로 고객을 잃게 될지 모른다.

요컨대, 고객을 100% 만족시키는 것은 불가능하고, 만족시키려 하면 비용은 무한대로 늘어난다. 그렇기 때문에 고객의 니즈를 선택하지 않으면, 고객에게 효율적으로 상품 구입을 권할 수 없다. 고객 니즈의 선택은 머리로는 이해해도 좀처럼 실천하기 어렵다. 예를 들면 상품개발의 초기 단계에서 젊은 여성을 노린 마사지 상품을 개발했다고 하자. 개발비가 당초 예상했던 것보다 더 들어간 완성품을 보고 나면, 젊은 여성을 타깃으로 개발했지만 어깨결림으로 고민하고 있는 30, 40대 주부나 고령자에게도 권하면 어떨까, 남성도 어깨결림을 신경쓰니까 온가족이 사용하는 것으로 생각하면 어떨까 하고 점점 고객을 넓게 설정하려 든다.

고객을 넓히면 판매 수량도 많아지고 생산비용에서도 양적 비용 절감을 도모할 수 있다. 이렇게 하면 틀림없이 예산보다 늘어난 개발비를 빨리 회수할 수 있을 것이다. 이렇게 점점 고객 커버율을 높여 간다. 그러나 커버율을 높이기 위해서는 비용도 늘어난다. 예를 들면 광고선전비가 있다. 매스컴으로 알리는 데는 TV CF가 최적이라고 생각해서 전국적으로 TV 광고를 한다. 젊은 여성을 겨냥했을 때의 제품 컨셉은 '언제 어디서나 핸드백에 넣고 다니며 가볍게 사용할 수 있는 마사지 상품'이었지만, 모든 고객을 커버하기 위해서는 상품 구입을 권장하는 포인트도 여러 가지 표현으로 하지 않으면 안 된다. 원래 매스컴을 겨냥한 상품으로서의 상품력이 있었다면 괜찮겠지만, 대부분은 그런 식으로 고객이 넓어지면 결과적으로 컨셉이 희미해져, 임팩트가 없는 상품이 되어 버리는 것이다. 그리고 비용만 늘어나고, 고객이 인지하는 가치가 떨어져서 누구에게도 팔리지 않는 상품이 되어 버린다. 최적 커버율을 완전히 잃어버린 것이다.

◎ 사례: 고객의 최적 커버율이 명암을 가른 커피숍 전쟁

도토루 커피, 프론트, 지래프 등 종래의 커피숍과는 달리, 싼 가격에 맛있는 커피와 빵 같은 가벼운 식사를 할 수 있는 커피숍이 계속해서 등장하고 있다.

커피 1잔을 180엔이면 마실 수 있는 '도토루'는 커피와 여러 종류의 가벼운 음식을 섞어서 파는 가게이다. 산토리에서 운영하는 '프론트'는 커피 1잔의 가격은 도토루와 거의 비슷하지만, 밤이 되면 다이닝바(dining bar: 식사와 함께 술자리를 가질 수 있는 음식점-역주)로 변신하는 이모작 가게이다. 기린맥주에서 운영하고 있는 '지래프'는 삼모작 가게로, 낮에는 커피숍, 저녁에는 맥주홀, 밤에는 바로 변신한다. 지래프는 다양한 모든 고객의 니즈를 충족시키기 위해서 오후 5시가 되면 30분간 일시적으로 가게를 닫고 상품의 진열부터 점내 인테리어도 그 자리에서 변경한다. 비용도 상당히 들어가는 가게이다.

도토루, 프론트, 지래프 모두 전국적으로 프랜차이즈 영업을 하고 있는데, 가맹점이 많은 것은 도토루, 프론트, 지래프의 일모작, 이모작, 삼모작 순이다. 즉 지래프와 같이 타깃을 확대하고 비용을 들여 삼모작을 한다고 해서 고객이 늘어나는 것은 아니다.

비즈니스는 농산물과는 다르다. 비용이 상승하기 때문에 타깃 확대가 프랜차이즈의 오너에게 매력으로 느껴지지 않고, 프랜차이즈 운영도 생각한 것만큼 넓어지지 않는다. 지래프는 '시간대마다 변화하는 니즈에 맞춘 삼모작으로 고효율의 판매를 실현' 한다고 프랜차이즈 오너 모집 안내에서 설명하고 있다. 'Around The Clock(점심 저녁 끊이지 않고)'를 컨셉으로 제한된 공간을 장시간 효율적으로 잘 활용해서 높은 가동, 높은 매출의 점포경영을 달성한다는 문구로 진행하고 있다.

프론트나 도토루보다 높은 매출로 높은 수익을 노릴 수 있다는 계산이었겠지만, 결과적으로는 그렇게 되지 않을 것이라 생각된다. 왜냐하면 지래프의 가맹점 수는 전국적으로 15개에 지나지 않기 때문이다(1998년 9월 시점).

앞의 마사지 상품이나 지래프의 실패 원인에는 몇 가지가 있다(그림 5-7).

첫 번째 원인은 고객이 인지하는 가치가 일정해서 변하지 않을 것이라고 마음대로 생각해 버린 것이다. 고객 커버율이 늘어나도

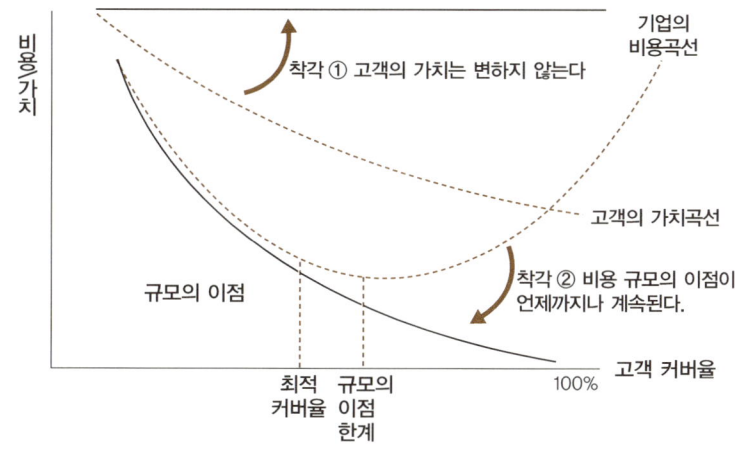

그림 5-7 고객 니즈 선택 곡선의 착각

한 사람 한 사람의 고객이 인지하는 가치에는 변화가 없을 것이라 생각한 것이다. 상품으로 생각해 보면 커버율이 늘어나도 상품 그 자체는 변하지 않은 것이고, 점포로 생각해 보면 서비스 내용은 바뀌지 않을 것이다.

희소가치라고 하는 관점에서는 어떨까? 상품 쪽에서 보면 누구나 가지고 있는 상품이라면 싫어하는 사람도 있을 것이다. 또 점포 쪽에서 보면 커피숍에 대한 이미지와 바의 이미지에는 차이가 있기 때문에 인테리어를 변경하면 고객의 변화는 없을 것이라고 착각한 것이다.

두 번째 원인은 비용 규모가 언제까지나 계속될 것이라고 생각한 것이다. 즉, 만들수록 비용 경쟁력이 생긴다고 하는 시장점유율 제일주의가 항상 들어맞는다고 착각한 것이다. 타깃을 제한하면 고객 범위가 작아지는 느낌이 들어서 확대하고 싶은 욕심에서 착각을 일으키게 된다. 그러나 앞의 마사지 상품과 같이 범위를 확대하기 위해 광고선전비가 생각보다 많이 든다면 비용 효율이 나빠진다. 고객 커버율의 최적치가 존재하는 것처럼, 규모의 이점의 한계치도 존재한다. 그것을 파악하지 않고 비용 규모만 추구해서는 반드시 실패한다.

고객 니즈를 선택한 결과 상품이나 서비스가 풀라인 체제가 되는 것은 상관없다. 그러나 그래도 우선은 선택에서 시작하는 것이 중요하다.

◎ **타깃·경우·편익을 압축한다**

그러면 어떤 식으로 고객의 니즈를 선택할 것인가? '타깃의 선택', '경우의 선택', '편익의 선택'이라는 소위 상품 컨셉 구축법에 의해 좁혀 나가는 것이 효과적이다(그림 5-8). 타깃의 선택이란 고객은 누구인가(Who), 경우의 선택이란 장소는 어디인가(When, Where), 편익의 선택이란 니즈는 무엇인가(What)를 결정하는 행위이다.

가오의 '카마이펫베가'는 물을 사용하지 않고 차를 닦는 세제로 발매 당시 기록적인 히트를 쳤다. 지금까지 세차는 상당한 중노동이면서 세차 장소상의 제약이 있어 남성이 해야 할 일로 인식돼 왔다. 그러나 카마이펫베가는 고객 타깃을 여성 운전자로 축소시켰다. 경우의 측면에서 보면 '세차는 맑은 날, 휴일에 시간을 들여서 한다'는 것에서 '언제 어디서나 차로 외출하기 전에'라는 새로운 습관을 제안한 것이다. 또 편익의 측면에서 보면 '물이 없어도 가볍게 세차'하는 종래에는 없던 완전히 새로운 개념을 제안하였다(그

그림 5-8 고객(니즈)의 선택

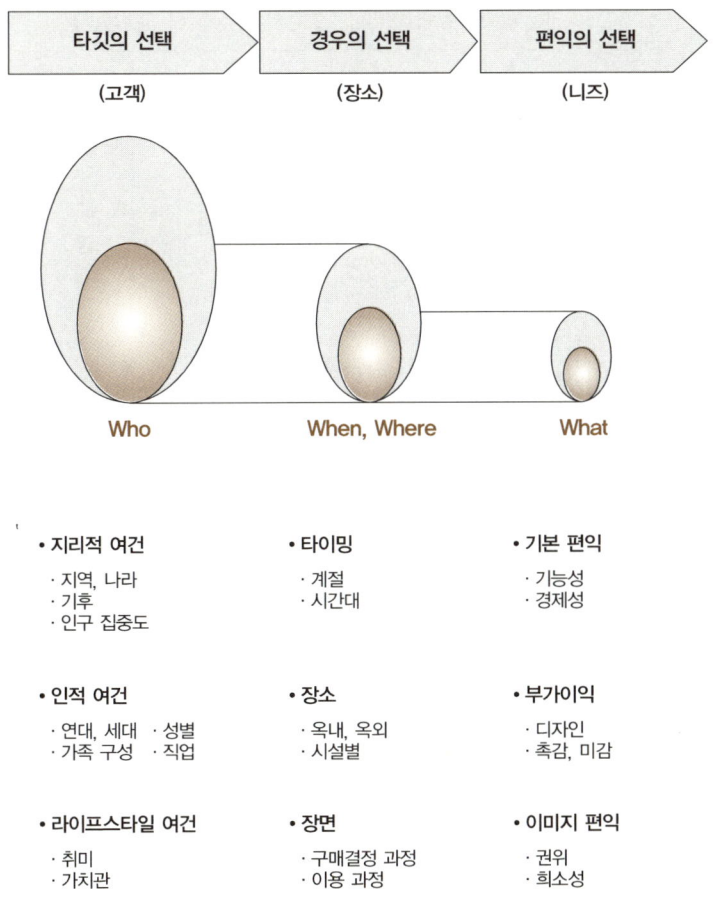

 결과적으로는 구입자의 반 정도가 여성이었던 것이 서서히 남성 구입자도 증가했다고 한다. 만약 처음부터 세차에 대한 기존의 욕구가 표면화돼 있던 남성을 타깃으로 했다면 어떠했을까? 물을 사

그림 5-9 고객(니즈)의 선택 예

상품·서비스의 예	타깃의 선택	경우의 선택	편익의 선택
하이브리드 카 '프리우스' 도요타	• 환경주의자 (환경에 관심이 많음)	• 도시형 가벼운 드라이브	• 연비 경제성 • 환경 생태학성
'포카리 스웨트' 오츠카제약	• 스포츠 애호가	• 운동 후	• 이온 보충 • 수분 보충
영양 보조식품 '위드 인 제리' 모리나가제약	• 아침을 먹지 않는 사람 • 바빠서 식사가 불규칙적인 사람	• 편의점에서 가볍게	• 영양보충 • 액체도 고체도 아닌 제리를 먹는 느낌
'카마이펫베가' 가오	• 여성 운전자	• 장소, 시간, 날씨와 상관없이 언제 어디서나 외출 전에 세차	• 물없이 세차 • 가볍게 세차
생명력 화장품 '아우라' 시세이도	• 피부에 콤플렉스가 있는 현대 여성	• 몸과 마음, 환경까지 생각한 도시 장면	• 최근 서양과학과 동양의 영지를 융합 • 대화와 체감의 판매 (오감력 카운셀링)
스칸디나비아 항공 (SAS)	• 국제선을 빈번히 사용하는 북유럽의 비즈니스맨	• 인터내셔널 비즈니스	• 신속하며 시간이 정확한 장거리 운송

용하지 않고 차를 닦는다는 행위에 대해 의문점이 커서 히트상품이 되지 않았을지도 모른다. 이러한 예를 통해 알 수 있듯이 고객 니즈를 선택하는 방법이 성공의 열쇠가 되는 것이다.

이와 같은 3단계에 의해 고객 니즈를 선택한다는 것은 민감도 높은 축을 찾는 어려운 작업이다. 어렵기 때문에 무심코 기존의 방법에 의해 볼 수 있는 경쟁상품을 노려서 적당한 축을 골라 포지셔닝 맵(positioning map)을 작성해서 마치 경쟁사와 차별화해서 새로운 고객 니즈를 발굴하고 있는 듯한 착각을 주는 마케팅 계획을 자주 발견할 수 있다.

그러나 진정으로 고객의 니즈가 거기에 있는지, 고객 세분화(segment)의 규모는 어느 정도인지를 음미하지 않으면 경쟁사가 모두 빗나가 버리는 경우도 있다. 고객을 철저히 이해하기 위해 대규모 시장조사를 해야 한다는 것은 아니다. 사용자의 소리를 철저하게 들을 필요가 있다는 것이다. 베가의 개발 당시에도 세차법을 철저하게 조사했다고 하는데, 처음에는 모니터 10명 정도에서 시작했다고 한다(『히트상품 100』). 한 사람 한 사람의 개인 인터뷰나 그룹 인터뷰에 의해 사용자를 이해한 가설을 구축한다. 특히 민감도가 높은 사용자, 대량 사용자에게는 철저하게 들어서 파악하는 것이다. 대규모 정량조사란 가설을 검증하는 것이고, 새로운 가설을 정량조사에 의해 추출하려는 것은 좋지 않다. 자신이 상품에 대해 가장 안다고 생각하게 될 때까지 자만하지 말고 사용자의 이해를 구하는 것이 중요하다.

◎ 고객 니즈의 구조 변화를 파악한다

상품이나 서비스의 타깃 시장이 되는 고객 니즈를 선택하기 위해서는 잠재 시장을 세분화하고, 무엇보다 민감도가 높고 규모가 큰 세분 시장을 찾아내야 한다. 이때, 제공하는 상품이나 서비스와 타깃으로 상정되는 고객 니즈가 서로 빗나가면, 자원이 쓸모없게 되

그림 5-10 고객(니즈)의 구조 변화: 대상의 누락과 해결책의 빗나감

큰 누락은 기회 손실, 빗나감은 자원 손실을 초래한다.
누락과 빗나감은 대부분 표리일체의 관계이다.

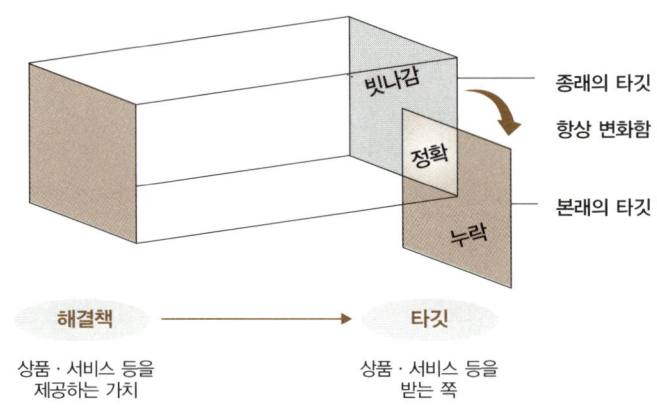

거나 누락이 발생하여 기회 손실이 발생한다(그림 5-10).

잊어서는 안 되는 것은 어떠한 시점에서 상정되는 고객의 니즈에 대해 상품이나 서비스가 빗나가지도 않았고, 누락도 없는 상태에 있더라도, 고객의 니즈가 나중에 변해서 자사의 상품이나 서비스가 빗나가 버리거나 새로운 고객의 니즈를 놓치게 되는 경우도 있다는 것이다.

고객의 니즈가 구조 변화하고 있는 상황에서 과거의 강점은 눈 깜짝할 사이에 진부한 것이 되고 약점으로 변질된다. 시장점유율 변화의 대부분은 구조 변화에 늑장 대응해 생기는 것이다.

구조 변화에 대응할 수 없는 것인가, 하지 않는 것인가?

가장 단순한 잘못은 시장 구조의 변화가 발생하고 있다는 것을 알아차렸으면서도 무시하는 경우이다. 실제로는 대응할 수 있으면서 구조 변화에 마음대로 시장의 틀을 좁게 한정해서 대응하지 않는 것이다.

예를 들면 스키와 스노보드의 시장을 살펴보면 전체적으로는 확대되었지만, 스키 수요는 스노보드 수요로 상당히 바뀌고 있다(그림 5-11).

반면, 스노보드는 지금까지의 스키 타깃과는 특성이 달라 신규 수요의 확대도 보이며 급속히 성장하고 있다. 이러한 시장환경 속에서 스키 수요에만 집착하고 있다면 아무리 높은 시장점유율을 자랑하고 있더라도 시장 축소와 함께 경쟁이 격화되어 매출이 하락할

그림 5-11 스키와 스노보드 시장

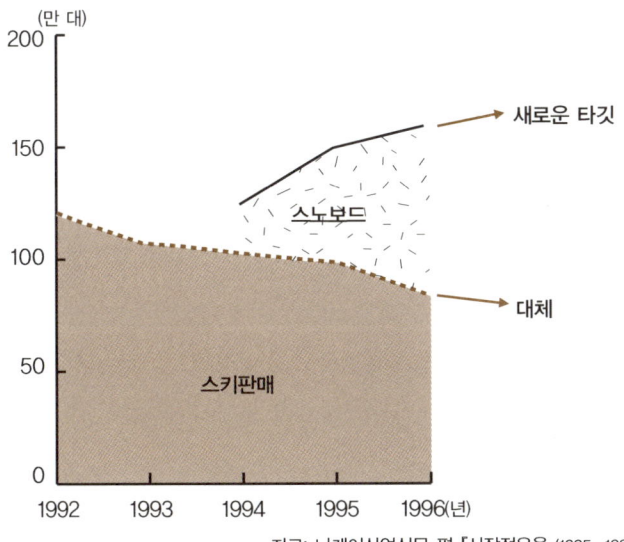

자료: 니케이산업신문 편 『시장점유율』(1995~1998)

것이다.

단, LP에서 CD로의 급격한 변화처럼 기반이 되는 기술 구조가 변한 경우에는 대응할 수 없다. 레코드 바늘 업계와 같은 경우이다.

또 가장 많이 볼 수 있는 것은 자사의 강점을 과신하거나, 자사의 강점에 속박되어 구조 변화에 대응할 수 없는 경우이다. 모든 선두기업 신화의 붕괴는 여기에서 발생하는 경우가 많다. 구조 변화는 파악했더라도 현 상황에서 강점인 채널과 인프라에서의 반발이 강해져서 대응할 수 없는 것이다. 또 구조 변화에 대응하기 위해서는 새로운 투자와 자원(기술, 영업)의 투입이 필요하고 한편으로는 자원의 분산에 의해 기존 서비스에 대한 리스크가 발생하기 때문에, 회피하고 싶다고 생각해 버리는 것이다. 예를 들어 가전제품 계열인 종합전기 메이커는 채널의 구조 변화에 대응하는 데 고전하고 있다.

시장의 구조 변화에 대응하는 데 실패한 예로서 1987년 아사히 맥주의 수퍼드라이 발매 직후 각 경쟁 맥주회사의 움직임을 들 수 있다. 아사히 이외의 각 맥주회사는 '드라이·生'을 요구하는 소비자층을 간과하는 한편, 과거 용기 전쟁의 연장에서 소비자의 니즈로부터 멀어진 것으로 생각하고 경쟁사만을 의식한 신상품 개발에 돌진했다.

맥주시장은 신상품으로 넘쳐나고 새로운 브랜드가 난립했지만, 그 중 대형 인기상품으로 육성된 것은 없었다. 시장점유율을 둘러싼 경쟁사끼리의 치열한 자리다툼은 고객 니즈와 동떨어져 일어났고, 고객 니즈에서 멀어질수록 시장점유율은 떨어지고 있었다. 이것이야말로 확실히 시장 구조 변화를 멋대로 무시하고, 좁은 틀 속에 스스로를 한정해 버렸기 때문에 나타난 실패였다.

고객 니즈의 선택은 처음부터 잘 되면 가장 좋지만, 중요한 것은 빗나갔을 경우에는 전략 사고에 의해 날쌔고 재빠르게 궤도 수정을 꾀하면 된다. 궤도 수정 자체가 고객 접점의 깊은 이해로 이어진다.

이 사고방식은 시장 도입에 성공한 뒤에도 계속해서 이어져야 한다. 왜냐하면 크게 성공하였더라도 시장 자체가 구조 변화를 하고 있는 경우는 '누락과 빗나감'이 동시에 발생하여 순식간에 바뀐 시장에서 뒤쳐질 수 있기 때문이다. 앞에서 서술한 파이오니어의 업소용 가라오케 기기의 늑장 대응도 같은 맥락이다.

관점을 바꾸어 벤처기업이 기존 시장에 신규 참여할 경우에는 시장의 구조에 편승하여 신속하게 대기업의 누락을 포착하여 받아들이지 못하는 한 이길 승산은 없다는 것이다.

◎ **사례: 표준화, 개방화의 흐름에 대응 못한 NEC의 98 노선**

NEC는 1980년대에 60%가 넘는 압도적인 시장점유율을 차지하고 있던 컴퓨터 분야 최고 기업이었지만, 현재는 약 35%의 시장점유율밖에 차지하지 못하고 있다. NEC는 표준화, 개방화의 흐름 속에서 '98'이라는 독자노선을 계속해서 고집했던 것이다.

이것은 자사의 압도적 강점이 시장의 변화에 늑장 대응하게 만들어, 세계 표준노선으로 전환하는 타이밍을 잘못 읽었다고 말할 수 있다. 물론 현재 98의 개발은 계속되고 있지만 실질적으로는 새로운 규격의 컴퓨터가 중심이 되고 있다.

98시리즈는 1982년 발매 이후 NEC의 달러박스 상품이었다. 이 98의 성공이 역으로 NEC가 전환을 결단하는 데 브레이크를 건 것이다. 이 배경에는 일본 기업의 해외진출 활성화도 들 수 있다. 해외 지점을 많이 가진 일본의 대기업이 세계 표준 규격의 컴퓨터를 사용하기 시작했기 때문이다. 대기업이나 유통 채널은 NEC에 대해서 제3의 독자노선을 변경하도록 충고했지만, NEC는 1997년까지 그 독자노선을 크게 변경할 수 없었다.

NEC는 시간이 많이 흐른 후에야 결과적으로 궤도수정을 할 수 있었다. 그러나 타이밍을 놓친 데 따른 악영향은 매우 컸을 것이다. 그리고 앞으로도 궤도수정을 했다는 데 안심할 것이 아니라 아직도 변화가 계속될 구조 변화를 방심하지 말고 받아들여 이번이야말로 타이밍을 놓치지 말고 대응해야 한다.

이상과 같이 3C분석 중 '고객의 선택'에 있어서는 '어떤 고객의 니즈를 선택해야 하는가' 그리고 '고객 니즈의 구조 변화를 어떻게 받아들일 것인가'가 중요하다. 더욱이 3C 중에서도 이 고객 니즈의 선택이 가장 중요하며 어려운 포인트다.

경쟁사와 차별화한다

◎ **어떻게 경쟁사와 차별화할 것인가-경쟁의 중복을 피한다**

차별화의 원점은 경쟁사와 겨룰 시장을 바꾸는 것이다(그림 5-12). 그러나 사고의 도덕적 해이에 빠져 있는 관리직은 새로운 아이디어에 대해서 '경쟁사는 이미 실행하고 있는가?' 라고 확인하려 든다. 차별화란 '경쟁사는 아직 손을 쓰고 있지 않네!' 를 확인하며 자사의 위치를 확실히 구축하는 것이다. 일본의 기업은 원래 차별화 의식이 약하다. 미국 기업이라면 경쟁사에 상담하러 가는 일 따위

그림 5-12 경쟁사와 차별화

차별화의 원점은 경쟁사와 겨룰 시장을 바꾸는 것이다

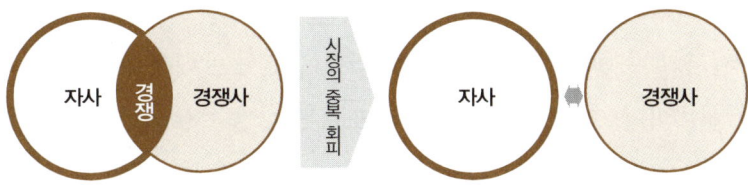

는 있을 수 없겠지만, 일본 기업은 경쟁사에 이야기를 듣기 위해 가는 것을 꺼리지 않는다. 이처럼 일본과 미국 기업 간 차별화 의식에 차이가 발생하는 것은, 첫째는 일본인은 '이질적인 것을 싫어한다'는 문화적 배경 때문이다. 이단을 배척하고 동질의 경쟁을 좋아하는 것이다. 공정한 것과 동일한 것이 잘 구별되지 않는다고도 할 수 있다. 그렇기 때문에 비즈니스에 있어서도 공정한 차별화를 꾀하는 발상이 좀처럼 성립하지 않는 것이다.

일본 경제의 성장·발전 단계에는 해외 상품이나 서비스를 모방하거나 벤치마킹만 하여 단순히 근면하게 비용경쟁에 힘쓰는 것만으로도 기업의 성장이 보장되었다. 그러나 글로벌화, 개방화된 성숙시장에서는 지금까지의 상황이 일변하여 본질적으로 차별화하지 않으면 살아남을 수 없다. 다음과 같은 이유 때문이다.

- 경쟁자와의 동일한 시장, 즉 제한된 시장 속에서 싸우고 있어서는 자사가 인지되지 않는 이상 고객에게 혼란을 준다.
- 비용 외 요인으로 차별화할 수 없으면 확실히 가격경쟁에 빠져 수익성을 압박한다. 즉 '공정한 차별화를 꾀하는 발상'이 요구되는 것이다.

◎ **사례: 차별화가 안 된 주택업계**

일본의 주택업계는 경쟁의 창조성에 관해서는 매우 나태한 업계 중 하나이다. 기기 변동에 의한 파도는 있지만 확실히 일정 범위가 보장된 시장 속에서 상호의존형의 동질의 경쟁을 하고 있다.

원래 대량생산 대량공급으로 저비용 실현을 목표로 하는 대기업에 의한 조립식 주택도 그 지역 중소 주택업자의 목조축조 구조의 주택에 비해서 결코 싸지는 않다.

일본 주택의 평당 단가는 토지 가격을 제외하고도 유럽과 미국에 비해서 약 2배 가까이 비싸다. 그 차이에 주목한 중소 주택 메이커 중에는 미국에서 직수입한 투바이포(2 by 4) 주택을 싼 단가로 제공하려고 하는 몇몇 회사가 나타났다. 1980년대 후반쯤이다. 투바이포 주택은 미국에서는 재래공법이었는데, 확실히 일본과 미국의 비용 비교를 실시하면 일본의 같은 넓이 주택의 약 절반 가격이다.

한편, 일본 투바이포 주택의 최고 메이커 미쓰이홈은 일본에 도입하기에 앞서 이 투바이포 주택을 해외 이미지의 고급주택으로서 자리매김을 했다. 미쓰이홈의 주택 전시장에 있는 모델하우스는 현관의 입구가 넓고 벽이 없는 건축양식(중간에 천장이나 마루를 두지 않고 2층 이상의 높이로 짓는 양식)과 같은 서민에게는 손이 가지 않는 호화스러운 것이었다.

그때 중소업체의 염가판매 투바이포 메이커는 어떠한 대책을 강구했는가? 대기업 주택 메이커와 똑같이 주택 전시장에 모델하우스를 꾸며 영업사원을 배치한 것이다. 그러면서 싼 평당 가격으로 제공하려는 자세는 있었지만, 이 모델하우스는 대기업의 화려한 모델하우스가 즐비해 있는 전시장 속에서는 초라한 산 속의 집으로밖에 보이지 않았다.

공간 활용, 넓이 모두 서민이 쉽게 접근할 수 있도록 설계했기 때문이다. 한편 부엌에는 왠지 공간 활용에 어울리지 않을 대형 GE냉장고가 덩그러니 설치되어 있기도 했다. 그러나 대기업과 비교해서 서민에게 쉽게 접근할 수 있는 범위로 설계했음에도 불구하고 가격은 그 정도 차이를 느낄 만큼은 아니었다. 비용 차이를 구성하는 요인은 여러 가지가 있지만, 전시장과 영업사원의 고정비용은 그 중 큰 요인이었기 때문이다. 전시장의 유지비와 연간 몇 동 판매하면 일정량을 달성시킬 수 있는 영업사원의 고정비용은 모두 가격에서 전가된다. 전시장 모델하우스의 한 동당 유지비는 연간 4,000~5,000만 엔의 판매비와 관리비로서 그것만으로도 고객에게 10% 가까운 비용부담을 시키고 있는 것이다.

이렇게 해서 국제가격의 2분의 1인 적절한 가격으로 주택을 제공한다는 획기적인 아이디어가 구체화되는 단계에서 최고 기업의 접근법과 똑같아지고만 것이다.

이래서는 전혀 차별화를 이루기 힘들며 물론 이길 승산은 없다. 열 동 이상 즐비한 전시장에서 고객이 진지하게 방문하는 것은 두세 동밖에 없다. 그런데도 모델하우스를 만들었기 때문에 저가격을 실현하지 못하고 결국 비용만 높아져 가격 차별화도 할 수 없게 되었다. 이것으로는 전략의 실행이 곤란하고 성공은 기대하기 어렵다.

투바이포 주택은 크면서도 가격이 싸다. 만약 중소 메이커가 이 특징을 최대한으로 살리는 미국 방식의 설계를 능숙하게 도입해서 대기업과 차별화하여, 전시장 판매 따위는 실시하지 않고 지역에 중점을 두고 범위를 좁힌 방문판매나 통신판매 같은 새로운 방법을 취했더라면 어떻게 되었을까? 최근 해외의 값싼 주택 구입 움직임 등을 살펴보면, 그와 같은 방법을 취했을 때 무척 다른 결과가 발생했을 것이 틀림없다.

◎ **사례: PHS 포지셔닝의 실패**

1997년에 접어들면서 PHS 수요가 빠른 속도로 감소했다. 해약자 수가 신규 가입자 수를 뛰어넘은 것이다. 이 PHS 부진의 원인은 시장점유율 확대를 위해 대리점에 판매장려금을 배분한 결과, 대리점이 무료로 기기를 나누어 줌으로써 PHS가 필요하지 않은 층까지 과잉 판매되었기 때문이라고 한다. 그러나 이는 포지셔닝에 의한 차별화의 실패라고도 할 수 있다(그림 5-13).

PHS의 원래 발상은 간이 휴대용 전화시스템으로 아날로그 방식의 무선전화를 디지털화한 것이었지만, 시장에 등장했을 때는 조금 정서가 달라져 있었다. 기본요금, 통신료, 단말기가 어쨌든 쌌다. 초소형 경량으로 휴대하기에 편리하고 지하철역 구내에서도 사용할 수 있다는 등의 이점이 부각되어 순식간에 '간이 휴대용 전화'로 자리매김했다. 또 발매 당시에는 데이터통신에 대응할 수 없었지만 통신료가 싸기 때문에 인터넷 접속에도 적절했다. 그리고 장래에 32kbps에서의 데이터통신이 가능하다는 것도 충분히 매력적으로 받아들여졌다.

1995년 7월 상용 서비스를 시작한 PHS는 불과 2년 만에 700만 명의 가입자를 모집했다. 한편 이에 맞서 경쟁하는 휴대전화는 1996년 12월에 휴대전화의 기본요금과 통신료가 우정성(통신부)의 인가제에서 신고제로 바뀌었기 때문에 몇 번에 걸쳐 요금인하를 단행하여 가격공세를 강화했다. 그 결과 당초는 1만 엔 이상이던 휴대전화와 PHS의 표준 월간 청구 요금액의 차이가 1997년 6월에는 2,500엔 정도까지 줄어들었다. 또 휴대전화의 중량이 100그램 정도 줄어들면서부터 차이가 더욱 줄어들었다.

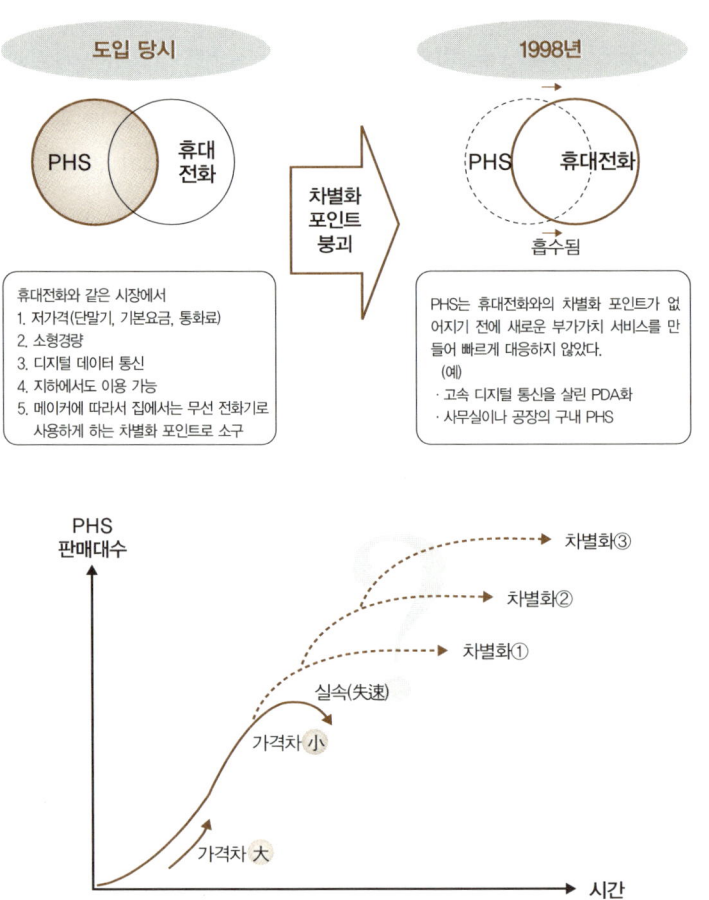

그림 5-13 PHS: 차별화의 문제

PHS의 최대 판매 포인트인 요금 차가 줄어들고 또한 중량 차도 없어졌으니 어떻게 되었을까? PHS는 휴대전화에 비해 도시외곽 지역과 자동차나 전차 등으로 이동할 때는 접속이 잘 되지 않는 점이 크게 부각되어 결과적으로 PHS의 존재 의의가 없어지게 된 것이다. 또 원래는 데이터 통신의 이용에 중점을 두고 개발되었으나 32kbps의 고속 디지털 통신 서비스의 개시가 1997년 4월로 미뤄진 것도 PHS의 쇠퇴에 한몫을 했다.

결국 PHS는 제품이 어중간한 채로 휴대전화와 같은 시장에서 경쟁했기 때문에 본래 가지고 있던 특징을 잃어버린 것이다. 휴대전화와 차별화하여 사무실과 공장 구내에서 사용하는 PHS로 전개하거나 PHS를 PDA나 노트북에 집어넣는 등 상품개발을 좀더 신속하게 하지 못하고, 가격 차가 무너지기 전에 재빠르게 휴대전화와의 차별화 포인트를 창출하지 못한 것이 실패의 원인이다.

◎ 새로운 시장의 '창조'에 의한 차별화

전략상 경쟁자와의 차별화를 꾀하기 위해서는 동일 시장에서 포지셔닝하지 않는 것이 가장 중요한 과제다. 중복을 피하고 차별화를 도모하기 위해서는 다양한 고객과의 접점을 발생시킨다. 고객이 지각하는 상품이나 서비스의 하드 요인에서 소프트 요인 모두를 차별화의 대상으로서 받아들일 필요가 있다.

물론 같은 시장에서 똑같이 경쟁해서 승리하고 살아남는 기업도 있다. 그러나 그것은 경영자원이 풍부하고, 비용 효율성이 높고, 의사결정이 신속한 기업으로 제한된다. 그런 기업은 차별화를 도모하기 위해서 경쟁사를 의식하고, 마켓 리더를 벤치마킹하고 업계 고유의 KFS(Key Factor for Success : 성공의 열쇠)를 추구한다. 전략상의 벤치마킹은 업무능력을 높이는 벤치마킹과는 달라서 정상의 기업밖에 통용되지 않는 것이다. 즉 정상에 있는 기업이 아니라면 중복을 피하고 다른 시장에서의 경쟁을 목표로 하지 않으면 이길 승

그림 5-14 차별화의 방법

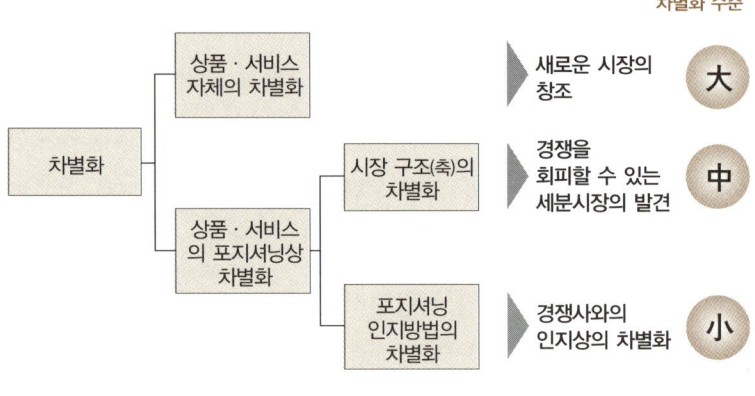

산이 없다.

　더욱이 차별화의 수준은 크게 3가지가 있다(그림 5-14). 우선 첫째는, 상품이나 서비스 자체를 차별화하는 것이다. 이것은 본질적 차별화이며, 새로운 시장을 창조하는 것이다. 이러한 차별화를 꾀할 수 있다면 이상적이다. 두 번째는, 시장의 구조를 바꾸는 차별화이다. 셋째는, 경쟁사와의 인지상의 차별화이다.

　새로운 시장의 '창조'에 의해서 경쟁사와 차별화한다는 것은, 가오의 카마이펫베가와 같이 고객의 니즈를 선택해 새롭게 시장을 창출하는 것으로 차별화하는 것이다. 그것은 고객의 니즈를 철저하게 분석하여 새로운 가치를 발견함으로써 창출된다고 해도 좋을 것이다.

◎ **사례: 파이롯트의 닥터 그립의 대성공**

　파이롯트가 1997년 11월에 발매한 정가 500엔의 볼펜 '닥터 그립 (Dr. Grip)'은 1998년 11월 말까지 5,000만 자루라는 획기적인 매출을 기록했다. 그동안 100엔짜리 보급형 볼펜을 제외하면, 한 가지 브랜드로 100만 자루를 판매하면 대성공이었다. 그것을 생각하면 이 닥터 그립의 5,000만 자루라는 매출은 경이적인 숫자라고 말할 수 있다. 닥터 그립이 나온 배경에는, 보통의 볼펜을 사용하고 있으면 목, 팔, 어깨에 상당히 부담을 주어 목, 팔, 어깨 등에 통증이 온다는 데이터가 있었다. 그 수는 가벼운 증상을 가진 사람까지 포함하면 일본에서만 200만 명이 넘는다고 했다.

　개발자는 이 숫자에 착안하여 목, 어깨, 팔에 부담을 주지 않는, 닥터 그립을 개발했다. 닥터 그립은 조사 결과, 목, 팔, 어깨 통증이 심한 사람이라 해도 비교적 편하게 장시간 사용할 수 있는 것이었다. 이런 고객 니즈를 해결하는 데 직접적으로 성공한 닥터 그립은 500엔이라는 가격에도 불구하고 고객이 생각하는 비용을 상회하는 가치를 창조하는 데 성공한 것이다.

　만약 새로운 시장의 '창조'에 의한 차별화라는 관점에서 이 데이터를 받아들이지 않았다면 어떻게 되었을까? 아마 종래 상품인 볼펜의 필압(글을 쓸 때의 압력)을 가볍게 하는 따위의 작은 변화만을 주었을 것이다. 그것으로는 경쟁자와 같은 시장에서 싸우는 것이 되어 닥터 그립과 같은 대성공으로는 이어지지 않았을 것이다. 이 성공은 어디까지나 새로운 시장의 '창조'에 의한 차별화라는 사고방식이 탄생시킨 것이다.

◎ **시장 '구조(축)'의 차별화**

　상품이나 서비스의 포지셔닝을 위한 차별화를 진행할 때, 특히 시장 '구조(축)'의 차별화를 도모하는 것은 경쟁 회피의 세그먼트를 발견하는 것이다. '구조'의 차별화란 시장의 포지셔닝 맵을 같은 틀 속에서 더욱 세분화해 봄으로써 생기게 된다. 다른 구조를 선택하는 것이다.

　예를 들어 컴퓨터 시장을 크게 조감하면, 데스크톱 컴퓨터와 노트북 컴퓨터 시장이 있다. 또 초보자용 혹은 가정용이라는 시장과 기업용이라는 시장이 있다. 이 구성을 세분화해 본 결과 휴대용 컴퓨터 시장이 보이고, 그 휴대용 컴퓨터의 포지셔닝 맵 속에서 '전자메일 전용기'라는 범주가 보인다. 종래의 컴퓨터 메이커가 아닌, 만약 신규로 컴퓨터 시장에 참여하려는 기업이 있다고 한다면, 이 '전자메일 전용기'로 특화하는 것이 경쟁자와 '구조'상의 차별화를 꾀하고, 직접 경쟁을 피한다는 것으로 이어질 것이다.

◎ **사례: 시장 '구조'상의 차별화를 실천하는 롬 사**

　롬 사는 맞춤 리니어 집적회로(Custom Linear IC)로 전문업종 정상의 자리를 차지하고 있는 직접회로, 반도체 소자의 중견 메이커이다. 대기업 반도체 메이커가 치열한 경쟁 속에서 채산성 악화, 적자로 전락하여 철수를 고려하는 상황에서 롬 사는 시장을 바꾸어서 차별화를 시도하고 있는 기업이다.

　대기업 반도체 메이커가 첨단기술과 거액의 설비투자로 양과 비용 면에서 치열하게 서로 경쟁하는 DRAM(기억보존 동작을 필요로 하며 수시로 읽고 쓰기를 하는 기억장치) 시장에서 뼈를 깎는 고통을 견뎌내고 있던 중, 롬 사는 시장을 바꾸어 약간 검소한 SRAM(기억 보존 동작이 불필요하며 수시로 읽고 쓰기를 하는 기억장치)으로 특화하여 차별화, 고수익을 달성했다.

더욱이 롬 사는 고객대응 면에서도 가격의 저렴함뿐만 아니라 '사용자에게 밀착한 서비스'와 '신속한 문제 대응'이라는 평가를 얻어서 차별화를 강화하고 있다.

이와 같이 롬 사는 대기업이 경쟁에서 뼈를 깎는 고통을 견디고 있는 분야에서도 경쟁의 틀을 조금씩 빗겨 나옴으로써 독자적인 제품, 독자적인 제조기술로 대기업과의 직접적인 경쟁을 피하고 팩스와 프린트 등에 사용하는 터미널 헤드(Thermal Head) 등에서 최고 시장점유율을 얻으며 육성하고 있다.

롬 사 사장은 '리스크가 없으면 성장도 없습니다. 그 속에서 어떻게 비즈니스 기회를 잡는가, 이것이 경영의 가장 재미있는 점 아니겠습니까?'라고 전략 사고의 본질에 관해 코멘트하고 있다.

◎ 포지셔닝 '관점'의 차별화

경쟁사와 차별화하는 데는 관점을 바꿔, 인지상의 차별화를 도모하는 방법이 있다. 이것은 같은 상품이나 서비스면서도 부가가치를 더해 고객이 경쟁사와는 전혀 다르게 인지하게 하는 차별화이다. 이 방법이 자주 사용되는 분야는 디자인, 브랜드 네이밍, 패키지 등 상품의 표현 방법, 광고, 판촉이나 PR에 있어서의 표현 방법을 바꾸는 것이다.

예를 들어 소니의 IC 레코드 '보이스메모'는 손 안에 쏙 들어오는 크기로 최대 24분간 녹음할 수 있는 상품이다. 이 제품은 기존에 존재하는 휴대용 카세트 레코드 시장에 속한다. 그러나 이름을 '보이스메모'로 한 것에서 초소형 녹음 카세트가 아닌, 이름대로 '목소리를 녹음하는 메모장'이라는 접근법이 완성되었다. 이와 같이 전혀 다른 시장을 창조한 것과 같은 접근법으로 '보이스메모'는 경쟁사와 완전히 차별화하는 데 성공했다.

◎ 사례: '축'의 차별화를 꾀하는 신속 마사지

'신속 마사지'는 1,500~2,000엔으로 15분 동안 마사지를 해주는 새로운 서비스로서 도시를 중심으로 폭발적으로 점포가 늘고 있다.

지금까지 마사지 주로 오래된 맨션아파트 상가에 입주해 있어 드나들기가 꺼려지고, 30분에서 1시간에 5,000엔 이상 드는 고가의 서비스 상품이었다. 또 마사지를 받을 때 옷을 갈아입어야 한다는 점에서도 나이든 중년의 남녀가 가는 곳이라는 개념이 박혀 있었다.

그러나 신속 마사지는 젊은이가 많이 모이는 역 부근에 자리잡았다. 처음에 손님이 편하게 드나들 수 있고, 옷을 갈아입을 필요도 없고, 가격도 저렴하다는 점에서 사무직 여사원을 중심으로 한 여성들에게 호응을 받고 있다. 점포도 살롱처럼 인테리어하고 허브차를 내놓는 등의 서비스를 실시한 결과 마사지라기보다도 '편안하게 쉬는 공간'이라는 새로운 인지에 성공했다.

3C 영역 '경쟁사와의 차별화'에 있어서 원점은 중복의 회피이다. 그렇기 때문에 상품이나 서비스 그 자체에 의해 새로운 시장을 창조하거나, 또는 시장의 구조(축)를 바꾸거나, 고객에 대한 인지의

그림 5-15 차별화의 패턴과 예

차별화의 패턴	차별화 예	
상품·서비스의 차별화	상업용 왜건과는 다른 가정에서 이용하는 RV시장의 창조 혼다의 '오디세이', '스텝 왜건'	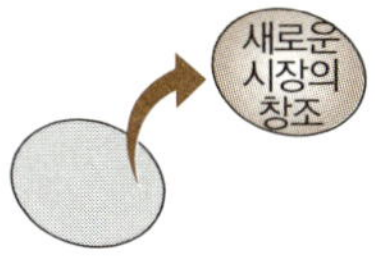 새로운 시장의 창조
시장 구조의 차별화	전동보조 자전거는 '간이 오토바이'가 아니라 '편안한 자전거'라고 소구 야마하의 '파스'	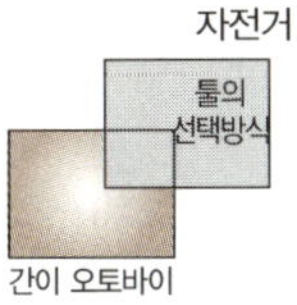 자전거 / 툴의 선택방식 / 간이 오토바이
포지셔닝 인지방법의 차별화	발포주 시장에 있어 기린담려·生을 맛있고, 싼 맥주로 차별화 기린의 '기린담려·生'	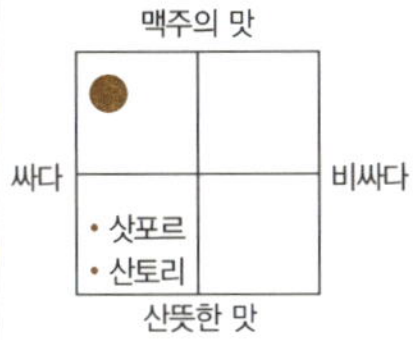 맥주의 맛 / 싸다 · 비싸다 / 삿포르 · 산토리 / 산뜻한 맛

차별화를 도모하는 것 등으로 최대한 차별화하는 방법을 발견하는 것이 중요하다. 경쟁이란 같은 틀에서 경쟁하기 때문에 발생하는 것으로, 각각 다른 시장에서 승부를 겨룬다면 경쟁이 발생하지 않는다. 차별화에 의해 가능한 한 경쟁이 적은 시장, 혹은 강점이 있는 시장을 선택하는 것이 중요하다(그림 5-15).

자사의 자원을 집중한다

◎ 경영자원의 우선순위를 어떻게 매길 것인가

경영자원의 우선순위를 매긴다는 것은 경영자원을 집중하고 독자적으로 강한 장치를 구축하는 것이다. 경영자원이란 자사(자부문 또는 자신)가 가지고 있는 '사람, 물건, 돈, 시간'을 의미한다. 전략 시나리오의 구체적 목표를 설정하는 데는 이 경영자원을 어떻게 배분할지 그 우선순위를 정하는 것이 중요하다. 이것이 자사의 자원을 집중시키는 것이다(그림 5-16).

일본 기업의 대부분은 오랫동안 합의제에 의해 의사결정을 해 왔기 때문에 다각화의 일환으로 시작한 신규사업이 시장에서 명백히 실패했더라도, 사업철수의 의사결정을 내릴 수 없는 경우가 있다. 최악의 경우 사업을 추진한 담당임원이 은퇴할 때까지 의사결정을 내리지 못할 수도 있다. 이것이야말로 경영자원을 집중할 수 없는 상황이 아닌가?

또 자원 배분의 우선순위를 매기는 것은 사업에만 국한되지 않는다. 자사의 비즈니스 틀 안에서 기능의 우선순위, 상품 개발력이나 기술 개발력 같은 스킬의 우선순위, 지역전략의 전개 범위의 우선

그림 5-16 자사의 강점에 자원을 집중

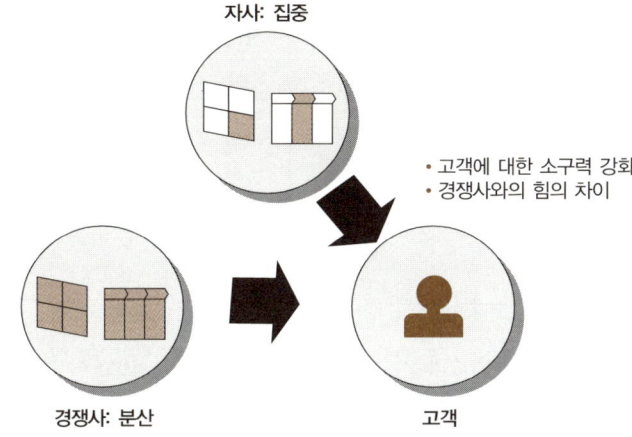

집중 패턴	집중 예 내용	집중 예 기업
사업 집중	• 1위 또는 2위 사업에 집중 • 재무체질 강화를 위해 도너츠 사업(최대한 126점) 철폐	GE, 요시노아
상품·서비스 집중	• 경·소형차에 집중 • 랩탑·노트북 컴퓨터로 집중	스즈키, 도시바
전개 지역 집중	• 대도시권에 집중 출점	HMV
기능·스킬·시스템 집중	• 액정기술 집중 투자	샤프
전개시간 집중	• '0'이 붙은 날은 도너츠 100엔으로 균일하게 인하. • 가격인하 캠페인 집중	미스터 도너츠

순위, 혹은 소구할 만한 타깃의 우선순위, 어느 시기에 프로모션을 집중시켜야 하는가 하는 시간의 우선순위를 매겨야 한다.

이러한 경영자원의 집중은 돈이나 물건(생산설비와 판매의 인프라)만이 아니고 유동화가 가장 어려운 사람에 관한 조직의 스크랩 앤드빌드(Scrap and Build: 비능률적인 설비를 폐기하고, 이를 능률적인 신예설비를 대체하는 일-역주)가 관계되기 때문에 가장 고도의 의사결정이 요구된다.

왜 우선순위를 매길 수 없는지는 다음의 이유를 생각해 볼 수 있다.

- 자사 비즈니스의 강점에 초점이 맞춰져 있지 않다.
- 집중하면 리스크가 커진다. 뒤집어 보면 분산하면 리스크도 분산된다고 착각하고 있다.
- 평가, 가치기준이 애매하기도 하고 공유되어 있지 않기 때문에 묘수를 짜낼 수 없다.
- 비즈니스 활동과 사람의 문제를 함께 생각하기 때문에 분리할 수 없다.

그럼 왜 우선순위를 매겨야 하는가?

- 자사의 경영자원은 유한하고,
- 경쟁사와의 상대적 힘의 차이가 소구력의 차이이며,
- 집중화에 따른 소구력이 없으면 고객에게 전달되는 임팩트가 약해지기 때문이다.

이상의 관점에서 어떻게 우선순위가 필요한지, 그리고 왜 우선순위를 매기는 것이 어려운지 알 수 있으리라 생각된다. 그럼 자사의

그림 5-17 자원집중 패턴의 예

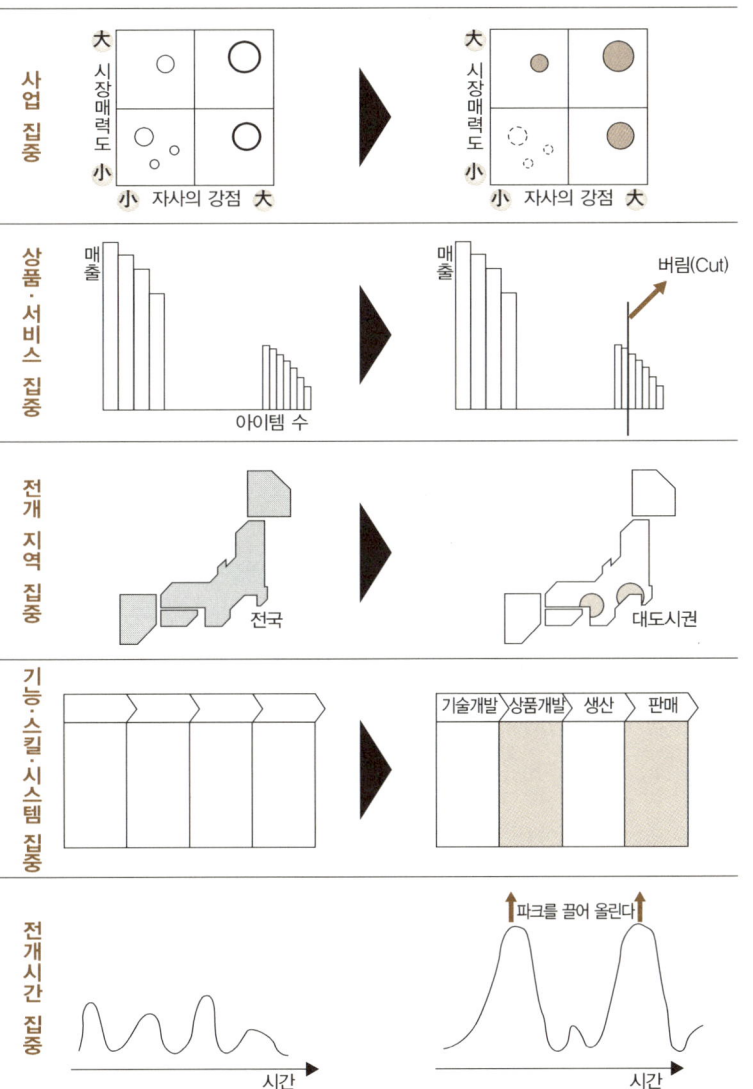

강점에 자원을 집중하는 패턴을 생각해 보자. 전형적 패턴은 다음의 다섯 가지다(그림 5-17).

- 사업 집중
- 상품이나 서비스 집중
- 전개 지역의 집중
- 기능·스킬·시스템의 집중
- 전개 시간의 집중

◎ **사업 집중**

사업 집중에서 유명한 예로는 GE를 들 수 있다. GE는 사업 우선순위를 매기기 위해 포트폴리오 관리를 행하고 있다(그림 5-18). 이 포트폴리오는 자사의 강점과 업계의 매력도라는 관점에서 사업의 우선순위를 매긴 다음, 지킬 것, 성장을 위해 투자할 만한 것, 버릴 것 등을 결정한다.

그리고 경영자원을 1, 2위 사업에 집중함으로써 미국에서는 코카콜라와 함께 우량기업 리스트의 상위에 랭크되어 있다.

일본의 예를 들어보자. 소고기덮밥으로 알려진 요시노야는 1998년 8월에 지금까지 손대지 않았던 던킨도너츠 사업에서 철수하고, 새 업태에 경영자원을 집중하기로 결정하였다. 이 던킨도너츠 점포는 1988년에는 125개 점포였던 것이 1997년 2월에는 53개 점으로 줄고 경영자원을 압박하고 있었다. 도너츠 부문의 수익이 악화된 데에는 밀가루를 사용하는 상품 분야의 기술혁신 속도가 빠르고, 벨기에 와플, 쿠이니맨 등 신제품이 속속 등장하면서 편의점이 갓

그림 5-18 GE의 포트폴리오

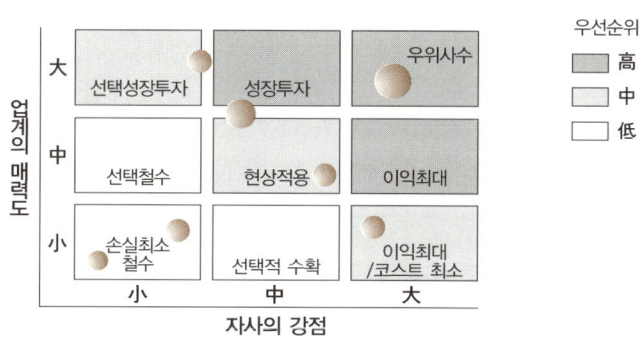

자료: 오마에 겐이치 저, 『기업참모』(1985)

GE의 평가기준 예

업계의 매력도

평가기준	지 표
1. 시장 규모	3년 평균의 업계 규모(달러 가격)
2. 시장성 창출	10년간의 실질 연평균 시장성장률
3. 산업의 수익성	사업단위 및 3대 경쟁사의 3년 평균 매출이익률(ROS): 명목, 인플레이션 조정 후
4. 순환성	매출의 경향치로부터의 연 평균율
5. 인플레이션의 대응	가격변화율과 생산변화율에 대한 인플레이션에 의한 코스트 변화율, 5년간 평균
6. 비아메리카 시장의 중요성	국제시장의 전시장에 대한 비율, 10년간 평균

자사의 강점

평가기준	지 표
1. 시장의 지위	시장독점률(전체 시장), 3년간 평균 시장점유율, 3년간 평균 상대적 시장점유율(SBU 대 3대 경쟁사)
2. 경쟁사의 지위	이상의 점에서 경쟁상대보다 지위가 상위인가, 동등한가, 하위인가 품질, 기술상의 리더십 제조, 코스트상의 리더십 유통, 마케팅의 리더십
3. 상대적 수익률	3년간의 사업단위의 매출액 이익률 마이너스 평균 매출액 이익률(3대 경쟁사 평균): 명확, 인플레이션 조정 후

자료: 『세미나 경영학 입문』

구운 빵에 손대는 등 소매, 외식사업 등 여러 가지 업태가 힘을 쏟아 붓는 경쟁의 격화라는 배경이 있었다. 그러나 던킨도너츠는 상품으로서의 차별화를 꾀하지 않아 업태간 경쟁이 심한 가운데 살아남기 힘들어졌다. 요시노야는 앞으로 카레 전문점, 반찬 전문점, 주점 등의 새로운 업태 쪽으로 경영자원을 집중하기로 했다.

◎ 상품이나 서비스 집중

상품이나 서비스를 집중한 대표적인 예는 아사히 맥주의 슈퍼드라이다. 물론 아사히는 흑생, 퍼스트 레이디 등 여러 종류의 브랜드를 내놓고 있지만, 자원집중 면에서 보면 슈퍼드라이에 경영자원을 상당히 집중하여 사업을 전개하고 있다.

다른 한편으로 멀티 브랜드 전략을 취한 기린은 라거 맥주, 이치반시보리, 기린담려·生의 3가지에 경영자원을 집중하고 있다. 사업의 집중과 다른 점은 이처럼 일정 상품이나 서비스에 보다 초점을 맞춰 집중화를 꾀하는 것이다. 이 상품이나 서비스의 집중은 소비자의 선택에 따라 보장받는다.

예를 들면 도쿄 내에 여러 점포를 운영하고 있는 스포츠클럽의 경우, 낮 시간에 찾아오는 주부를 겨냥한 특별 코스를 설정하여 일반 코스보다도 요금을 낮추고, 다이어트 클래스나 요통 클래스 등의 프로그램을 신설하는 것으로 고객 개척을 시도하고 있다. 이것은 고객의 선택에 따라 나타나는 서비스의 집중이라고 말할 수 있다.

소프트웨어업계로 눈을 돌려보면 저스트 시스템과 마이크로소프트의 경쟁을 들 수 있다. 일본어 워드프로세서 '이치타로우'로 급

성장한 저스트 시스템은 1998년 3월 결산에서 창업 이래 처음으로 적자로 전락한다. 1997년 10월에 기업공개를 하려고 할 즈음 적자 결산이 되어 주식시장을 비롯하여 여러 경제지에 오르내렸다. 저스트 시스템의 경영이 악화된 가장 큰 원인은 기업 규모를 넘은 상품과 기능의 풀라인 전략에 의한 자멸이라고 할 수 있다. 마침 거품경제의 한가운데 있었기 때문에 마쓰다 자동차가 풀라인, 풀 커버리지, 풀 채널 전략으로 위기 상황에 빠진 것과 매우 닮았다.

이치타로우라는 넘버원 상품을 가지고 있음에도 저스트 시스템은 일본어 워드프로세서라는 대단히 폐쇄적인 시장에서 마이크로소프트에 대항하기 위해 '이치타로우 오피스'를 개발한 것이 결국 자원을 분산한 결과가 되고 말았다. 즉 마이크로소프트를 지나치게 의식한 나머지 제품의 종류를 늘리고, 마이크로소프트가 가진 제품, 기능을 모두 끌어들이려 한 것이다.

그러나 이치타로우 오피스는 마이크로소프트 오피스에 대항할 수 없었고, 이치타로우의 소프트웨어 개발자원도 약해져 그때까지는 분명히 우위였던 일본어 워드프로세서 이치타로우도 마이크로소프트와 차이가 없어져 버리는 정말 어려운 상황에 빠졌다. 1997년 9월부터 1998년 3월까지 매출 목표 170억 엔(180만 개)이었던 것이 실제 매출 74억 엔(80만 개)으로 반 이하로 뚝 떨어졌다. 만약 저스트 시스템이 이치타로우에 집중했다면 상황은 지금과는 분명히 달랐을 것이다.

◎ **전개 지역 집중**

전개 지역의 집중이란 상품이나 서비스를 전개 지역이나 점포의 출점 지역 등에 집중함으로써 '자원을 효율적으로 배분'하는 것이다. 포인트는 집중을 통한 매니지먼트나 프로모션상의 효율화를 들 수 있다. 그리고 집중 범위 내에서 고객에 대한 소구력을 최대한으로 높일 수 있다.

외국자본계 음반유통사 프랜차이즈 출점 전략에서 경영 전략의 집중을 살펴보자. 1980년대부터 1990년대의 초반까지 수입레코드는 아직 마이너 상품이었다. 타워레코드가 유일하게 일본 내 몇 군데에 출점하고 있는 것에 불과했고, 도로변 같은 번화가에는 출점하지 못하고 있다.

1991년 상황이 크게 변한다. 영국 최대 음반유통사인 버진 메가스토어와 당시는 큰 레코드 회사였던 EMI계 HMV가 일본 시장에 상륙했다.

이 두 회사는 시내에서 가장 번화한 곳에 해외 대형 매장과 견주어 손색이 없는 형태로 출점했다. 경기나 임대업법의 규제 완화 바람을 타면서 출점 공세는 더해 갔다. 이때 출점 전략으로 대도시권 집중 전략을 취해서 성공한 곳이 HMV이다. HMV는 한 지역에서 2개 이상의 점포를 출점하는 도미넌트(dominant; 일정 상권 내 집중 출점 방식)를 기본으로 '지역 1위'를 표방했다. 1998년 현재 도쿄 안에 8개 점포, 오사카에서 4개 점포를 열었고, 한 점포당 매출은 외자계 3사 중 가장 높다고 한다.

한편 대형 매장인 '이치반노리'를 운영하면서 라이벌을 지나치게 의식해 지역에 집중하지 않은 타워레코드는 채산이 맞지 않는 점포가 많아져 출점 전략을 바꾸어서 스크랩앤드빌드를 하게 되었다.

◎ 기능·스킬·시스템으로의 집중

비즈니스 시스템상 가장 강점이 되는 기능·스킬·시스템에 경영자원을 집중하는 것으로 고객의 평가를 높이기도 하고, 고객에 대한 비용을 낮춰 비용 경쟁력을 높일 수도 있다.

센서 등 제어기 관련 기업 키엔서는 1997년 3월 매출 40억 엔, 경상이익 235억 엔의 높은 수익을 자랑한다. 상품기획, 개발은 자체적으로 진행하되 생산은 외부에 위탁한 공장 없는 기업이다. '고객으로부터 개량의 욕구는 나오지만 관점이 다른 얘기는 나오지 않는다'는 자세를 기본으로 상품개발을 전문으로 하는 스태프가 새로운 시장을 창조한다. 상품개발 기능에 경영자원을 완전히 집중하고, 다른 기능은 외부에서 아웃소싱을 해 철저한 효율화를 꾀해 성공하고 있다. 커엔서야말로 고객의 가치를 최대한으로 높이기 위해 기능과 스킬에 집중한 사례다.

또 하나의 예로 시장 규모가 1,000억 엔인 일본 포테이토칩 시장을 70%나 점유하고 있는 카르비를 들 수 있다. 카르비는 본래 히로시마를 거점으로 한 엿과자 회사였다. 당시 사장이 말린 새우에다 조미료밖에 사용하지 않은 부가가치가 낮은 상품에서 탈피해, 독자적인 제조법에 의해 새우를 통째 사용하는 뭔가 새로운 상품을 만들 수 없을까 생각했다. 그리고 낮은 비용으로 재료를 조달할 수 있는 원재료 조달력과 부가가치를 높일 수 있는 독자적인 제조 기술에 초점을 맞춘 결과 '캇빠에비센'이라는 신제품을 만드는 데 성공했다. 이 성공 스킬에 의해 다음에는 감자에 주목하고 영양가가 높은 '포테이토칩'을 발매해서 성공했다.

◎ 전개 시간의 집중(점포 영업시간과 프로모션 시기, 타이밍)

전개 시간의 집중이란 고객이 가장 많이 활동하는 시간이나 고객 니즈가 최대한으로 높아지는 타이밍을 정확히 잡아서 그 곳에 자원을 집중하는 것이다. 전개 시간을 집중시킴으로써 우선 양적 볼륨을 확대할 수 있다. 더욱이 고객에 대한 임팩트를 높여서 충성도가 높은 고객을 많이 확보할 수 있다. 그러나 전개 시간을 집중시키는 데는 기업의 대응력도 중요하다. 상품이나 서비스의 양을 충분히 확보하지 못하거나 영업사원의 시간 확보 등이 충분하지 않으면 품절로 인해 기회손실을 일으키기도 하고, 대응부족으로 오히려 고객의 불만족을 불러일으키기 때문이다. 예를 들면 캠페인, 바겐세일 등이 전개 시간의 집중에 해당한다. 디즈니랜드의 미키마우스 탄생 이벤트나 크리스마스 이벤트 등이 좋은 예다.

플라스틱 밀폐용기를 직접 판매하고 있는 S사는 지금까지 2개월에 한 번씩 연 6회, 대대적으로 세일 캠페인을 행해 왔다. 이 캠페인은 판매대리점, 판매원 그리고 최종소비자가 참여하는 것으로, 판매원은 캠페인 달성 보너스나 해외여행, 브랜드 상품의 획득을 목표로 열성적으로 세일즈 활동에 참여한다.

어느 때는 매출 저하를 방지하기 위해 새로운 프로모션 행사를 하기도 했다. 그러나 프로모션의 양과 빈도를 늘려도 전혀 효과가 올라가지 않는다. 그뿐인가. 세일즈가 절정에 달해야 할 연 6회의 프로모션 행사 때도 매출이 떨어져 수익도 격감했다.

그리고 판매원들이 완전히 활동 리듬을 잃어버려 판매원은 어디에 힘을 집중할 것인지 알지 못하게 되었다. 이것은 전개 시간 집중의 전형적인 실패 사례라고 할 수 있다.

이상 3C 가운데 하나인 '자사의 자원 집중'이 기업의 강점을 구축하고 경쟁력을 강화하는 데 중요하면서도 어려운 작업이라는 것을 이해했을 것이다. 집중하는 데에는 집중하기 위한 기준과 의사가 필요하다.

3C에 영향을 주는 외적 신호

전략의 구체적 방향을 정하기 위해 자사, 경쟁사, 고객의 3C를 활용해야 하지만, 이 3C는 외적 요인과 내적 요인에 의해 영향을 받는다. 내적 요인이란 자사가 취하려고 하는 방법을 말한다. 전략을 실행함으로써 3C에 변화가 찾아오는 것이다. 즉, 자사가 취할 묘책인 '내적 신호'가 3C에 주는 영향을 탐지하는 것이 다음의 구체적인 전략의 방향과 연관된다.

한편 외적 요인이란 구조변화를 촉진하는 '외적 신호'다. 이 외적 신호를 간과하면 전략 시나리오의 구체적인 방향이 크게 바뀌기 때문에 항상 체크하지 않으면 안 된다. 그럼 외적 신호에는 어떠한 것이 있는지 살펴보자.

◎ 장래의 구조변화를 일으키는 여러 가지 외적 신호

3C의 구조변화를 촉진시키는 외적 신호에는 여러 가지가 있다(그림 5-19). 기술혁신은 이전의 진부한 기술을 새로운 기술로 대체하는 것을 의미한다. 이 기술변화가 현 기술의 연장일 때는 큰 문제가 되지 않는다. 그러나 이전과는 완전히 다른 혁신적인 기술일 경우

그림 5-19 3C의 구조변화를 촉진하는 '외적 신호'

외적 신호	외적 신호	예
법규제의 완화·변경	• 기존의 상품, 서비스와 비즈니스 인프라(비즈니스를 지탱하는 시스템/판매 채널 등)가 급속히 진부화되고, 역으로 변화의 족쇄가 됨	• 셀프식 주유소(특별석유법 폐지:1996년) • 택시 가격과 참여의 인가 제도(MK택시/One Coin택시)
기술혁신	• 새로운 상품, 서비스를 창조 • 혁신 사이클이 짧으면 상품·서비스의 진부화가 급속히 진전됨	• 벽걸이 TV PDP, PALC, FEC방식 간의 주도권 경쟁 • 아날로그부터 디지털화 대응에 늦은 복사기 업체 미타공업의 도산
세대 교체 고령화	• 새대형 상품시장 환경의 변화 • 실버시장의 확대	• 기린라거, 산토리의 올드 • 노인용 보호시장
거시경제 동향	• 소비자 가치관의 변화 (거품경제 후의 본질적 가치 추구) • 환율변동에 따른 수출입 시장의 변화	• 쌀만 취급하는 양판점의 고전 • 엔저에 따른 해외여행의 격감
이업종의 참여/업계 재편	• 업계 고유의 구조 붕괴	• 소니의 생명보험 참여 성공과 손해보험 참여 (1999년)

에는 이전의 기술을 지탱해 온 연구, 생산설비부터 기술을 지탱하는 기술자가 모두 불필요해질 수 있다. 예를 들면 교세라에 흡수된 복사기 제조업체인 미타공업은 아날로그에서 디지털로의 대응이 늦어져 도산했다.

또 세대교체나 소비연령의 고령화는 본래의 타깃층과 실제 소비자 사이에 갭이 생겨나게 한다. 이 미묘한 차이를 상대방에게 눈치 채이지 않고 변화해 나가야 한다. 그렇지 않으면 세대의 변화와 함께 상품이 사라져 버리는 경우도 있다. 시대나 세대의 교체에 따라 변화가 큰 기호성 상품, 예를 들면 롱셀러 상품이 된 맥주나 위스키는 세대 교체의 갭을 정확히 찾아내어 소비자가 눈치채지 못하게 서서히 맛과 이미지를 수정해서 생명력을 연장하고 있다. 호경기, 불경기 같은 거시적 경제동향도 소비자의 가치관을 크게 좌우한다. 거품경제 시절과 거품경제 이후는 확실히 소비행동이 다르다.

외적 신호의 영향은 시장의 공격 측과 수비 측에서 서로 다른 의미를 가진다. 이 외적 신호에 의해 일어난 구조 변화에 대응할 때는 수비 측에게는 위기, 공격 측에게는 기회가 될 수 있다.

◎ 규제 완화가 일으키는 구조 변화

여러 가지 외적 신호가 업계의 구조 변화를 촉발시키고 있지만, 그 중에도 규제 완화는 개방화, 글로벌화가 급속히 진행되는 중에는 대단히 중요한 포인트가 된다. 특히 해외로부터의 압력은 하룻밤 사이에 구조 변화를 불러오는 경우도 있다. 그렇기 때문에 항상 변화를 미리 읽고 완화의 레벨과 실행의 타이밍이 다른 전략 시나리오의 로드맵을 만들어 두어야 한다.

일본은 규제 완화가 대단히 느리다. 미국에서는 1970년경부터 규제완화가 시작되었고, 1980년대 초반에는 거의 완료되었다. 역시 영국에서도 브리티시 텔레콤의 민영화와 금융 빅뱅 등 1980년대에 적극적으로 규제 완화와 민영화를 추진하고 1990년대에 거의 완료되었다. 그러나 일본은 아직 규제 완화가 진행되고 있지 않다. 많은 분야에서 세계 경제와의 교류를 막고 있는 것이다. 1995년 규제 완화 추진계획에 실린 11개 분야만 해도 1,091개 항목이 열거될 정도이다(그림 5-20).

이러한 규제 완화 조치에서 일본이 늦어졌다는 것은 세계화, 개방화의 조류 가운데 일본 기업이 규제를 회피하기 위해서는 해외를 기반으로 새로운 분야, 뉴 비즈니스의 싹을 키울 수밖에 없음을 의미한다. 즉 기술에서 인재에 이르기까지 일본은 공동화 현상을 일으키고 있는 것이다.

여러 가지 규제는 경제왜곡을 가져온다. 규제는 공급자를 보호하는 것이고, 국민이나 소비자의 관점에서 보면 고비용과 저가치를 부당하게 강요당하고 있는 것이다. 규제 완화가 진행되면 소비자의 관점에서는 보다 양질의 가치 높은 서비스가 저가격에 실현되는 것이다.

또 세계화, 개방화라는 큰 물결 가운데 지금까지는 통용되던 공급 측의 논리도 보호 속에서 약화된 경쟁력으로는 살아남기 어렵다는 점에서 결과적으로 마이너스라는 것이 드러나고 있다.

외적 신호에 의한 변화의 사례를 보자.

◎ **사례: 소니의 생명보험 참여**
- 생명보험: 고객의 니즈에 보다 세세하게 대응하는 프로페셔널한 접근
- 손해보험: 자동차보험에 초점을 맞춘 위험 세분형 보험의 통신판매

그림 5-20 규제 완화에 따른 구조 변화의 예

분야	완화 검토항목	실현된다면……
주택	• 지하실 건축	지하실을 만들기 쉽게 하고, 주거형태를 다양하게 한다.
	• 정기 차가권*의 창설	빌려주는 사람이 임차기간을 설정, 양질의 임대주택 확대의 계기로 삼는다.
정보·통신	• 제1종 전기통신 사업의 참여 기준	정부에 의한 수급조정이 없어져 신규참여가 용이해지며 요금도 인하될 것이다.
	• 전기통신 사업자간의 상호접속	접속요금, 조건 등을 투명 공정하게 판단, 접속교섭이 원활하게 진전될 것이다.
	• KDD, NTT법의 단계적 철폐	국내, 국제간의 울타리를 철폐, NTT의 국제통신 참여도 미래에 가능해진다.
	• NTT 경영 형태의 재정비	진정한 경영원리가 작동 가능해진다.
유통·운수	• 주류소매판매업 면허제 재정비	소매점의 신설과 구매가 쉬워질 것이다.
	• 담배 소매 허가, 정가제 폐지	담배의 소매가격이 자유로워지고, 싸게 파는 상품이 증가할 가능성이 있다.
	• 트럭사업 참여의 최저 보유 대수	지역에 따라서는 10대가 아니면 인정되지 않았던 신규참여가 용이해진다.
증권·금융	• 주식 위탁수수료의 자유화 행동 계획	10억 엔 이하의 거래도 자유롭게 설정, 수수료가 싼 증권회사도 탄생할 수 있다.
	• 증권업의 면허제를 등록제로	증권업의 참여와 철수가 쉬워지며, 사업회사의 참여촉진 요인이 될 것이다.
	• 시가발행증자의 가이드라인 철폐	기업은 언제라도 시가발행으로 증자하는 것이 가능해질 것이다.
	• 비은행계의 CP 발행 제한 철폐	은행 차입 중심이었으나, 직접 조달이 가능해지며, 자금조달 비용의 인하가 가능해진다.
	• 후생연금의 운용규칙 완화	과거 보증 중심의 운용에 한정짓지 않고, 자유롭게 운용 대상을 결정할 수 있다.
고용·기업	• 유료 직업소개업의 대상 자유화	경제단체가 신규참여, 전직이 용이해지고 고용의 유동화가 촉진될 것이다.
	• 노동자 파견사업의 대상 자유화	비정규직원이 확대됨. 기업은 총인건비를 절감할 수 있다.
	• 순수 지주회사 전면 해금	기업의 사업재편성, 신규사업 육성이 용이해진다.

*차가권: 건물 매입에 의해 건물의 소유가 지주에게 넘어가면 이후 일정 기간 동안 기존 임대자에게 임대를 보장해 주는 제도.

예를 들면 규제 완화로 인해 생명보험, 손해보험이 상호 참여하게 되어 경쟁 체제로 돌입한 것으로 알려진 보험업계도 상품 그 자체의 하드 측면만 보면, 상품의 구색이나 가격 이외의 차별화 요인은 적은 것처럼 보인다. 그러나 고객이 지각하는 소프트한 서비스도 모든 상품이나 서비스의 구성 요인이다.

생명보험의 상품 특성상 사전에 아무리 상세하게 상품 설명을 받았다 해도 상품가치가 실제로 발생하는 것은 대금지급 후 사고 발생시인 점을 생각해 보면 보험 가입 전후의 소프트한 서비스가 중요한 차별화 요인이 되는 셈이다.

이 소프트한 서비스를 만들어내기 위해서 몇 군데 기업은 라이프 플래너 혹은 파이낸셜 플래너라고 부르는 남성 영업사원을 고용해, 컴퓨터를 사용한 컨설팅 세일로 부가가치를 높이고 있다. 그러나 아직 이미지가 앞서 있고 몇몇 우수한 영업사원을 제외하고는 종래 생명보험의 아줌마 군단 세일즈라는 토양에서 본질적으로 차별화되지 못하고 있다. 차별화의 자유도도 아직 요원하다.

손해보험업계도 재정부의 호송군단 행정으로부터 해방되어 1998년 7월부터 보험료가 자유화되어 본격적인 경쟁 체제에 돌입하였다. 외자계 생명보험 회사의 참여도 활성화되고 있다. 이 틈을 타고 생명보험에 참여해 성공한 소니는 새로운 타입의 손해보험 시장에 참여하였다. 최초의 타깃은 손해보험 시장의 50%가 넘는다는 자동차 시장이다. 계약운전자의 연령, 주소, 과거 사고 경력 등으로부터 사고의 확률을 자세히 계산해 보험료를 설정하는 이른바 '리스크 세분형' 보험이다.

판매 방식은 종래의 손해보험 회사의 대리점 방식이 아닌 통신판

그림 5-21 소니와 일반 손보회사의 유통 경로

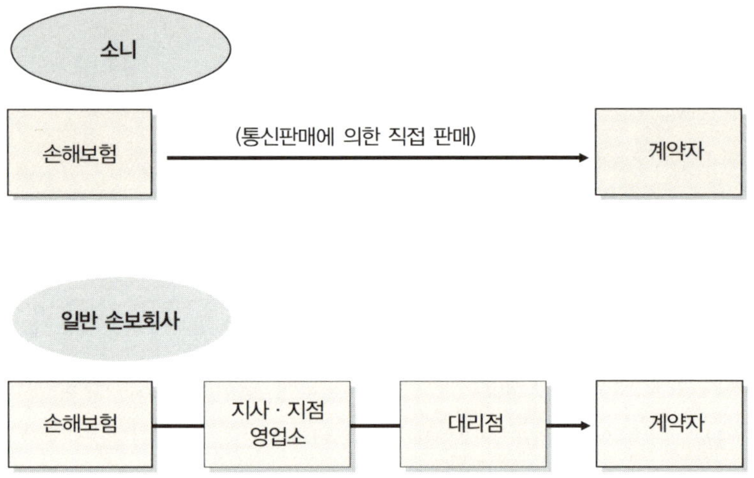

소니
손해보험 →(통신판매에 의한 직접 판매)→ 계약자

일반 손보회사
손해보험 → 지사·지점 영업소 → 대리점 → 계약자

매에 의한 직판 방식을 채용할 것이기 때문에 대폭적인 보험료의 할인 경쟁이 예상된다(그림 5-21).

◎ **사례: 가솔린업계의 규제 완화**

특정 석유제품 수입잠정조치법(특별석유법)이 폐지되어 가솔린업계가 자유경쟁이 되었다. 일본의 가솔린 가격은 1994년 1달러 환산 105엔으로 리터당 120엔이었다. 한편 영국에서는 87엔, 미국은 31엔이었다. 일본의 가솔린 가격이 다른 나라에 비해 높은 것은 가솔린의 세금이 높고 석유회사의 사업 형태가 정제 부문을 포함하지 않은 마진 장사였던 것(구미의 국제석유자본처럼 원유채광, 개발, 생산에서 석유의 정제, 판매까지 모두 일괄하는 기업이 육성되어 있지 않다), 유통이 다단계로 복잡하기 때문에 채널 비용이 큰 것(일본은 거의 특약점 루트로 판매된다), 주유소의 과대설비에 의한 높은 소매마진(판매량이 주유소당 미국의 3분의 1 또는 4분의 1, 영국의 2분의 1) 등이 원인이다. 그것이 특별석유법의 폐지에 의해 경쟁이 격화되었고, 1998년에는 1리터당 85엔이 되었다. 경쟁 격화에 따른 사업전환이 급속히 진행된 것이다.

그 가운데 셀프 방식이 해금되면서 더욱 비용경쟁이 심화되었고 생존은 더욱 힘들어졌다. 실제 1980년대에 규제완화를 경험한 유럽에서는 새로이 참여한 슈퍼마켓과 기존의 석유업자가 심한 경쟁을 해서 주유소 수는 1980년부터 1997년까지 프랑스에서 60%, 영국에서 42%, 독일에서 32% 감소하였다. 모빌석유의 스코플 사장은 일본은 아직 절정기의 6만 400개 점포에서 1997년 말에 5% 미만밖에 줄지 않았지만, 적정한 수익 확보를 위해서는 최종적으로 주유소를 50%, 정유소를 30% 줄일 필요가 있다고 지적했다.

◎ **사례: 주류판매의 규제 완화**

지금까지는 국세청에 의해 일정 인구와 술 판매점 간의 거리를 기준으로 주류판매 면허취득의 틀이 설정되어 있었다. 따라서 소매점이 신규로 술을 취급하기 위해서는 기존 점포가 폐업하는 등 새로운 경우가 생기지 않는 한 술을 취급하는 것이 대단히 어려웠다.

그러나 2003년부터는 이 기준이 폐지된다. 여전히 경영기반이나 경영능력을 평가해서 발행한다는 면허제도가 유지되지만, 이 틀을 폐지함으로써 편의점이나 매장면적이 작은 슈퍼마켓 등도 면허를 취득하기가 쉽게 되었다. 이미 대형 소매점포(점포면적 1만 평방미터 이상)에서는 주류판매 면허가 자유화되고 있다. 혹시라도 전국의 약 3만 5000점이나 되는 편의점에서 주류판매를 실시하게 되면 기존의 주류판매점이 커다란 위협을 받을 것이다.

한편 주류의 통신판매에 대해서 미국에서는 스카치나 버번 등 알코올 도수가 높은 독한 술에 대한 판매규제는 엄격하지만, 맥주와 같은 도수가 낮은 술에 대해서는 규제의 틀이 그다지 엄격하지 않고 통신판매도 인정하고 있다. 그렇기 때문에 도수가 낮은 술의 구입은 대부분 통신판매되고 있다.

그러나 일본은 아직 꽤 많은 규제가 존재한다. 일본에서는 이전에는 통신판매에서 백화점에서만 통신판매를 할 수 있었지만, 1988년에 통신판매 면허제도가 제정되면서 슈퍼마켓과 일본통신판매협회의 정회원에게는 통신판매가 인정되었다. 그렇다 해도 상품 면에서 연간 생산량 100킬로리터 미만의 상품에 한해서 허용되는 것이기 때문에 여전히 실제 적용되는 것은 토속주와 수입품뿐이다.

이것은 기존의 주류 판매점과의 경합을 회피하기 위한 조치이지만, 이 분야에서의 규제완화(특히 맥주 등의 약한 술)가 진행되면 주류판매 채널은 드라마틱하게 변화해 특징이 없는 주류판매점은 분명히 시장에서 도태될 것이다.

전략의 구체적 방향이란 '고객의 니즈를 선택하고 경쟁사와 차별화를 꾀하며, 자사의 자원을 특정 분야에 집중하여 강점을 구축함으로써 지속적인 우위를 확보하는 것'이다. 이 정의에 따르면 전략 규모의 차이는 있어도 조직의 모든 계층에 걸쳐서 전략은 존재한다는 것이 이해되었다. 중요한 것은 어느 고객의 니즈를 선택하고 있

그림 5-22 고객에 집중하는 것이 전략의 첫 번째 테마

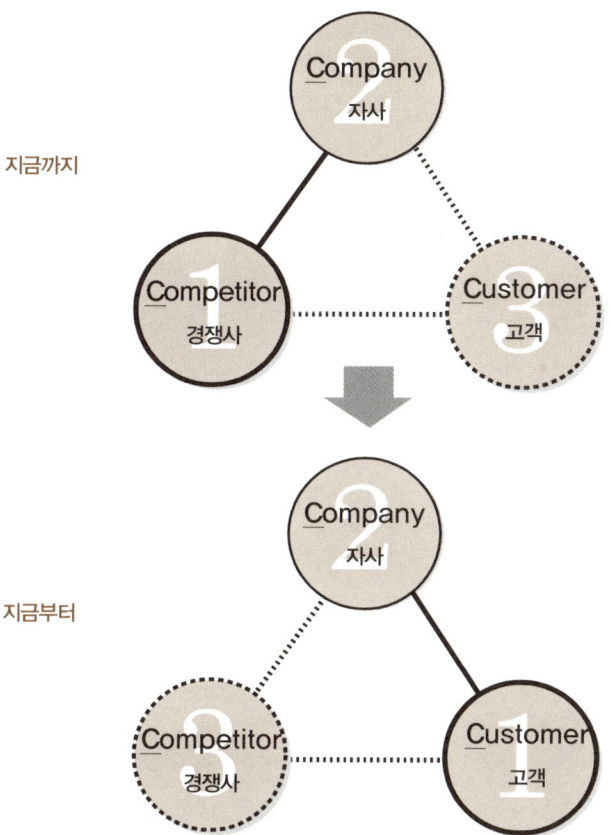

> 경쟁에는 2가지 종류가 있다. 하나는 스모처럼 상대를 쓰러뜨리는 쪽이 승리하는 것이고, 또 하나는 콩쿨처럼 누가 청중을 얼마나 감동시키느냐로 승자를 가리는 것이다. 우리들은 후자의 경쟁을 하고 있다고 사내에서 말해왔다. 항상 소비자의 입장에서 경쟁하지 않으면 안 된다. 소비자의 니즈를 포함해서 환경은 매일 변하기 때문에 그것에 맞추어 매일매일의 해결책을 바꿀 필요가 있다고 말해왔다.
>
> — 가오 사장

는지, 어떻게 경쟁사와 차별화하고 있는지, 어떻게 자사의 자원을 집중하고 있는지, 이 정의에 따라 체크해 봐야 할 것이다.

아주 단순하지만 전략을 생각하는 우선순위를 의식적으로 변경하지 않으면 안 된다(그림5-22). 지금까지는 전략을 구상할 때 아무래도 처음으로 생각하는 것이 '경쟁사'였다. 상대를 쓰러뜨리는 쪽이 이긴다는 사고방식이다. 다음으로 생각하는 것이 '자사'이다. 자사의 자원, 자사의 강점을 활용할 방안을 생각하는 것이다.

결국 입으로는 고객제일이라고 말하면서 '고객'은 마지막이 되어버리는 것이다. 그러나 앞으로 전략 구상은 고객이 제일 먼저여야 한다. 그 다음으로 자사, 경쟁사 순이다. 즉 '고객에 초점'을 맞추는 것이 전략 시나리오 구상의 제일 큰 테마가 되어야 한다.

6장
핵심 2: 고객의 핵심가치 창조
고객 가치에 눈을 돌리지 않는 기업은 살아남을 수 없다

strategic scenario
core skills and techniques

핵심가치와 핵심비용에 초점을 맞춘다

전략 구상의 핵심을 형성하는 데 있어 두 번째로 중요한 것은 기업의 활동을 고객의 가치라는 관점에서 시작하는 것이다. 모리나가 제과의 '위드 인 젤리(With in Jelly)'는 본래 스포츠를 하는 사람들을 위해 개발된 젤리형 영양 보조식품이다. '늘 가볍게 영양분을 보충할 수 있다'는 컨셉트였기 때문에 운동 중에도 젤리를 먹을 수 있게 해주는 용기의 선택이 문제였다. 그 결과 치어백이라는 빨대를 부착한 플렉서블 팩(flexible pack)을 채용했다. 이것은 젤리가 빨대를 통과해 입으로 들어가기 쉽고 젤리가 남으면 뚜껑을 닫고 보관할 수 있게 만든 것이다. 이 용기의 선택은 기업 측에서 보면 어디까지나 젤리를 넣는 용기 선정에 불과하지만, 이것을 고객의 관점에서 바꿔보면 어떨 것인가? 고객이 느끼는 가치는 아침 대신으로 편의점에서 사서 걸어가면서 가볍게 영양분을 취할 수 있는 상품이라는 것은 물론이고, 용기를 포함해 스타일의 보기 좋음이 가치로서 인지됐을 것이라고 생각된다.

이것은 기업 측의 논리에서 나온 것이 아니다. 이처럼 기업 활동을 '고객이 보는 가치'라는 관점에서 다시 보는 것은 고객 니즈와 맞지 않음과 타깃의 빗나감이라는 것을 회피하기 위해 필요하다. 더욱이 고객에게 가장 중요한 가치(core value)를 창조하여, 타깃 고객의 임팩트를 최대화하는 것이 가능하다. 그리고 기업에 있어서 '핵심 가치'를 낳기 위해 기업의 '핵심 비용'의 틀을 재구축하는 것이 전략의 가장 중요한 비즈니스의 틀을 설계하는 것과 연관된다.

여기서는 특히 전략 사고의 스킬인 '책임 있게 구체적인 결론을 내는 능력'과 '과거에서 미래까지 논리적으로 구조를 통찰하는 능력'이 요구된다.

◎ 고객이 인지하는 가치와 고객이 부담하는 비용의 관계

고객이 인지하는 가치와 고객이 부담하는 비용(가격)의 차이는 고객에게 소구력으로 연결됨과 동시에, 경쟁사에 대한 경쟁력의 차이로 연결된다(그림 6-1). 고객에의 소구력이란 기업이 제공하는 상품이나 서비스를 고객이 어떻게 받아들이는가, 어떤 만족 또는 불만족을 주는가를 말한다. 상품이나 서비스의 가치가 변하지 않는다면 〈그림 6-1〉의 ①처럼 가격이 싼 쪽이 고객에게는 만족도가 높고 경쟁력이 높다. 반대로 가격이 변하지 않는다면 ②처럼 고객이 인지하는 가치가 높은 쪽이 만족도가 높고 경쟁력이 높다는 것이 된다.

예를 들면 같은 햄버거 사업에서도 맥도널드는 고객에게 비용인 가격을 낮추어 경쟁력을 높이고 있다. 한편 모스버거나 후레시네스 버거는 가격은 높였지만 햄버거의 다양함이나 맛 등 고객에게 있어서의 가치를 높여 경쟁력을 유지하고 있다. 가격과 수요의 관계를 나타낸 수요곡선은 고객의 가치와 비용의 관계를 나타내고 있다.

그림 6-1 　가치/비용과 수요의 관계

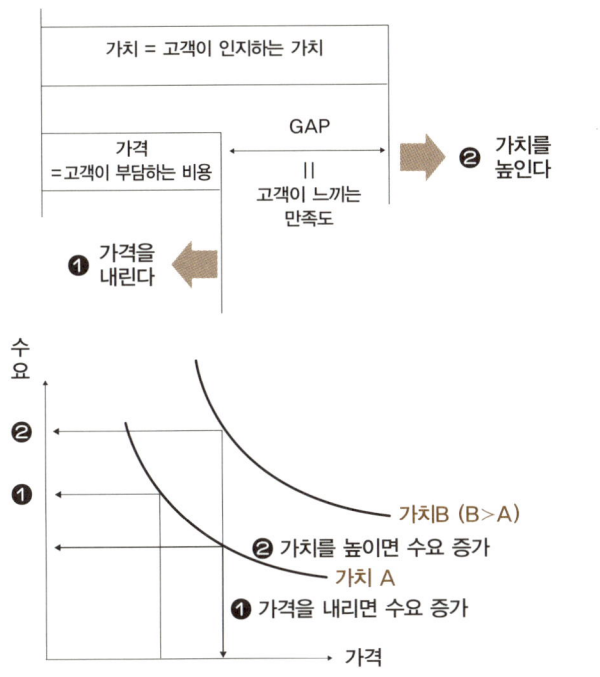

　가치가 일정한 경우, 가격을 낮추면 수요가 늘어나게 된다. 한편 가격이 일정할 때는 수요를 올리기 위해서는 가치를 올리지 않으면 안 된다. 또 가격이 높아도 가치가 높으면 사는 사람이 있지만, 가치가 낮으면 가격이 싸도 사지 않는 사람도 있다.
　고객의 관점에서 보면 '비용'이란 스스로 부담해야 하는 비용이다. 한편으로 기업의 관점에서 보면 '비용'은 상품을 만들어 내는 데 필요한 비용이다. 이와 달리 '가치'라는 것은 고객이 기업으로부터 상품이나 서비스를 받는 과정에서 발생되는 가치의 총화이다.

그림 6-2 전략적 포지셔닝(가치창조력 대 비용 경쟁력)

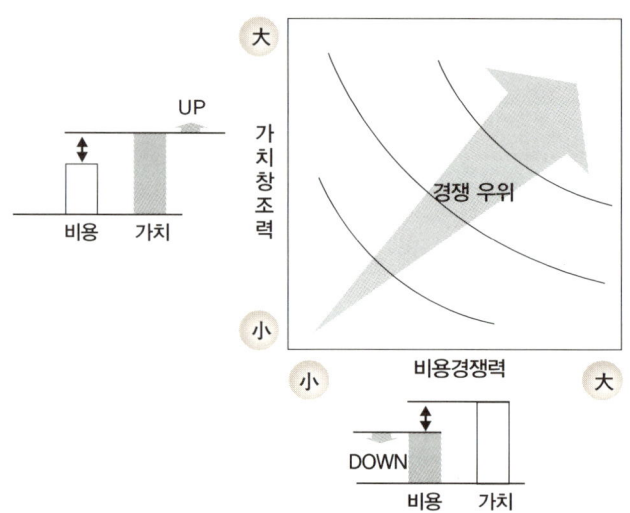

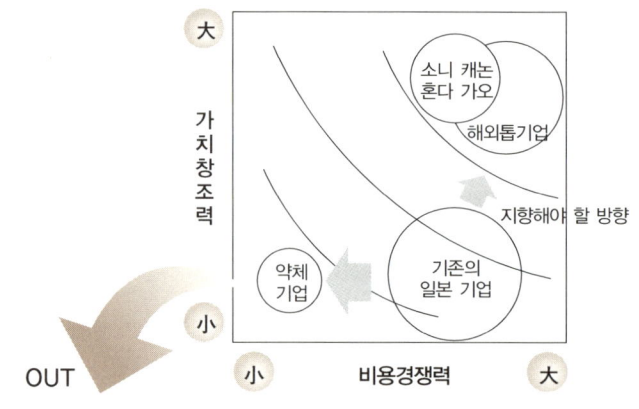

'비용'은 기업의 비용이기 때문에 대단히 명확하게 보이지만, 이 가치의 총화인 '가치'는 눈에 보이지 않는 법이다. 그렇기 때문에

가치를 인식하지 않은 채 비용경쟁을 하면 난센스에 빠지기 쉽다.

기업의 경쟁력을 새로운 가치 창조력과 비용 경쟁력의 관점에서 보면, 일본의 대부분 기업은 비용경쟁의 토양에서 새로운 가치 창조의 토양으로 옮겨갈 수 없다는 한계를 지닌 셈이다. 그 본질적인 원인은 고객의 관점에서 가치를 더하지 않는 것, 즉 경쟁사와 자사는 잘 보지만 진짜 중요한 고객을 보고 있지 않다는 것이다.

◎ **핵심가치와 핵심비용**

'핵심가치'란 고객에게 가장 중요한 가치이고, 그 가치를 만들어 내기 위한 비용이 '핵심비용'이다. 그리고 핵심가치와 핵심비용에 초점을 맞춘 비즈니스 틀을 설계하는 것이 전략 구상의 가장 중요한 핵심이 된다. 전략 구상 가운데 자사의 틀을 설계하는 포인트는 고객에게 가치와 그 가치를 창출하기 위한 자사의 비용 체계를 어떻게 경쟁사보다 우위로 설계할 수 있는가에 있다.

〈그림 6-3〉과 같이 고객이 인지하는 가치는 자사와 고객의 상관관계에 따라 규정되기 때문에 수치화가 곤란하다. 눈으로 보기 어렵고 통제하기도 어렵다.

한편 비용은 자사의 틀 내에서 비교적 통제하기 쉬운 데다가 명확히 수치화할 수 있기 때문에 아무래도 기업의 논리로 설계해 버리기 쉽다. 일본 기업은 지금까지 가치가 고정된 상품이나 서비스의 비용을 절감하는 방법으로 경쟁력을 유지해 왔다. 이 부분에 관해서는 뛰어난 능력을 가지고 있다. 그래서 아무래도 비용을 합리화하는 쪽으로 눈을 돌리고 있다.

확실히 비용의 합리화는 중요한 것이지만 핵심비용에 초점을 맞

그림 6-3 가치와 비용의 특징

가치 고객이 인지하는 가치	비용 고객이 인지하는 가치를 만드는 데 필요한 비용
● 상품·서비스의 대상고객에게 인지되는 것으로 기업이 완전히 통제하는 것은 곤란하다.	● 기업측이 통제가능한 부분이 많다.
● 고객간의 편차가 큰데다 명확한 정량화가 곤란하다.	● 명확한 수치화가 가능하다.
● 차별화에서 우위가 지속될 가능성이 크다.	● 압도적 비용 효율화에 의한 차별화는 지속되기 힘들다.

추려고 하면, 지금까지 경쟁사와의 관계에 적용해 왔던 비용의 개념을 일단 버리지 않으면 '핵심가치', '핵심비용'에 의한 새로운 전략의 틀을 구축하는 것은 대단히 어렵다. 또 핵심가치에 초점을 맞추는 것은 더욱더 어렵다. 통제하기 어려운 데다가 정량화하기 어려운 핵심가치를 포착하는 스킬을 기업은 몸에 익힐 필요가 있다. 즉 가치를 과학화하는 것이 불가능하다면 아무리 값이 딴 상품을 만들어도 가치가 없다고 인지되든지, 아무리 가치가 높은 상품을 만들어도 비용과 비교했을 때 역시 가치가 없다고 인지될 수밖에 없다.

디스카운트 숍이 좋은 예이다. 싸다는 것으로 주목받은 디스카운트 숍의 물건이 정말로 쌀까, 제품의 질이 떨어지는 것은 아닐까 하는 생각이 든다. 아무리 싸도 팔리지 않는 상품이 산처럼 쌓이는 가게가 있는 법이다. 100엔숍도 그렇다. 어느 100엔숍은 늘 손님으로 가득 차 있다. 같은 지역의 또 다른 100엔숍은 조용하기만 하다. 이것도 핵심가치를 과학화하지 못한 사례이다. 특히 시장의 라이프 사이클이 짧은 업계에서는 이런 스킬이 없는 기업은 결코 살아남을 수 없다.

◎ **사례: 플라스틱 시장에서 가치를 창출하는 라바메이드**

라바메이드는 미국의 플라스틱 일용품을 제조하는 기업이다. 라바메이드가 플라스틱 가정용품 시장에서 약 70%의 점유율을 차지하고 있다. 미국 대부분의 가정에 이 회사 제품을 사용하고 있다고 보면 된다.

미국의 경제지 〈포춘〉에서 1993년, 1994년 2년 연속 미국에서 가장 칭찬받는 기업 1위로 뽑기도 했다. 플라스틱 제품 시장이 꽤 성숙되어 있음에도 불구하고 라바메이드가 계속 성장하는 데는 몇 가지 요인이 있다. 라바메이드의 상품 개발의 기본은 플라스틱 제품을 파는 것이 아니라 사용하기 쉬운 편리성을 파는 것이다. 예를 들면 '부엌을 보다 효율적으로 사용하고 싶다' 든지, '시간을 절약하고 싶다' 는 소비자가 느끼는 문제를 플라스틱 제품을 통해 해결해주는 것이다. 고객이 원하는 가치를 고객의 눈으로 철저하게 포착하는 것이다.

또 상품개발에 있어서 소수 인원(8~12명)의 기업가적인 팀이 권한을 위양받아 책임과 리스크를 가지고 개발에 임한다. 그리고 각각의 팀은 자신의 담당 분야에 대해 개발에서 판매, 애프터서비스까지 모든 것을 일관되게 담당한다. 이런 식으로 일관된 비즈니스 시스템을 조감하는 것이 기능별 조직을 묶어서 생산성을 높이는 것보다 고객을 위한 가치를 높이기 쉽다. 즉 라바메이드는 전략 사고에 바탕을 둔 조직문화 가운데 고객을 위한 가치를 높이는 것에 역점을 둔 비즈니스 틀을 설계하고 실행하고 있는 것이다.

새로운 비즈니스 구조의 설계

◎ 가치 시스템과 비용 시스템

비즈니스 구조를 설계할 때 가장 기본이 되는 프레임워크는 비즈니스 시스템이다(그림 6-4). 비즈니스 시스템이란 제품이나 서비스가 개발되고 나서 시장에 나가기까지의 부가가치 흐름을 시간 축으로 MECE(Mutually Exclusive Collective Exhaustive: 누락이 없으면서 중복도 없는 집합의 사고방식) 방법을 써서 포착하는 것이다. 맥킨지에서는 비즈니스 시스템 또는 가치 전달 시스템이라고 부르고 있다. 그리고 마이클 포터는 가치 사슬(value chain)이라고 부른다. 이 비즈니스 시스템은 자사의 비즈니스 틀을 설계하거나, 강점과 약점을 파악할 때 사용하는 도구이다.

'고객이 인지하는 가치는 무엇인가', '가치를 만들어 내는 비용 구조는 어떻게 만드는가' 이 두 가지를 해명하고 새로운 가치를 만들기 위한 구조를 재구축하기 위해서는 가치의 비즈니스 시스템과 비용의 비즈니스 시스템을 설계하는 것이 중요하다. 이 비즈니스 시스템을 설계하면, 찾아내기 어려운 고객의 가치를 시간의 흐름에 따라 세분화할 수 있다. 여기서는 기업의 부가가치를 만들어 내는

그림 6-4 비즈니스 시스템

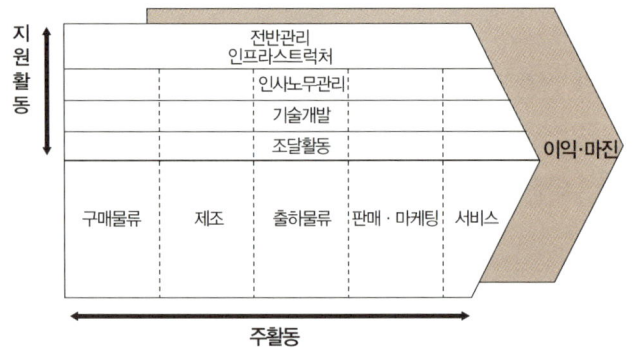

자료: 마이클 포터 저, 『경쟁우위 전략』

흐름, 즉 기업의 경제활동에 따라 부가되는 비용의 비즈니스 시스템을 이하 '비용 시스템'이라고 부른다. 한편 고객 측면에서 보면 기업에서 제공한 상품이나 서비스와의 접점에서 생겨난 가치의 비즈니스 시스템을 이하 '가치 시스템'이라고 부른다(그림 6-5).

가치와 비용의 관점에서 가장 경쟁력이 높아지도록 두 가지 시스템을 설계하는 것이 독창적인 구조의 설계와 연관되는 것이다.

배달피자의 '비용 시스템'과 '가치 시스템'을 보자. 배달피자는 요식업이라고 해도 일반 요식업과 달리 취급하고 있는 상품이 피자

그림 6-5 비즈니스 시스템의 설계

가치 시스템의 설계

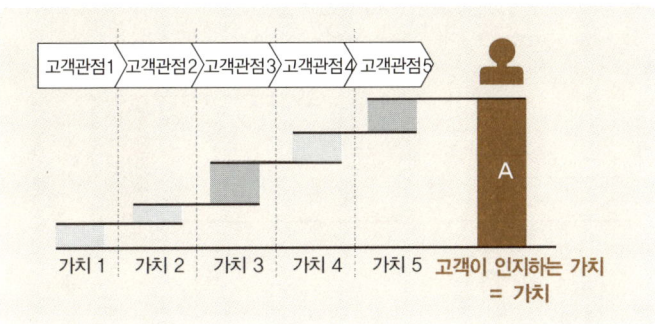

비용 시스템의 설계

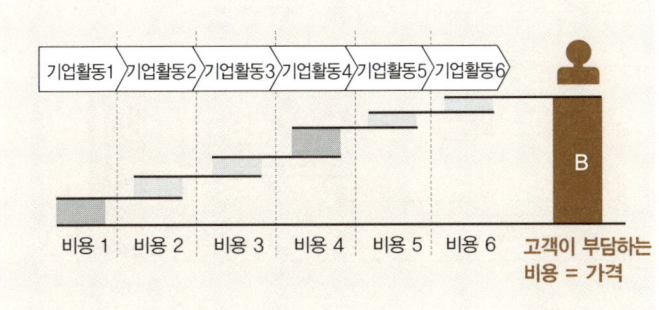

일 뿐 본질은 제품을 배달하는 비즈니스이다. 대단히 고객접점이 적은 비즈니스이지만 그래도 고객이 부담하는 비용의 합인 비용 시

그림 6-6 배달피자의 비용 시스템과 가치 시스템

배달피자의 비용시스템(기업측의 관점)

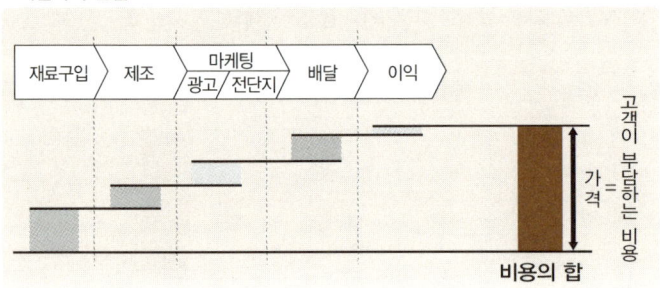

배달피자의 가치 시스템(고객접점)

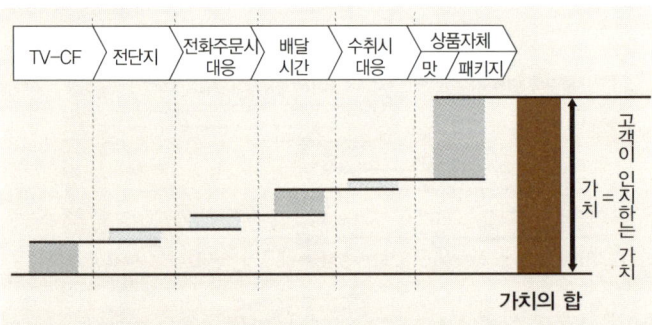

스템과 고객접점시의 가치의 합인 가치 시스템으로 나누어 생각할 수 있다(그림 6-6).

이 두 가지 시스템에 있어서 비용을 낮추면서 가치를 높이는 것이 경쟁력을 높이는 것이다. 대단히 경쟁이 심한 성숙 시장이지만 비용과 가치라는 관점에서는, 비용이 높아도 '맛과 이미지' 라는 가치를 중요시하는 대기업과 가치는 낮지만 비용도 낮기 때문에 살아남은 중소기업이 있다. 앞으로 이 가치 시스템 속에서 어느 쪽이 고객에게 가장 큰 가치가 있는가, 즉 '핵심가치는 무엇인가', '핵심가치를 만들어 내는 핵심비용은 무엇인가' 라는 것에 초점을 맞추어서 독자의 비즈니스 틀을 설계해 가지 않으면 안 된다.

◎ **비용 시스템의 설계 포인트**

통상 가격을 결정하는 데 있어서 3가지 조건 '시장-수요곡선', '경쟁사-가격비교', '자사-마크업(가격인상)' 을 검토한다(그림 6-7).

고객이 인지하는 가치가 같다면 가격을 낮춤으로써 소구력을 높이게 된다. 또 경쟁사와 비교하여 가격을 낮추는 것으로 경쟁력을 높이게 된다. 그러나 자사의 이익을 확보하기 위해서는 가격을 높이는 것이 좋다. 대체로 가격은 3가지의 조건에 의해 의식적 혹은 무의식적으로 정해진다. 요컨대 시장과 경쟁사의 관점으로는 가격을 낮추는 쪽이 경쟁력이 강화되는 것이어서, 나중에는 어떻게 자사의 비용을 가능한 낮추어서 이익을 확보할 것인가 하는 점이 중요시된다. 이처럼 가격 설정 과정에서는 실은 고객 가치의 시점이 거의 개입하지 않는다.

전략 시나리오를 구상할 때는 한번 이와 같은 방법으로 만들어낸 비용 시스템을 옆에 두고 고객의 가치에 대한 비용이라는 관점에서 비용 시스템을 재구축하는 것이 좋다. 그리고 재구축된 비용 시스

그림 6-7 가격설정의 3가지 조건

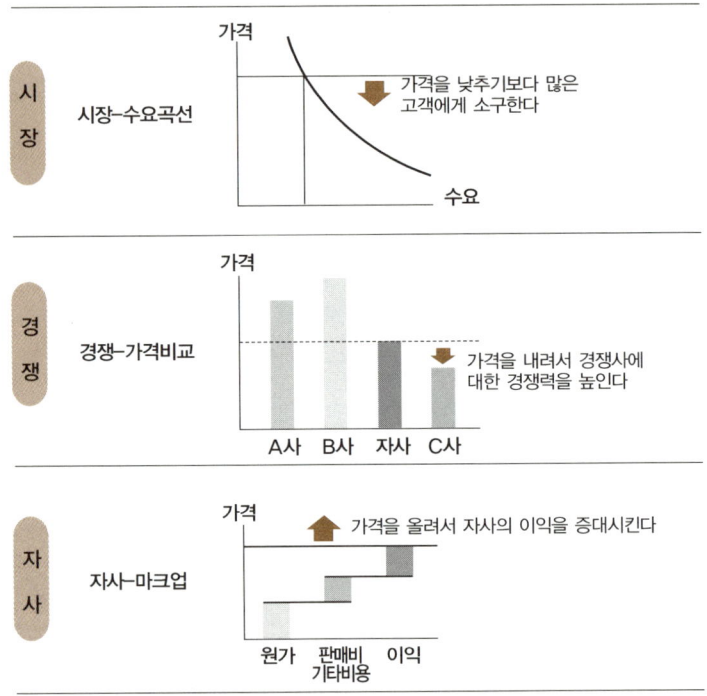

템과 기업발상으로 만들어진 비용 시스템을 비교해서 이익을 확보하는 틀을 만들어가야 한다. 그때 핵심가치를 형성하기 위한 핵심비용에 대해서는 이익확보를 도외시해도 실현 가능한 방법을 모색해야 한다.

1998년 일본에서 햄버거 가격은 모스버거가 300엔, 퍼스트키친이 210엔, 버거킹이 350엔이었기 때문에 맥도널드의 130엔짜리 버거는 압도적인 비용 우위를 가지고 있다. 더욱이 맥도널드의 한정

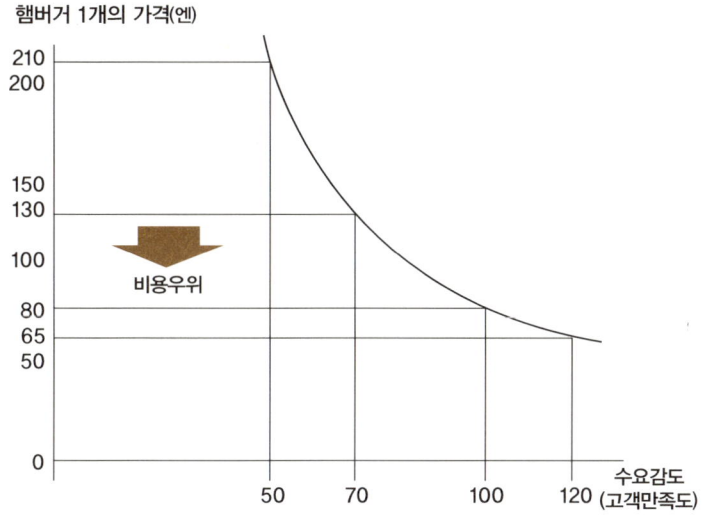

그림 6-8 햄버거의 가격탄성치 곡선(맥도널드에 의한 추정)

자료:「니케이유통신문」

 캠페인에서는 햄버거가 65엔이었다. 여기까지 오면 압도적인 비용 승부에 의한 수요 개척이 된다(그림 6-8). 단기 캠페인이지만 65엔짜리 버거를 내놓았을 때 맥도널드는 고객 수가 약 2배로 늘 것이라고 예상했다. 그러나 결과는 예상 이상이었다.
 맥도널드는 이 압도적인 가격 경쟁력을 유지하기 위해 엔-달러 환율이 유리한 때 환전예약을 하고 있다. 그렇기 함으로써 미리 원재료의 구입 가격을 낮출 수가 있었다. 맥도널에는 이 원자재 가격이 핵심비용에 해당한다. 즉 고객에의 소구력을 압도적인 가격차로 설정하고, 이를 위한 비용 시스템을 만들어 낸 것이다. 혹시 비용절감이 품질의 저하를 가져오고 고객의 가치를 저하시키고 있다면, 맥도널드는 아무리 가격을 내려도 잘되지 않았을 것이다.

중요한 것은 무엇이든 비용을 낮추면 좋다는 것이 아니다. 아무리 가격을 낮추어 싸게 팔아도 갖고 싶지 않은 것은 팔리지 않는다. 당연한 것이지만 현재 슈퍼형 디스카운트 스토어가 직면하고 있는 문제는 고객의 가치를 생각하지 않는 종래의 비용 접근법의 한계라고 말할 수 있다.

◎ 가치 시스템의 설계 포인트

가치 시스템의 설계 포인트는 가장 가치를 높이는 고객접점인 '핵심가치'에 초점을 맞추는 것이다. 즉 타깃이 되는 고객에게 초점을 맞춘 상품이나 서비스의 가치의 합을 창조하는 것이다. 예를 들면 백화점은 본래, 상품을 포함한 토털 서비스로서 고객의 가치를 최대한 제공하는 것을 우선으로 생각해야 할 것이다. 그러나 '비용=매장효율의 최대화'를 생각한 나머지 고객의 가치라는 관점을 잃어버리고 슈퍼마켓이나 양판점과 함께 경쟁하게 된 것이다.

또 주유소도 비용 경쟁 속에서 핵심가치를 모색하고 있다. 규제가 완화되어 주유소간의 판매전쟁이 격화되는 가운데 앞으로 가솔린 업계가 해결할 사항은 '어떻게 부가가치를 붙이느냐' 하는 것이다. 그러나 이것을 쉽게 생각해서 주유소에 오는 손님에게 무엇이든 사주길 바라는 접근법을 쓴다면 어떻게 될 것인가? 주유소에 편의점을 병행하는 곳도 꽤 있지만 중요한 것은 주유소에 오는 손님에게 편의점은 어떤 것이어야 하는가이다. 이것을 생각하는 데에 가치 시스템의 설계가 대단히 도움이 된다.

그림 6-9 10분 1,000엔 이발소의 비용과 가치

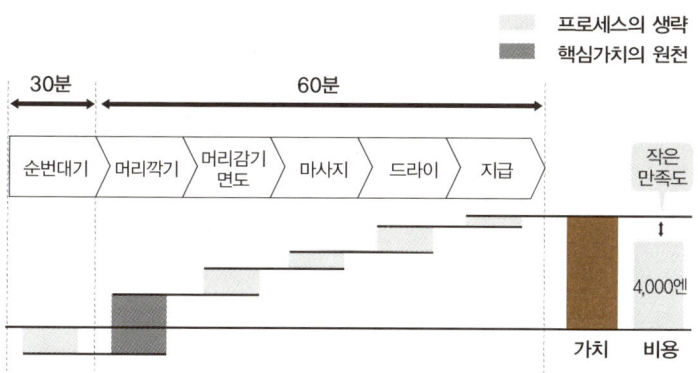

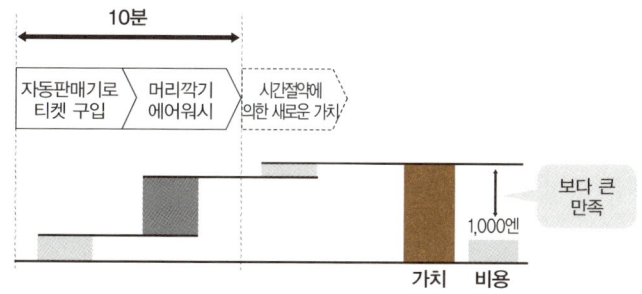

 일본의 유통이 직면하고 있는 문제는 이 핵심가치의 본질을 포착하는 법, 그리고 기존의 비용 접근법을 버리고 어떻게 핵심가치를 실현하기 위한 핵심비용이라는 개념으로 발상을 전환할 수 있는

가? 또 이 2가지를 어떻게 균형 있게 만들어서 비즈니스 시스템을 세울까 하는 구상 설계력이다.

◎ 사례: 10분 1,000엔 이발소

일본에는 전국적으로 14만 개의 이발소가 있지만, 어느 가게를 가봐도 서비스는 거의 변함이 없고 가격도 큰 차이가 없다. 그 이유는 전국의 이용조합이 서비스 내용과 영업시간을 세세하게 지도하고 있기 때문이다. 이용업계는 최근까지 과당경쟁 방지를 목적으로 예외적으로 업무 카르텔이 인정되었기 때문에 이처럼 일률적인 서비스로 고가격을 설정해 온 셈이다. 지금까지 이발소라고 하면 1시간 가까이 머리 감기부터 머리 다듬기, 수염 깎기, 마사지에 이르기까지 일괄적으로 행하고 4,000엔 가까이 지급하는 것이 상례였다.

하지만 이제 머리는 커트만, 시간은 10분 만에, 가격은 1,000엔 하는 이발소가 등장해서 이용업계 성장의 징후가 보인다. 이것을 고객의 가치와 비용이라는 측면에서 보면, 머리는 커트만 하기 때문에 부가가치는 낮아지지만 가능한 한 시간을 들이지 않고 빨리 끝내기 때문에 고객의 시간을 절약해 준다는 새로운 가치가 탄생했다. 단순히 싸기만 한 것이 아니라 시간이라는 변수를 더한 것이 재미있다. 이발소에서 천천히 있고 싶은 사람을 제외하고는 10분 만에 빨리 끝냄으로써 시간 절약이라는 가치가 생겨난 것이다.

고객의 시간과 비용이 비례하는 경우에는, 시간 단축은 비용 절감만이 아니고 고객 가치도 증대된다(그림 6-9).

이 경우 핵심가치는 확실히 머리 깎기에 있다. 지금까지 일반 이발소는 그다지 높지 않은 가치에 추가의 비용을 들여 결과적으로 고객한테 부담만 늘이고 있었다. 따라서 이 경우는 머리 깎기의 핵심가치에 초점을 맞추고 쓸데없는 비용을 삭감한 데다가 고객의 시간 절약(종래의 이발소에서는 시간의 기회손실)이라는 가치도 추가한 것이다.

핵심가치를 창조하라

◎ CE · CS 사고

핵심가치 창조를 위해 중요한 프레임워크에 'CE · CS' 라는 사고 방식이 있다.

- CE '고객 기대치'에 의한 고객의 새로운 가치 창조
  : 장래의 핵심가치 창조

- CS '고객 만족도'에 의한 고객의 효율적인 관리
  : 현재의 핵심가치 실현

고객의 새로운 가치를 창조하는 것은 개념적으로는 이해할 수 있어도 실제로는 간단한 것이 아니다. 고객이 인지하는 가치에 초점을 맞추며 가치 창조력을 높이고 동시에 경쟁력을 높이기 위한 프레임워크가 CE · CS 사고이다.

앞에서 말한 것처럼 고객의 가치와 가격의 갭을 순수한 의미로는 고객의 만족도로 정의한다. 그리고 이 만족도를 체험하기 전의 기

그림 6-10 고객의 CE와 CS

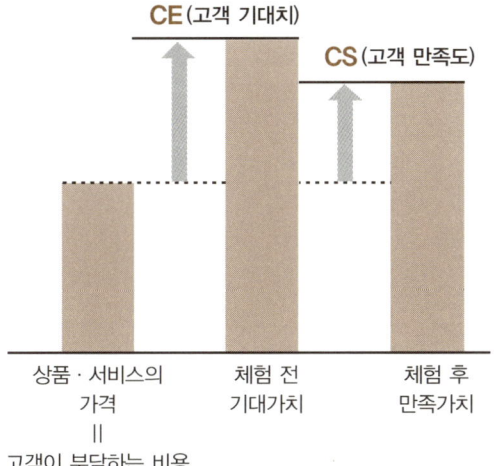

대치와 체험 후의 만족도 2가지로 포착한다. 통상 CS조사에서는 체험 후의 고객 만족도에 초점을 맞추는 일이 많다.

여기서는 체험하기 전에 고객이 상품이나 서비스에 기대하는 것을 'CE(Customer Expectation; 고객 기대치), 실제로 체험한 데다가 고객이 실감하는 것을 'CS(Customer Satisfation; 고객 만족도)'로 정의한다(그림 6-10). 예를 들면 1만 엔의 복주머니가 있다. 가게에서 3만 엔 상당이란 것에 이끌려 3만 엔의 기대치로 구입했다. 그러나 속을 뜯어보니 1만 엔 정도의 재고처분 상품만 들어 있었다. 이 정도의 만족도(CS)라면 내년에는 구입하지 않는다. 그러나 열어 보니 3만 엔 정도의 만족도(CS)였다면 줄을 설 정도로 복주머니는 인기

그림 6-11 복주머니의 CE와 CS

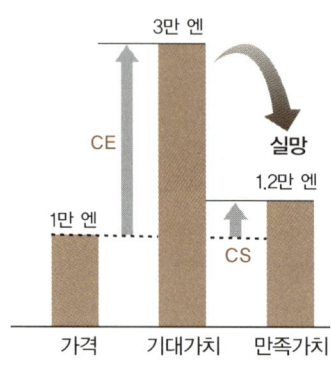
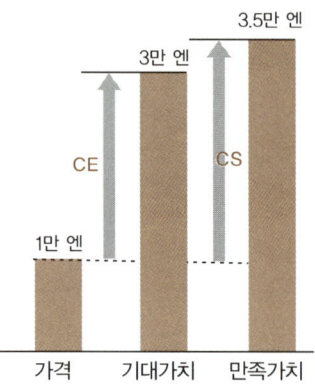

상품이 되는 것이다(그림 6-11).

CE는 체험 전의 기대치이기 때문에 CE가 가격을 웃돌지 않으면 고객은 시도하지 않는다. 즉, CE가 높지 않으면 새로운 고객을 창조할 수 없다. 이것은 상품이나 서비스에 한정되지 않으며 사람이나 기업에도 해당된다. 기대감이 없으면 그 기업의 상품이나 서비스를 사용하지도, 그 사람에게 일을 부탁하지도 않을 것이다.

한편 CS는 체험 후의 만족도이기 때문에 CS가 가격보다 낮으면 다른 선택의 여지가 없는 한두 번 반복해서 구입하는 일은 없다. 그리고 만족도 CS가 당초의 기대치 CE보다 낮은 경우에 반복의 가능성은 그 차이에 따라 낮아진다.

이상을 정리하면 고객의 기대치가 큰 데도 만족도가 그 수준에 도달하지 않으면 고객의 이탈을 불러일으킨다. 이것은 상품만이 아니고, 역시 기업이나 사람에 관해서도 같다. 기대해도 결과가 따르지 않으면 떨어져 나가는 것이다.

◎ **사례: 가전, 오디오 4개 사의 CE · CS**

〈그림 6-12〉는 가전, 오디오 관련 기업 4개 사의 1990년부터 1996

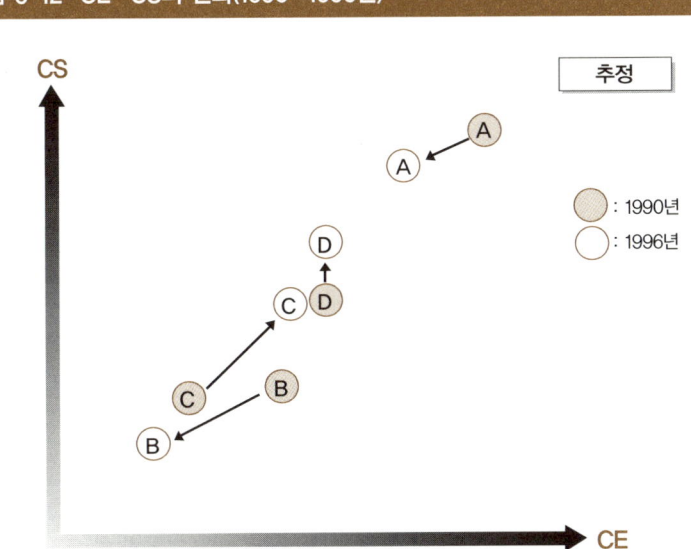

그림 6-12 CE · CS의 변화(1990~1996년)

CE: 고객 기대치(국제화, 신분야, 성장력, 기술력, 연구개발력 등의 CE에 관한 항목의 가중평균)
CS: 고객 만족도(제품의 질, 판매력, 고객대응력 등의 CS에 관한 항목의 가중평균)

년까지의 제품의 질과 고객 대응 등 CS에 관한 항목과 기술력, 연구개발 등 CE에 관한 항목을 가중평균을 내서 연도별 변화를 추정하고 분석한 것이다. CE·CS의 경향을 보자.

A사는 본래 높은 수준이지만 이 당시는 CE·CS가 같이 떨어지고 있다. 가장 문제가 되는 것은 B사이다. CE·CS가 동시에 하락하고 있다. 우선 CE가 떨어진다는 것은 고객의 기대치가 떨어지고 있다는 것으로 새로운 고객 니즈가 창출되지 않는다는 것이다. 즉 새로운 고객이 창조되지 않는 것이다. 그리고 CS도 크게 하락하고 있는 것은 지금까지의 기존 사용자까지도 B사 이탈을 하고 있는 것이다. 한편 C사는 CE·CS가 동시에 비약적으로 향상되고 있다. '신규 고객의 기대=욕구'를 창출하면서 동시에 기존 고객의 만족도도 높고 충성도도 높은 사용자를 확보하는 데 성공하고 있다.

그럼 이 CE·CS 모델을 사용해서 어떻게 고객의 가치를 높일 수 있을까? 기존 CS 조사의 문제는 무엇이 진짜 핵심가치인가에 대한 가중치가 부여되지 않은 채 불만족이라고 나온 항목을 모두 개선해야 할 결과로 묶어버리는 것이다. 이러한 분명하지 않은 해결방향으로 결론을 내리면 비용과 에너지를 들인 만큼의 효과가 나오지 않는다. 또 중요 항목이 처음부터 빠져 버리는 경우도 있다. 이것은 고객의 니즈를 파악하지 않는 본질적인 문제이고, 고객의 이해가 없는 채 CE·CS 분석을 해도 쓸데없는 것이다.

즉 CE·CS 모델을 사용해서 고객의 가치를 높이는 것은 당연한 일이지만 고객을 이해하는 것, 그리고 핵심가치가 무엇인가를 잘 파악하지 않으면 안 된다.

◎ **사례: 생명보험의 CE · CS**

〈그림 6-13〉은 생명보험의 고객 가치 시스템에 따라 CE · CS 조사를 행한 결과이다. 고객접점의 관점에서 정리한 것이지만, 크게 6가지 블록으로 정리할 수 있고 각각의 접점에서 가치가 발생하고 있다. 중요한 항목에 관한 CE · CS가 동시에 높은 것이 최적이다. 그리고 이 CE · CS 분석방법에서 특히 중요한 포인트는 다음 2가지로 정리할 수 있다.

CE가 높아도 CS가 낮은 경우 CS 향상을 위한 개선을 꾀한다

예를 들면 '구입 검토시의 대응력' 가운데에 '고객 니즈와 문제점의 이해' 항목이나 '구입 후의 활동' 가운데에 '라이프스타일이 변했을 때의 대응'은 고객의 기대는 대단히 높지만 현재의 만족도는 극히 낮다. 이처럼 CE가 높음에도 CS가 현저하게 낮은 경우는 재빨리 개선하지 않으면 고객이 인지하는 가치는 떨어지고 결국 경쟁력을 잃어버린다. 큰 틀로 보면 '구입시의 대응력', '상품내용', '구입 후의 활동'에 문제를 안고 있는 것을 알 수 있다.

이 생명보험의 경우는 CE · CS의 중요항목을 빠짐없이 작성하기 위해 사전에 우수한 영업사원과 실적이 떨어지는 영업사원의 그룹 인터뷰와 고객 인터뷰를 실시하였다. 그 곳에서 나온 가설은 우수한 영업사원은 구입 검토시의 문제 발견, 욕구의 파악에 상당한 에네지를 들인다. 그 단계에서 최종적인 계약으로 갈 것인지 어떨지는 대체적으로 예상되는 것 같다. 또 최고 수준의 영업사원은 계약 후의 대응에도 시간을 들여야 하고 신규 고객을 자신의 기존 고객에게서 소개받는 경우가 많다.

그림 6-13 생명보험회사의 고객 서비스에 관한 CE · CS

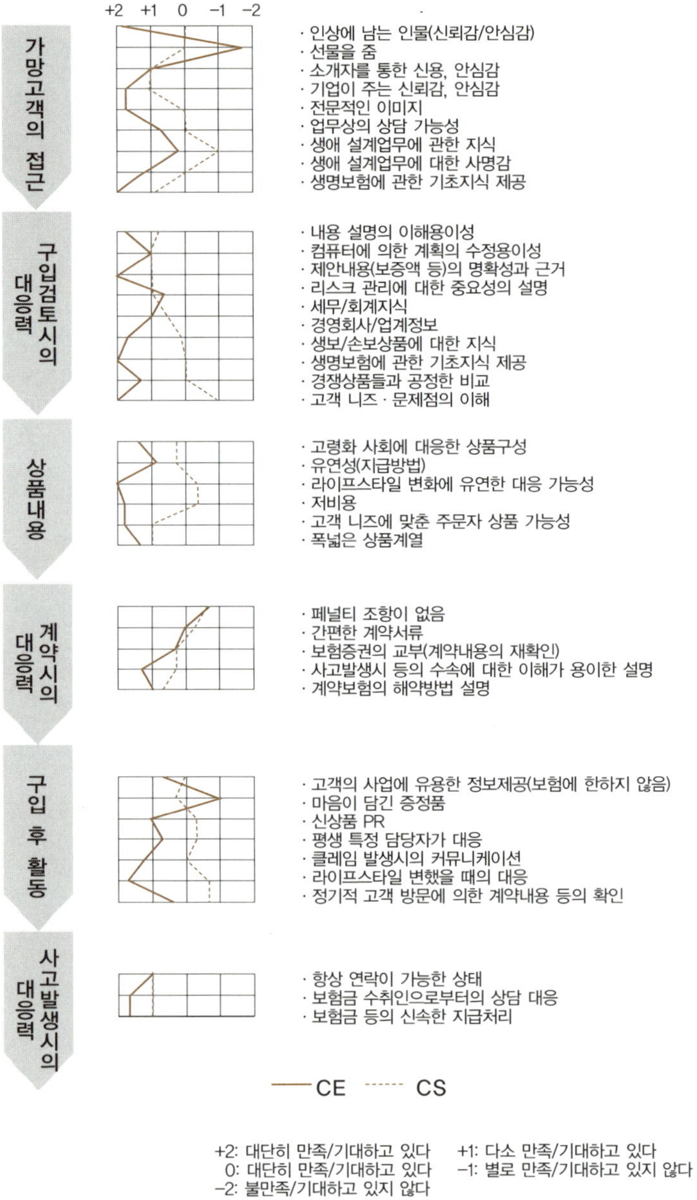

가망고객의 접근
- 인상에 남는 인물(신뢰감/안심감)
- 선물을 줌
- 소개자를 통한 신용, 안심감
- 기업이 주는 신뢰감, 안심감
- 전문적인 이미지
- 업무상의 상담 가능성
- 생애 설계업무에 관한 지식
- 생애 설계업무에 대한 사명감
- 생명보험에 관한 기초지식 제공

구입검토시의 대응력
- 내용 설명의 이해용이성
- 컴퓨터에 의한 계획의 수정용이성
- 제안내용(보증액 등)의 명확성과 근거
- 리스크 관리에 대한 중요성의 설명
- 세무/회계지식
- 경영회사/업계정보
- 생보/손보상품에 대한 지식
- 생명보험에 관한 기초지식 제공
- 경쟁상품들과 공정한 비교
- 고객 니즈·문제점의 이해

상품내용
- 고령화 사회에 대응한 상품구성
- 유연성(지급방법)
- 라이프스타일 변화에 유연한 대응 가능성
- 저비용
- 고객 니즈에 맞춘 주문자 상품 가능성
- 폭넓은 상품계열

계약시의 대응력
- 페널티 조항이 없음
- 간편한 계약서류
- 보험증권의 교부(계약내용의 재확인)
- 사고발생시 등의 수속에 대한 이해가 용이한 설명
- 계약보험의 해약방법 설명

구입 후 활동
- 고객의 사업에 유용한 정보제공(보험에 한하지 않음)
- 마음이 담긴 증정품
- 신상품 PR
- 평생 특정 담당자가 대응
- 클레임 발생시의 커뮤니케이션
- 라이프스타일 변했을 때의 대응
- 정기적 고객 방문에 의한 계약내용 등의 확인

사고발생시의 대응력
- 항상 연락이 가능한 상태
- 보험금 수취인으로부터의 상담 대응
- 보험금 등의 신속한 지급처리

—— CE   ······ CS

+2: 대단히 만족/기대하고 있다   +1: 다소 만족/기대하고 있다
 0: 대단히 만족/기대하고 있다   -1: 별로 만족/기대하고 있지 않다
-2: 불만족/기대하고 있지 않다

한편 실적이 나쁜 영업사원은 가망고객의 개척이나 상품의 제안, 계약에는 힘을 쏟고 있지만, 구입 검토시의 문제 발견, 니즈의 파악에는 시간을 들이지 못하고 있지 않다. 이것을 비교한 것이 〈그림 6-14〉이다.

이를 정리하면, CE · CS에 의해 문제점이 명확해진 것을 알 수 있

그림 6-14 솔루션형 영업: 생명보험의 예

우수한 영업사원의 부가가치창조 프로세스의 예

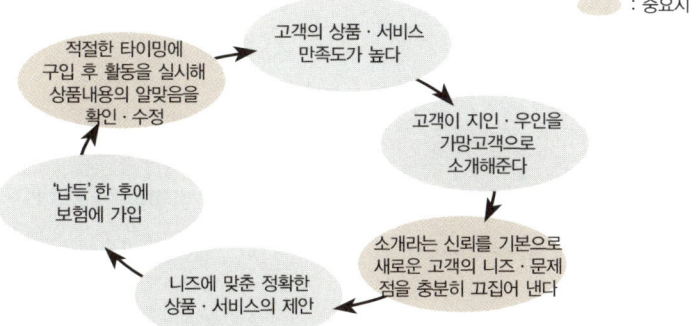

실적이 저조한 영업사원의 가치창조의 곤란의 예

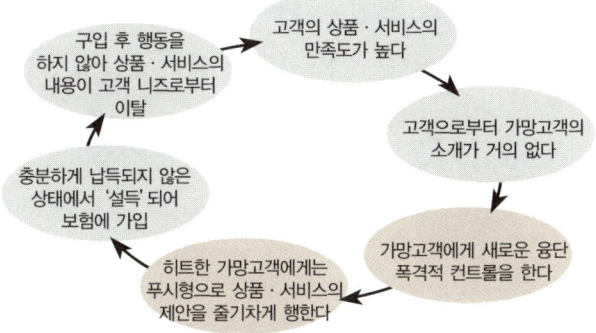

다. 요컨대 우수한 영업사원은 고객이 자신과의 여러 가지 접점에 있어서 어디에서 가장 고객에게 가치를 높일 것인가, 즉 핵심가치는 무엇인가를 경험적으로 파악하고 있다는 것이다. 이 전형적 예는 생명보험의 경우에만 국한하지 않는다. 구입 프로세스상 상품 자체 이외의 가치가 높을 것 같은 대면 솔루션 제공형 상품, 예를 들면 주택판매 등에도 그대로 적용된다.

아무튼 CE가 높음에도 CS가 낮은 경우 조급한 해결이 필요하다.

현재 CE가 낮아도 장래 CE가 높아질 가능성이 있으면 선점한다

현 상황에서 고객의 가치 실현이라는 의미로 보면 CE와 CS의 갭을 개선하는 것은 직접적으로 경쟁력을 높이는 것이다. 여기서 한 걸음 나아가서 생각해야 하는 것은 고객 자신이 변하기도 하고 규제 완화나 기술혁신 등에 의해 고객의 CE가 변하기도 한다는 것이다. 혹은 현재 고객 자신이 인식하지 못한 것도 있다는 것을 알아야 한다.

현재 CE가 낮아도 기업 측 제안에 의해 CE를 높이고 더욱이 실태로서 CS를 실현하는 것은 고객의 가치를 높이는 것과 동시에 커다란 차별화이다. 이 CE · CS 모델을 사용한 고객 가치를 높이는 접근법으로 한 가지 신경 써야 할 것은 아무리 CE · CS가 높아도 경쟁 상대에게 벤치마킹되어 버리면, 차별화는 지속하기 어려우므로 항상 스스로 새로운 가치를 창조할 필요가 있다는 점이다.

◎ **사례: 세탁기의 CE · CS**

가치의 실현(CS)

샤프에는 'CS 시트법'이라고 불리는 접근법이 있다. 이것은 위의 'CE가 높음에도 CS가 낮은 경우, 조속히 CS 향상을 위한 개선책을 꾀한다'는 생각의 접근법이다. 상품 구입자로부터 앙케트 조사에 바탕을 둔 〈그림 6-15〉처럼 매트릭스를 작성하고 매트릭스 오른쪽 아래의 중점 항목을 철저히 개선해서 효과를 올리고 있다. 이 방법이라면 구체적으로 상품의 어느 부문에 문제가 있는지를 알고 개발

그림 6-15 샤프의 'CS 시트' 분석

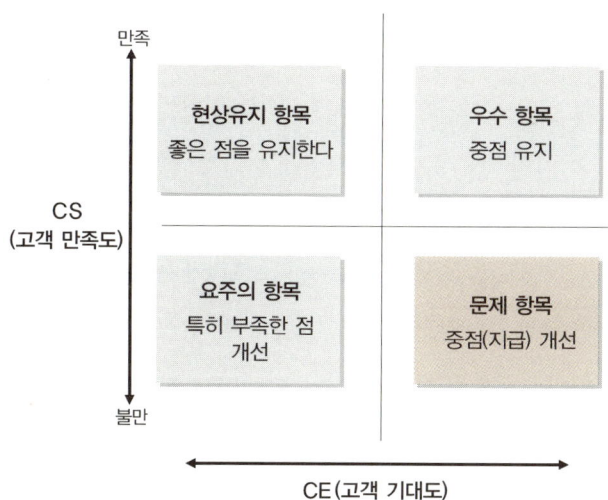

자료: 니케이비즈니스 편 『히트 치는 발상법 슈퍼가이드』 (1998)

자의 생각이나 가설을 재빨리 검증할 수 있는 것이다.

샤프에서는 개선점을 해결하는 가운데 이 접근법을 냉장고, 세탁기와 같은 가전제품에서 복사기, 팩시밀리에 이르기까지 폭넓게 도입하여 신제품 매출에 공헌하고 있다. 이처럼 샤프에서는 고객의 가치 실현을 CS를 통해서 실천하고 있다.

가치의 창조(CE)

도시바는 랩탑컴퓨터로 휴대용 컴퓨터의 흐름을 만들었을 뿐 아니라 가전의 영역에서도 기술혁신에 의해 새로운 고객 니즈를 창조하고 있다. 1997년 가을에 발매한 도시바의 'DD인버터 긴가(銀河)'는 일본 수요 연간 450만 대라는 성숙된 세탁기 시장에서 히트를 날리고 세탁기의 새로운 흐름을 만들었다.

종래의 세탁기 선택기준 CE · CS는 디자인, 조작성, 세정력, 절수 기능 등 높은 수준에 있었고, 동작음에 관해서는 CS도 낮지만 CE도 꽤 낮은 위치에 있었다. 샤프의 CS 시트 분석에 따르면 왼쪽 아래의 '요주의 항목'이지만 개선의 긴급성은 낮은 기능이었다.

그러나 도시바의 DD인버터 긴가는 인버터 방식에 의한 모터 회전수의 자유로운 콘트롤과 다이렉트 드라이브 방식에 의한 진동의 감소로 물이 돌아가는 소리가 거의 들리지 않을 정도로 진동음을 낮출 수가 있었다. 이러한 획기적인 기술 개발로 심야에 세탁을 해야 하는 맞벌이 부부들에게 어필되어 크게 히트친 것이다.

이것은 시대와 욕구의 변화 속에 높아진 동작음에 대한 CE를 도시바가 포착해서 CS를 실현하고 CE를 더욱 높인 것이다. 그 결과 경쟁사는 도시바에 의해 높아진 CE에 비해 CS가 낮아지고, 고객 가

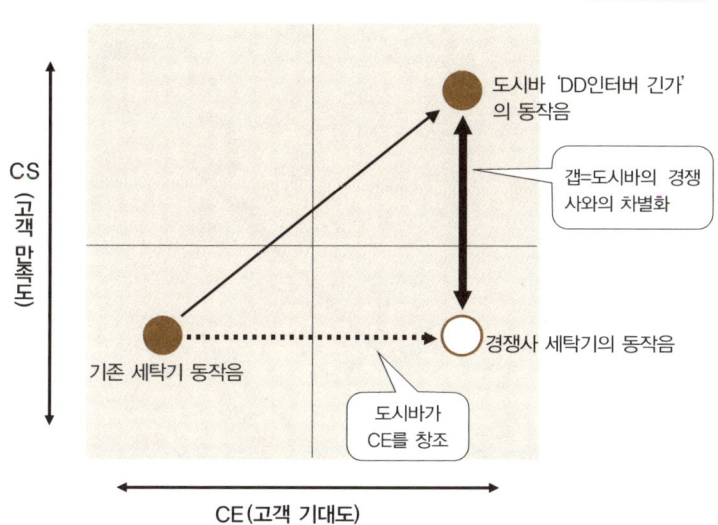

그림 6-16 도시바 'DD인터버 긴가' CE의 창조(1997년)

치라는 의미에서는 경쟁력이 뒤떨어져 버린 것이다. 즉 경쟁사가 따라오기까지는 도시바가 시장을 즐기게 된 것이다(그림 6-16). 이처럼 기존의 성숙형 상품이어도 기술혁신으로 새로운 고객 가치를 창조할 수 있으며, 결과로서 경쟁사와 차별화가 되어 새로운 시장의 창조로 연결되는 것이다.

전략 구상을 위해 자사의 독특한 비즈니스 구조를 설계하려면, 지금까지 설명한 바와 같이 고객에게 가장 중요하고 임팩트가 높은 가치인 '핵심가치'의 창조와 그 가치를 만들기 위한 비용인 '핵심

그림 6-17 CE·CS에 의한 가치 창조와 실현

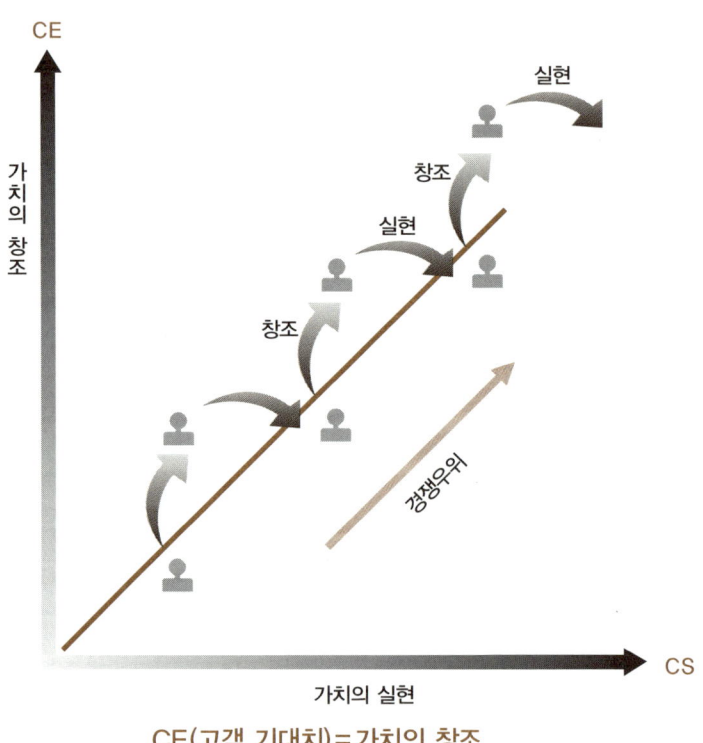

CE(고객 기대치) = 가치의 창조
CS(고객 만족도) = 가치의 실현

비용'의 재구축이 포인트가 된다. 그러기 위해 항상 기준을 고객에게 맞추어서 변화에 대응하는, 혹은 스스로 변화를 창조해 나가지 않으면 안 된다. 이 핵심가치를 창조하지 못하면 아무리 비용절감을 해도 결국은 타깃을 벗어나 기회손실을 일으킬 가능성이 커진다.

물론 지금까지 시종일관 경쟁사와 비교하면서 내부의 비용 경쟁력 강화에만 눈을 돌렸던 기업이 갑자기 고객 가치에 눈을 돌린다고 해도 조직문화 때문에 어려울지도 모르겠다. 그렇지만 이를 달성할 수 없다면 그 기업은 살아남을 수 없을 것이다. 앞으로 CE·CS에 의한 가치 창조의 빠른 실현을 '고객 가치를 과학화한다'는 관점에서 목표로 잡고 추진해 나가지 않으면 안 된다(그림 6-17).

7장

핵심 3: 리스크를 감안한 판단과 평가
전략 시나리오를 실행하기 전 리스크와 이익을 평가한다

strategic scenario
core skills and techniques

리스크와 이익의 평가

비즈니스 기회를 성장으로 바꾸기 위해서는 리스크를 감수해야 할 때가 있다. 그리고 기업이 목적을 달성하고 성장을 이루기 위해서 이익을 확보해야 한다. 그러나 이익은 100% 확실하게 보장할 수 있는 것이 아니다.

기업의 성장 발전을 위해 전략 시나리오를 실행에 옮기기 전에 '리스크의 평가'와 '이익의 평가'가 필요하다. 그러기 위해서는 명확한 기준을 가지는 것이 전략의 실행에서 꼭 갖추어야 할 필수요건이다.

전략을 구상하는 세 번째 핵심은 전략 시나리오에 대해 이익을 평가하는 '수익기준'과 리스크를 평가하는 '가치기준'의 2가지로부터 '전략 실행, 실행 안 함'의 판단 평가를 내리는 것이다(그림 7-1). 특히 현금흐름을 중심으로 한 '수익기준'과 경영이념을 중심으로 한 '가치기준'의 2가지 축으로 초점을 맞추지 않으면 안 된다. 이 판단 평가는 다음과 같이 행한다.

(1) 수익기준, 가치기준을 모두 만족시키는 경우: 전략 실행

그림 7-1 전략의 평가

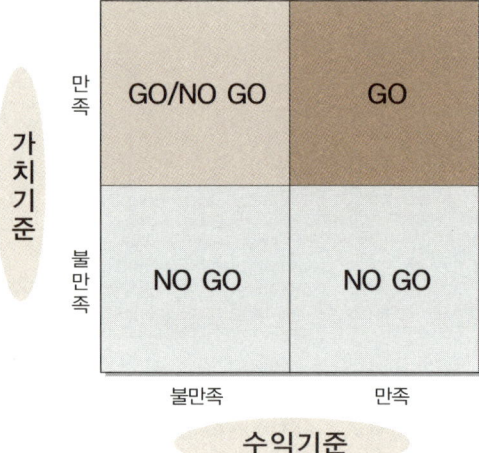

(2) 수익기준은 충족시키지만 가치기준을 충족시키지 못하는 경우: 실행 안 함

(3) 수익기준과 가치기준을 모두 충족시키지 못하는 경우: 실행 안 함

(4) 가치기준을 충족시키지만 수익기준을 충족시키지 못하는 경우: 전략 실행, 실행 안 함

(1)의 경우는 전략의 실행, 그러나 (2)와 (3)의 경우는 그 전략을 실행하지 않는다. (4)의 경우는 어떤가? 이 경우에는 가치 시스템과 비용 시스템을 재검토하고 수익기준을 충족시키지 않는 요인이

무엇인지 다시 한번 살펴볼 필요가 있다.

그리고 핵심가치와 관계없는 것에 수익을 압박하는 원인이 있다면 개선책을 생각해서 가치와 리스크의 밸런스를 보고 재평가할 필요가 있다. 혹시 핵심가치와 관계된 것에 원인이 있다면 핵심가치를 손상시키지 않는 것을 우선으로 해서 비용 시스템을 다시 살펴보고, 수익기준을 충족시킬 수 있는지 재검토해야 한다.

아무튼 변화가 심한 상황에서는 이러한 평가 판단에서 속도 개념이 필요하다. 왜냐하면 외적 요인의 변화에 의해 3C의 변화가 찾아오고, 본래의 구체적인 방향에 영향을 미칠 가능성이 항상 있기 때문이다.

이 판단 평가의 기준은 각 기업마다 몇 가지 독자적인 기준이 있게 마련이다. 그러나 자칫 빠지기 쉬운 문제는 누구에게 적용되고 무엇을 위한 기준인지, 수익기준이 장래의 성장을 위한 새로운 투자인지, 가치기준이 기업 본래의 존재와 목적에 합치하는지를 분명하게 판단할 수 없는 것이 많다. 기준이 애매한 채 실행된다면 모처럼 만든 전략도 성공할 수 없다.

전략 시나리오의 판단 평가에서 요구되는 것은 전략 사고의 스킬, 즉 '가치기준을 가지고 리스크를 감수하며 판단하는 능력'이다. 아무리 뛰어난 전략 시나리오를 그리려고 해도 리스크를 감수하며 판단하지 못한다면, 실행되지도 않을 뿐 아니라 의미가 없다.

전략 평가 축의 애매함이
기술혁신을 저해한다

왜 전략상의 리스크를 감수한 판단을 할 수 없는 것인가? 그것은 1부에서 명시한 것처럼 리스크를 기회로 바꾸기 위해 전략 사고의 스킬인 '가치기준을 가지고 리스크를 감수하여 판단하는 능력'이 약하거나 없기 때문이다.

◎ 우선 명확한 수익기준을 가져라

사업을 안정적으로 성장 발전시키는 데는 우선 이익이 필요하다. 따라서 먼저 이익의 실천적, 정량적 평가 기준이 중요하다. 그러나 이러한 당연한 수익기준조차 기업에 따라 불분명하다. 비즈니스를 계속하기 위해 이익에 주력하는 것은 투자자와 경영자 모두에게 당연한 것이다.

그러나 이 없어서는 안 될 절실한 이익이 거품경제 전의 많은 기업에는 명확하게 자리잡혀 있지 않았다. 이익을 생각하기 전에 매출이나 시장점유율 확대에 지나치게 눈을 돌렸기 때문에, 거품경제 붕괴 후 경영부진이 계속되고 있는 것이다.

무엇 때문에 누구를 위해 어떠한 이익이 중요한 것인가? 기업의 수익기준을 토론하는 데 있어서 이해관계자로서의 주주의 위치가 서구 기업과 비교해 일본 기업에서는 명확하지 않다는 것을 기억해야 한다.

◎ **리스크를 각오하고 가치기준을 가져라**

한편 수익이라는 판단기준만으로는 매출이나 이익의 변화, 사업의 성장·안정·쇠퇴의 사이클 변화 등 리스크를 넘어 새로운 가치를 창조하기란 어려운 일이다. 요컨대, 수익기준만으로 리스크를 판단할 수는 없다. 표면상의 숫자만으로 전략상의 판단을 하는 관료적 또는 기계적인 평가는 장래의 커다란 성장, 발전의 싹을 잘라버릴 가능성이 있다. 수익에 의한 평가는 구체적으로 정량화된 숫자를 기준으로 계산, 평가하기 때문에 형식적으로는 설득력을 가진다. 여기서 신경 써야 할 것은 그 숫자에 신뢰감이 있는지 하는 것이다. 신뢰성이 없는 숫자는 아무리 정교하게 가공을 해도 의미가 없다.

수익 축은 전략 시나리오를 판단, 평가하는 하나의 기준으로서 유효하다. 그러나 리스크를 감수하고도 때에 따라서는 '전략 실행' 사인을 내기 위해서는 또 하나의 축이 필요하다. 그것이 가치 축이다. 하지만 가치기준에 너무 집착해 리스크를 바르게 평가하지 못하는 현상이 벌어지고 있다. 기업이 앞으로 도전해야 하는 것은 이 2가지 축에 관해 명확한 기준을 구축하는 것이다. 글로벌화된 비즈니스 환경 아래 계속 성장하기 위해서는 '수익기준'과 '가치기준'의 2가지 축이 꼭 필요하다.

수익기준에 의해 판단, 평가한다

　수익을 판단하는 정량적인 판단기준으로서는 손익계산서와 대차대조표가 있다. 매출, 이익, 자산을 기본으로 하는 접근법과 현금흐름을 기본으로 한 접근법 2가지다.

　손익계산서나 대차대조표상의 매출, 이익, 자산을 기본으로 한 접근법은 영업이익, 매출액영업이익률, 매출성장률, ROE(Return On Equity: 주주자본이익률), ROA(Return On Total Assets: 총자산경상이익률), 손익분기점 등 숫자를 판단기준으로 하는 것이다. 한편 현금흐름을 기본으로 한 접근법에는 NPV(Net Present Value: 순현재가치)법, IRR(Internal Rate of Return: 내부수익률)법, 회수기간(payback period)법 등이 있다.

　최종적으로는 각각의 기업이 고유하게 전개하는 사업의 판단기준으로 적정한 것을 선택하면 된다. 그러나 단기적인 사업 운영이나 장기적 사업 가치의 관점 또는 글로벌 스탠더드로 봐도, ROE와 현금흐름을 기본으로 한 사업평가 접근법은 중요성이 높다.

- ROE: 투하자본에 대한 이익을 반영한다.

- 현금흐름: 진짜 경영실태를 정직하게 반영한다.

◎ **실천적 주주 우선의 지표: ROE**

ROE란 주주의 출자분과 과거 이익의 누적분 합계인 자본이 어느 정도의 이익을 내는지를 나타내는 지표이다. 이것은 자본주의에 있어서 기업활동의 원점은 투하된 자본에 의해 생겨난 이익이라는 관점으로 본다면, 다른 지표와 비교해서 간단하고 이해하기 쉽고 또 현실적인 수익지표이다.

$$ROE = \frac{당기이익}{자기자본(자본의\ 부의\ 합계)}$$

ROE는 자본에 대한 이익이라는 측면에서 주주를 중시하는 지표이며, 동시에 글로벌 스탠더드에서 수익기준의 실천적 공통언어로서 중요시되는 지표이다.

미국에서 매출액이 톱인 기업의 ROE는 20% 전후이다. 그에 비해 일본의 매출액 톱인 기업은 2~3% 전후 수준임을 감안할 때, 현실적으로 그 차이가 너무나도 큰 데 놀랄 수밖에 없다(그림 7-2).

이것은 각국 CEO의 이해관계자에 대한 비중이 확실히 다른 데서 나온 것이다. 기업의 목적함수의 설정방법, 즉 수익기준의 타깃이 누군가를 살펴봐서 주주를 최우선으로 생각하고 있는가, 혹은 주주의 니즈는 무엇인가의 내용이 크게 다르다고 할 수 있다.

대다수의 일본 기업에는 매출이 올라가면 고정비로 흡수되어 상대적으로 이익이 올라간다는 '매출성장률주의'(한계이익도 같은 생각임)와 매출에 대한 비용을 최소화해서 이익 폭을 증대시키는 '매

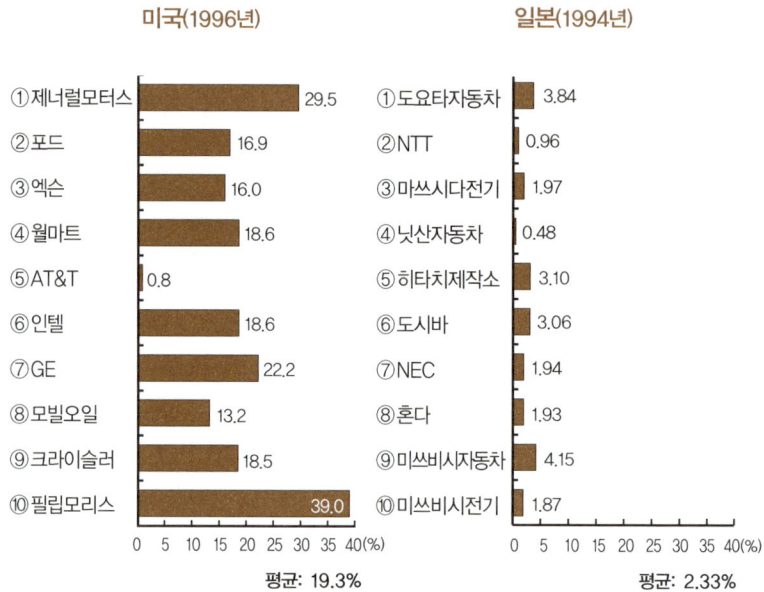

출액이익률주의'가 많이 보인다. 이것은 고도성장기의 잔영이라고 해도 좋을 것이다.

그러나 이와 같은 이익에 대한 자세를 굳게 지켜가면서도 왜 그곳에 기준을 두는지, '무엇 때문에, 누구를 위해, 어떠한 이익이 중요한가'에 대한 이유가 명확하지 않다. 그것이 불명확한 채로 단지 글로벌 스탠더드라니까 따라간다는 식으로는 ROE를 지표로 삼아도 아무 의미가 없다. 가령 ROE 목표를 10%로 설정해도 그것이 전략 시나리오에 있어서 명확한 기준이 되는 것은 아니다.

그럼 '무엇 때문에, 누구를 위해, 어떠한 이익'이라는 것을 확실히 하기 위해서 ROE를 분해해 보자. ROE는 다음과 같이 분해할 수 있다.

$$ROE = \frac{당기이익}{매출액} \times \frac{매출액}{총자산} \times \frac{총자산}{자기자본}$$

$$= 매출액당기이익률 \times 총자산회전율 \times 재무레버리지$$
$$\quad\;\;(수익성) \qquad\quad (효율성) \qquad\;\; (부채의 유효활용)$$

원래 ROE는 손익계산서의 이익과 대차대조표의 자기자본을 기본으로 하고 있다. 이처럼 분해하면 균형잡힌 지표라는 것을 금방 이해할 수 있다. 단, ROE를 이용하는 데 있어 주의할 점은 재무레버리지의 항목을 늘리려면 자기자본을 줄이고 부채를 늘려야 ROE가 올라간다는 것이다. 즉, 어느 정도의 의도적인 조작이 가능하다. 또 ROE의 분해는 각각의 항목이 독립되어 있지 않기 때문에 단순히 재무레버리지에서 효과가 나도록 돈을 빌려도, 역으로 지급금리가 커지면 당기이익이 내려가 역효과가 나기 쉽다.

또 ROE는 확실히 그 단순성 때문에 이해하기 쉬운 지표이지만, 분자의 당기이익과 분모의 자기자본은 모두 부가가치를 기본으로 한 숫자이기 때문에 경영의 실태에서 괴리될 가능성이 있다. 어쨌든 ROE를 수익기준의 지표로 활용할 때의 포인트는 투자자에 대한 기업의 책임을 어느 만큼 중요시하는가에 따라 달라진다는 것이다.

이러한 ROE의 실용성과 한계를 겪고 나서 1990년대로부터 구미의 선진 기업에서 도입하기 시작한 수익기준이 다음에 소개하는 현금흐름법이다.

◎ 경영실태를 반영하는 지표: 현금흐름

현금흐름의 원점은 가정으로 말하면 가계부, 기업으로 말하면 현금출납장에 해당한다. 요컨대 사업활동에 필요한 올바른 현금의 출입을 여실히 나타낸 것이다.

현금흐름은 사업이나 기업의 수익상 평가기준으로서 대단히 중요하다. 현금흐름이 ROE의 사상을 반영하면서도 장래의 경영을 생각하는 데 중요한 역할을 하는 것은 비즈니스의 실태를 정확히 반영하며, 기업활동의 자유도를 지배하기 때문이다. 이 2가지 이유를 하나씩 살펴보자.

현금흐름은 비즈니스의 실태를 정확히 반영한다

손익계산서, 대차대조표 등 재무제표는 회계규칙에 따른 형식상의 숫자일 뿐이며, 정확히 경영실태를 반영한다고는 할 수 없다.

회계규칙상의 이익은 기업활동이 순조롭게 진행되고 있을 때의 미래 예측치에 지나지 않고, 확실히 그 이익을 확보할 수 있다고 말할 수 없다. 또 실질적인 현금의 흐름인 현금흐름은 활동 항목에 따라서는 활동과 현금의 움직임에 커다란 시간 차가 발생해서, 손익계산서상 이익이 나도 실제로는 현금이 부족한 경우가 있다(그림 7-3).

외상매출금의 예를 들면, 손익계산서에서는 자동적으로 매출이 계상되고 비용을 빼고 이익에 반영된다. 그러나 거래 상대가 지급하는 측면에서 보면, 매출은 지금의 회기나 회계연도 내에 현금을 발생시키지 않는 경우가 있다.

그림 7-3 현금흐름표

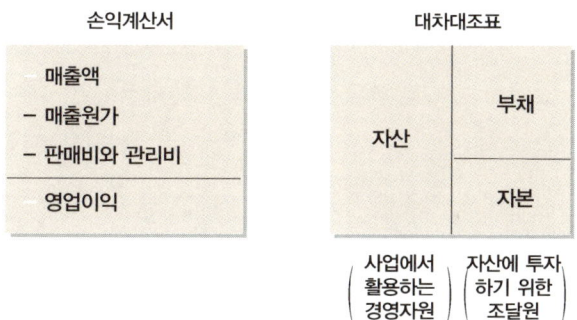

* 현금흐름의 정의는 사업에서 만들어지는 자유현금흐름으로 한다.

재무제표

손익계산서

  매출액
– 매출원가
– 판매비와 관리비
  영업이익

대차대조표

자산	부채
	자본

사업에서 활용하는 경영자원 / 자산에 투자하기 위한 조달원

형식상	타임래그	리스크
외상매출금 → 즉시 회수 불가능		→ 회수불능의 불량채권은 현금으로 들어올 수 없다.
재고 → 바로 매출, 현금에 직결되지 않음		→ 팔고 남은 불량재고의 가치는 제로
감가상각 → 투자비용의 선계산		→ 빗나간 거액의 투자는 현금흐름을 극도로 압축
고정자산 → 현금화에 시간이 필요		→ 토지처럼 하락이 극심하면 실질적 가치는 반감

한편 자산에 속하는 외상매출금은 현금을 발생시키는 것으로 되어 있지만, 실은 현금흐름 측면에서 보면 현금 부족이 된다. 만일 거래처가 도산한다면 이 현금 부족분을 메울 수가 없다. 그 때문에 어딘가에서 융자를 받아 현금 부족분을 메우지 않으면 안 되지만, 은행의 대출지연 등으로 융자를 받을 수가 없다. 그렇게 되면 수익을 내고 있으면서도 현금이 부족해 흑자도산을 하는 사태로 이어지는 것이다.

현금흐름이 기업활동의 자유도를 지배한다

현금이 없으면 손익계산서상 이익이 나도 흑자도산이 되는 것이다. 그것은 현재의 회계규칙상 속임수가 있기 때문이다. 거품 붕괴 후 현금 부족에 의한 운전자금을 조달할 수 없다는 경영과제는 중소기업에 있어서는 일상적으로 일어나는 문제였지만, 대기업에 있어서는 별로 관계없는 먼 이야기였다. 그러나 거품 붕괴 후 갑자기 은행의 여신관리도 엄격해지고(본래 그렇게 하는 게 원칙이지만), 대기업이라고 해도 과잉투자나 자금조달이 한계에 이르러 사업 운영을 위한 현금을 마련할 수 없게 되었다. 그에 따른 여파로 야오한, 미타공업, 오쿠라상사 등이 경영파탄을 일으켰다. 지금도 역시 현금흐름으로 인해 파산할 수 있는 기업이 얼마든지 있다.

거품경제 이후의 이러한 상황을 반영해서 일본 기업에 있어서도 현금흐름을 기본으로 하는 사업 평가 시스템을 도입하는 곳이 늘고 있다. 현금흐름은 비즈니스의 실태를 반영하는 한편, 기업활동의 자유도를 꾀하는 지표가 되고 있다.

전략을 실행하고 사업의 안정적 성장을 꾀하는 데는 사업활동과 그 활동에 필요한 현금흐름부터 볼 수 있는 판단력이 필요하다. 전략과 현금흐름의 관계를 명확히 하고, 최소 자금회전의 시뮬레이션을 해두지 않으면 안 된다. 현금흐름은 확실히 전략 판단 조건 중 하나다.

사업의 현재가치

더욱이 현금흐름을 중시하는 흐름에 바탕을 둔 장기적인 사업의 가치는 미래에 걸쳐 발생하는 현금흐름을 현재가치로 나누어 계산

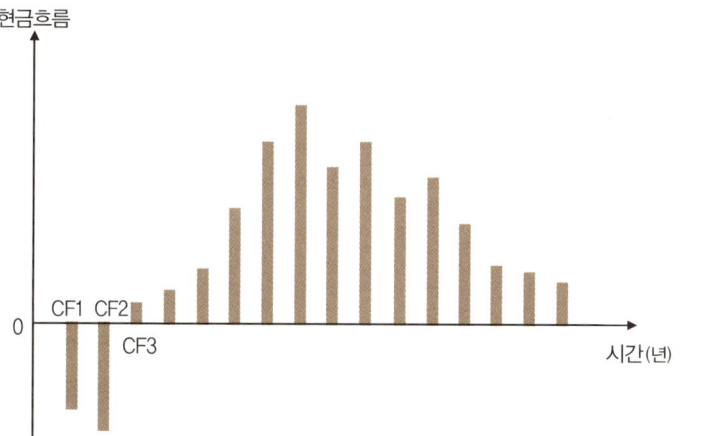

그림 7-4 사업의 현재가치

사업의 순현재가치(NPV: Net Present Value)

$$NPV = CF1 + \frac{CF2}{(1+r)} + \frac{CF3}{(1+r)^2} + \cdots\cdots$$

1년　　2년　　3년　　　　　(r: 할인율)

(CF=영업이익+감가상각비−설비투자액−순운전자금의 증가액−법인세)

한 것의 총합으로 결정된다.

코카콜라, GE 등 미국의 일류기업에서는 사업평가의 기본 축으로 현금흐름에 무게중심을 두고 있다. 그리고 현금흐름의 최대화를 목적으로 전략을 설정하고 있다. 그것은 현금흐름으로부터 나오는 사업의 현재가치가 사업의 시장가치인 주가에 직접 연동되기 때문이다.

사업의 순현재가치, NPV란 현금흐름을 자본비용으로 나누어 산출한 숫자이다. 이것은 사업의 라이프사이클로부터 매년 발생하는 현금흐름을, 현재 시점에서의 가치로 나누어 소급한 것으로 사업에서 실제로 발생한 수익을 나타낸다(그림 7-4). 즉 현재의 현금흐름 평가가 장래의 사업가치를 나타내는 것이다.

주주가치를 최우선으로 하는 코카콜라는 현금흐름의 증대를 수익상의 목적함수에 두고 있다. 이렇게 해서 얻은 현금은 주주에 대한 배당과 자사주의 매입으로 분배된다. 그 결과 코카콜라의 ROE는 1996년 약 60%에 이르렀다. 이것은 코카콜라의 약 2배 가까운 매출 규모를 자랑하는 펩시콜라의 ROE에 비해 약 4배의 숫자이다.

펩시는 켄터키프라이드치킨, 피자헛 등의 패스트푸드에서 후리토레 등 스낵과자까지 다각적으로 사업을 전개하고 있다. 이에 반해 코카콜라는 수익성이 높은 음료부문 하나에 사업을 집중하고 있다. 진짜 돈을 번다는 관점에서는 펩시를 큰 폭으로 상회하고 있다고 할 수 있다.

이처럼 현금흐름은 현재의 경영 상태를 정직하게 나타내고, 한편으로 미래의 기업가치를 결정짓는 지표이다. 그렇기 때문에 ROE와 같이 전략 시나리오의 수익기준 축으로서 유효한 지표라고 말할 수 있다.

◎ 감도분석에 의한 전략 시나리오의 평가

현금흐름을 바탕으로 한 전략의 평가가 중요하다는 것은 잘 알고 있으리라 생각된다. 그러나 경영의 실태를 정직하게 나타내는 현금흐름이라고 해도 어디까지나 거기에는 미래의 예측이 포함되어 있다는 것을 잊어서는 안 된다. 현금흐름의 확보라는 것은 비즈니스에 의해 지금부터 만들어지는 것을 예측하는 데 바탕을 둔 것이다. 그렇기 때문에 아무리 정교하게 숫자를 만들어도 단순히 표면적인 숫자로는 전략상의 판단기준이 될 수가 없다.

비즈니스에서는 숫자가 대단히 중요한 의미를 지닌다. 그러나 한편으로는 어디까지나 불확실성이 있다. 이러한 불확실한 상황에서 전략적인 판단을 내리려면, 지금까지의 여러 가지 변동요인을 확실히 살피고 난 뒤 그 변동요인에 의해 변화하는 폭을 파악하면 판단의 정밀도가 높아진다.

현금흐름은 적어도 '최선', '최악'과 '가장 일어날 것 같은'의 3가지 폭에서 파악해야 한다. 이처럼 불확실한 요인이 관계된 가운데, 결과의 폭을 몇 가지 케이스로 나누어 시뮬레이션하는 것을 감도분석이라 한다(그림 7-5).

예를 들면 감도가 크게 영향을 미치는 요인인 환율변동, 시장성장률, 획득한 시장점유율, 가격하락률 등의 주요 지표에 관해 상황에 맞추어 현금흐름의 영향을 시뮬레이션한다. 통제하기가 어려운 외부 요인 가운데 영향도가 큰 요인은 빠지지 않도록 하는 것이 비결이다.

그림 7-5 감도분석의 개념

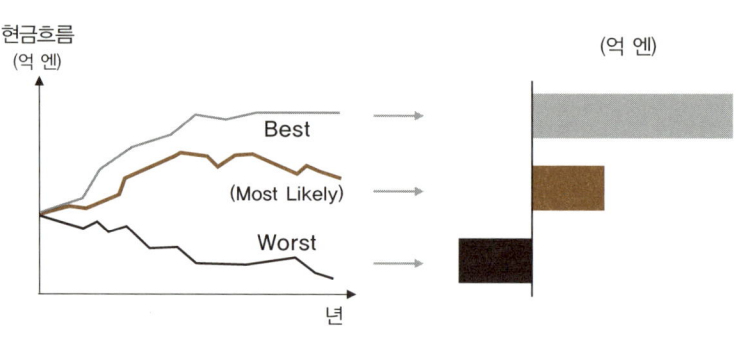

이처럼 장래 기대되는 현금흐름의 현재가치의 총화를 최대화하는 것을 목적으로 사업을 운영하는 것을 VBM(Value Based Management: 가치창조 경영)이라고 한다.

이상 전략 시나리오를 판단, 평가하는 수익기준으로 ROE, 현금흐름, 현재가치, 민감도분석을 설명하였다. 반복해서 말하지만, 어디까지나 이 수익기준을 사용하는 판단, 평가는 사업을 안정적으로 성장, 발전시키기 위한 이익확보에 대한 평가이다. 이 수익기준만으로 판단하는 것은 전혀 의미가 없다. 왜냐하면 아무리 수치화해도 시뮬레이션 결과에 크게 민감한 전제조건이 미래에 불규칙적으로 변화하지 않으리라고는 아무도 예측할 수 없기 때문이다. 그렇기 때문에 또 하나의 가치기준과 맞추어 판단하지 않으면, 리스크를 동반한 새로운 가치창조를 위한 전략 시나리오를 실행하는 것은 불가능하다.

가치기준, 경영이념에 의해 평가한다

◎ **숫자만으로는 평가할 수 없다**

현금흐름과 ROE의 수익기준에 의한 평가는 과거의 숫자에 입각한 추정이고, 숫자의 근본이 되는 장래 조건의 불확실성을 생각하면 판단기준으로는 한계가 있다. 또 책정된 시나리오가 기업의 엄격한 수익기준을 만족시키고 있지 않다고 해서 기각해 버리는 것은 미래의 기회를 조기에 꺾어 버리는 것과 같다. 요컨대 새로운 가치를 창조하는 전략적 판단을 수익상의 숫자만으로 판단하는 것은 새로운 기업의 성장을 저해할 가능성도 있는 것이다(그림 7-6). 예를 들면 사업을 다각화하는 기업이 ROE 기준을 높게 설정하면 숫자가 낮은 사업은 자동적으로 도태된다. 그러나 숫자가 낮은 사업 가운데 미래에 발전할 가능성이 있는 것도 숨어 있을 것이다.

앞에서 말한 코카콜라의 예처럼 음료사업에 초점을 맞추는 것으로 현금흐름이 윤택해지고 매출 성장도 확보되면 최상이다. 그러나 반대로 수익제일주의인 관리형 운용에 빠져 축소균형에 빠질 가능성도 있다. 더욱이 너무나도 높은 ROE나 현금흐름을 설정한다면 이보다 낮은 신규 사업은 배제할 가능성도 있다.

그림 7-6 전략 평가 매트릭스

- 현금흐름
- ROE(Return on Equity)
- IRR(Internal Rate of Return)
- ROA(Return on Total Assets)
- ROS(Return on Sales)
⋮

본래 수익을 확보, 회수해서 미래의 가치창조로 연결시켜야 할 앞선 수익기준도 앞뒤가 뒤바뀌어 버려 잘 팔리는 상품만을 남기는 편의점의 POS 시스템과 같이 축소균형의 기능으로밖에 움직이지 않게 된다. 즉 운용 수익률은 올라도 새로운 상품이나 서비스는 생기지 않고 기업 구조에 스스로를 묶어둘 가능성이 있기 때문이다.

◎ **가치기준의 기본은 경영이념**

그래서 중요한 것이 또 하나 전략평가의 축으로서 '가치기준'이다. 새로운 고객의 가치를 창조하기 위해서 기업 내 부문의 입장이나 조직의 구조라는 벽을 뛰어넘어 전략 시나리오를 구축하고, 미래의 불확실한 상황 속에서도 리스크를 감수하고 미리 앞서 기회를 노리는 것이 중요하다. 그리고 그 시점에서 수익기준을 충족시키지 못했다고 해도, 성장을 위해 리스크를 취할지 판단하기 위해서는 기업 고유의 공통된 판단기준이 있어야 한다.

그 '가치기준'의 기본이 되는 것이 판단, 행동의 지침이 되는 경영이념이다. 경영이념이란 문화와 가치관이 다른 각 개인의 벡터(vector)를 지역, 지위, 입장을 넘어 같은 방향으로 향하게 하는 것이다. 즉, 여러 가지 방향으로 향하고 있는 벡터를 바꾸는 구심력을 가지는 것이다. 일본 대기업의 대부분은 이 구심력인 경영이념을 가지고 있으면서도 새로운 가치창조를 향해 두터운 벡터로 바꾸지 못하고 딜레마에 빠져 있다. 경영이념이 가치기준으로 기능하고 있지 않다.

비즈니스 현장에 눈을 돌려보자. 제일선의 비즈니스맨은 항상 매출액, 전년도 성장률과 같은 여러 가지 관리지표에 묶여 있다. 특히 불황 속에서는 그 관리가 점점 엄격해졌다. 더욱이 인사평가에 있어서 종신고용제가 붕괴하는 가운데 연봉제에 의한 엄격한 평가가 실시되고 있다.

이처럼 어느 쪽으로 눈을 돌려도 돈의 축밖에 보이지 않는 상황에서는 의지할 곳이 없는 채 황폐해져 사기가 저하된다. 최고경영자의 눈이 미치지 않는 곳에서 현장의 가치관이 경영이념으로부터 멀어지고 있다. 한 사람 한 사람이 판단, 행동할 지침으로서 기능을 다할 수 없게 된 것이다.

◎ **경영이념에 피를 통하게 한다**

　대기업만이 아니다. 벤처기업도 고민이다. 벤처기업은 대기업보다 훨씬 많은 리스크와 그에 따른 기회에 과감하게 도전하는 것으로 급성장을 이루어 왔지만, 그 과정에서 언제부터인가 성공의 밧줄에 묶여 그곳에서 도망치지 못하게 되었다. 다음 단계로 나아가는 데 필요한 리스크와 기회를 취하지 못하는 상태에 빠져 버린 것이다.

　그 원인은 초기 단계에 성장의 견인차 역할을 한 최고경영자의 가치기준이 성공과 함께 그 역할을 다하게 되어, 다음에 생겨나는 기준은 수익기준만 남기 때문이다. 수익기준 이외의 것들을 포함해서 기업을 이끌어갈 새로운 가치를 창조해 내기 위해서는 '경영이념'의 창조가 중요해지는 것이다. 벤처기업의 최고경영자가 진정한 기업의 최고경영자로 변신할 수 있는가 하는 것은 최대의 도전과제이다.

　경영이념은 장식이 아니다. 형식만 있는 명문화된 문언은 필요없다. 로고를 보기 좋게 만들어도 의미가 없다. 전략을 평가하고 현장의 판단이나 행동에 살아 있는 피를 통하게 할 수 없으면 '가치기준'이 되기 어렵다.

　중요한 것은 경영이념이 기업이 새로운 것을 시도하기 위한 지침이 될 수 있는가이다. 경영이념은 전략을 만들 때 도달목표를 나타내는 이정표가 되고, 또 지금까지의 접근법을 근본적으로 변경하는 판단기준이 되기도 한다. 의사결정이 크게 흔들릴 때도 역시 판단기준이 된다. 그러므로 경영이념은 애매해서는 안 된다. 또 어느 기업에나 적용되는 것도 안 된다. 추상적이라 해도 전략 시나리오의 판단 평가를 위한 '가치기준'으로 기능하고, 사원 한 사람 한 사람의 판단기준이 되어야 한다. 자기 회사의 경영이념이 과연 본래의 기능을 다하고 있는지 살펴보자.

경영이념이 어떻게 기업가치를 만드는가

'경영이념'이란 기업 고유의 새로운 가치를 창조하기 위해 어떠한 방향으로 어떻게 나아갈지 의사와 행동을 나타내는 지침이다. 경영이념은 기업과 개인의 사기를 높이고 존재의 근거가 되어야 한다. 또 단기적인 비즈니스의 환경 변화에 크게 좌우되지 않고 경영전략의 근간이 되는 기업행동, 윤리의 규범이다. 즉 기업 고유의 가치관이라고 말할 수 있다. 이 경영이념을 매출액이나 이익률로서 표현하고 있는 기업도 많다. 그러나 매출이나 이익은 미래의 성장을 확보하기 위한 투자 재원에 지나지 않는다. 기업의 목적은 이익을 위해 존재하는 것만은 아니다. 이익은 어디까지나 기업이 계속적으로 경제활동을 하고 존속하기 위한 가솔린에 지나지 않는다. 매출과 이익의 숫자를 아무리 나열해도 새로운 가치를 창조하기 위한 가치기준이 될 수는 없다.

이 경영이념을 더욱 구체화한 것이 '기본이념', '비전', '행동규범'이다(그림 7-7). 기업은 이것들을 여러 가지로 부른다. 사명, 목적, 미션, 가치관, 행동기준, 행동지침, 사시, 사훈, 경영방침, 기본지침 등으로 부르지만, 본질적인 내용은 상기의 3가지(기본이념, 비

그림 7-7 경영이념의 3요소

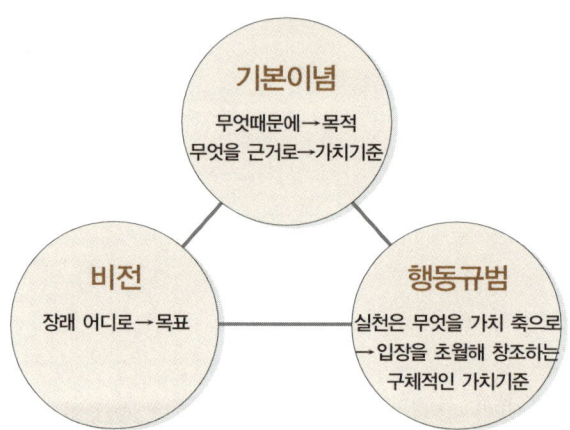

기본이념	기업존재의 목적과 달성하기 위한 신념이 되는 근본적 가치기준. 경영기법은 어프로치 방법이고 풍토·문화는 활동의 결과이며 이익의 추구는 성장의 원천이 되지만, 그 자체가 기본이념이 될 수 없다.	'우리는 항상 품질을 제일로 한다. 어떠한 어려움이 있어도, 좋은 상품을 국내외에 영속적이고 대량으로 공급해서, 문화의 진보 향상에 공헌하는 것을 목적으로 한다.' 롬 사의 기업목적
비전	시대의 흐름을 반영해서, 전략책정의 목표가 되는 사업영역과 커다란 방향성을 나타낸 기업 독자의 도달해야 할 이상적인 모습 기업경영을 지탱하는 이해관계자(기업에 직접적/간접적으로 관계하는 사람들)인 고객, 주주, 사원, 거래선, 지역주민에 대한 비전의 커뮤니케이션은 CE(고객 기대치)를 높이는 데 연결되며, 중요한 것이다	'네트워크 서비스를 중심으로 Value Chain Company를 지향한다.' 소니의 21세기를 향한 비전
행동규범	기본이념에 입각하여 비전을 달성하는데 있어, 실천상의 행동근거가 되는 판단기준. 입장을 초월해서 비전을 달성할 때나 리스크를 감히 무릅쓰지 않으면 안될 전략적 판단을 행할 때의 행동과 평가의 판단기준이 된다.	'세상에 없는 것을 만드는 것이 개발의 방침' 키엔스의 조직 계층을 초월하는 개발의 행동규범

전, 행동규범)가 포함되어 있다.

'기본이념'은 기업의 존재 목적과 그 목적을 달성하기 위한 신념이 되는 근본적 가치기준이다. 어떤 새로운 가치를 어떻게 창조하려고 하는가, 어떠한 것을 해야 좋은가, 혹은 하지 말아야 하는가의 자기주장이다.

'비전'은 전략 책정에 있어서 목표가 되는 것이다. 사업영역을 나타내고 어디로 나아갈지 방향을 나타낸 것이다.

'행동규범'이란 기본이념에 바탕을 둔 기업비전을 달성하는 데 있어서 실천적인 판단기준이 되는 것이다. 즉 누구와 어떻게 관계를 맺는지 행동할 때 구체적으로 나타내는 가치기준이다.

이 3가지 요소에 의해 구성되는 경영이념은 기업과 그 구성원에게 전략적으로 리스크를 취할 때 판단을 하는 지침이 된다. 그리고 기업과 같이 성장, 발전해 가는 개개인에게 앞선 도전을 지원해 주는 것이다. 즉, 경영이념은 사장실의 액자에 넣어 장식하는 것이 아니고, 무엇인가 행동할 때마다 한 사람 한 사람 머릿속에 재음미되어야 하는 것이다.

그 좋은 예로 〈그림 7-8〉의 'GE 가치'를 들 수 있다. GE의 사원은 이 카드를 늘 휴대하고 다니면서 국경을 넘어, 입장 차이를 넘어, 현장 토론을 할 때 판단기준으로 삼는다.

경영이념은 전략 시나리오를 판단, 평가하는 가치기준이다. 바꾸어 말하면 새로운 가치창조를 향한 강력한 힘이다. 그러나 한 사람 한 사람의 판단, 행동의 지침으로서 기능을 다하지 못하는 경영이념으로는 전략 시나리오를 판단, 평가할 수 없다.

그림 몇 개 회사의 기업 경영이념을 참고로 하여 어떠한 경영이

그림 7-8 GE 가치 - 'Wallet Card'

GE Values

GE Leaders...Always with Unyielding Integrity:
- Have a Passion for Excellence and Hate Bureaucracy
- Are Open to ideas from Anywhere... and Committed to Work-Out
- Live Quality... and Drive Cost and Speed for Competitive Advantage
- Have the Self – Confidence to Involve Everyone and Behave in a Boundaryless Fashion

- Create a Clear, Simple, Reality-Based Vision...and Communicate it to All Constituencies
- Have Enormous Energy and the Ability to Energize Others
- Stretch...Set Aggressive Goals...Reward Progress...Yet Understand Accountability and Commitment
- See Change as Opportunity...Not Threat
- Have Global Brains...and Build Divers and Global Teams

념이 어떠한 새로운 가치를 창출하는지, 혹은 창출하지 못하는지 살펴보자.

◎ **가오**

가오라고 하면 상품개발의 5원칙으로 유명하다(그림 7-9). 이 5원칙은 가오의 기본이념이다. '좋은 상품을 만들어 고객의 마음을 움직여 만족시킨다'에 바탕을 둔, 메이커의 생명선인 상품개발에 대한 실천적 행동규범을 나타내고 있다.

그림 7-9 가오: 기본이념

가오의 기본이념	좋은 상품을 만들어 고객의 마음을 움직여 만족시킨다.	▶ 기본적 가치관
가오의 사명	가오는 창의와 혁신에 찬 기업활동을 통해서, 세계 속의 고객에게, 진정한 만족과 기쁨을 주는 가치 있는 서비스를 제공해서, 풍부한 생활문화의 실현에 공헌하는 것을 사명으로 한다.	▶ 목적
경영이념 기업활동의 근거	1. 세계속의 고객에게 '마음을 움직여 만족감'을 전한다. (고객만족의 실현) 2. 독창적인 발상과 기술에 의해, 혁신적인 제품을 만든다. (혁신적인 제품개발) 3. 고객의 신뢰에 응하기 위해, 성장을 이룬다. (이익을 바탕으로 한 성장) 4. 개개인의 능력을 존중하고, 결집해서 기업의 힘을 결집한다. (개개인의 힘의 결집) 5. 환경과의 조화를 도모하여, 사회와 좋은 관계를 구축한다. (사회적 책임의 수행)	▶ 행동규범
상품개발 5원칙	1. 그 상품이 진정으로 사회에 있어 유용하게 사용되어야 한다. 2. 그 상품에 자사의 창조적인 기술과 기능이 담겨 있어야 한다. 3. 상품화되기 전에 Performance By Cost로 다른 상품보다 뛰어나야 한다. 4. 그 상품이 상품화되기 전에 철저한 소비자 테스트를 실시하고, 그 심사를 버텨낼 수 있어야 한다. 5. 유통 장소에 그 상품에 관한 정보를 소비자에게 전달할 수 있는 능력이 있어야 한다.	▶ 상품개발시 실제 행동규범

자료: http://www.kao.co.jp

    1980년 이후 계속된 가오의 독특한 신상품 개발을 보면 상품개발의 5원칙을 잘 살려내고 있음을 이해할 수 있다(그림 7-10).

    그러나 한편으로 가오는 대기업 부품 제조사 등과의 경쟁이 심해지고 성장성, 수익성의 전망이 없어지자, 1998년 CD-ROM 사업에

그림 7-10 가오의 기업이념을 반영한 신제품(1980년부터)

1980년	화장비누를 대신하는 부드러운 중성타입의 새로운 세안방식 '비오레' 발매
1982년	피부생리에 맞춘 새로운 기초화장품 '가오 소피나' 발매
1983년	탄산가스의 혈액순환 촉진효과에 착안하여 개발한 정제타입의 발포입욕제 '바브' 발매
1987년	콤팩트형 세제 '에택' 발매
1989년	변기에 흘려 버릴 수 있는 변기 청소용 시트 '토이레트 퀵클' 발매
1994년	주거용 청소도구 '목재마루용 퀵클 와이퍼' 발매
1996년	콧방울 땀기름 제거팩 '비오레 모공 상쾌팩' 발매
1997년	물을 쓰지 않고 자동차 외부를 깨끗이 씻어 주는 '카마이펫트베가'를 발매

자료: http://www.kao.co.jp

서 철수할 것을 결단하였다. 가오는 1985년 플로피디스크 생산으로 정보산업에 뛰어들어 다각화를 꾀하려고 하였다.

일본, 미국, 캐나다, 아일랜드에서 CD-ROM을 생산하고, CD-ROM에 소프트웨어를 전자인쇄하는 사업도 착수하였다. 수백억 엔 이상 추정되는 정보산업에서의 철수는 단순한 성장성, 수익성의 관점을 넘어서는 커다란 결단이었다.

이 정보산업은 왜 실패했을까? 가오의 경영이념에 명확한 사업영역을 내포하지 못한 것이 원인 중 하나였다고 생각할 수 있다.

'독창적인 발상과 자사의 창조적인 기술에 의해 고객이 만족할 좋은 물건을 만들자'는 명확한 지침은 있지만, 플로피디스크, CD-ROM의 생산에서 독창적 발상과 창조적 기술이 어떤 영향력을 발휘하였는가? 타사와의 차별화된 기술에 바탕을 두고 있었는가? 앞에 예를 든 카마이펫베가, 어택의 경우처럼 눈에 보이는 창조적인 발상과 기술이 정보 분야의 제품으로는 꽤 어려웠던 것이지, 혹은 가격경쟁이라는 커다란 파도에 삼켜진 것인지 상세한 것은 알 수 없지만, 아무튼 성장의 리스크를 취하고 상품을 개발하고 과거의 결단에 속박되지 않고 빠르게 사업이나 상품의 스크랩앤드빌드를 행하고 있는 데는 변함이 없다. 기업의 새로운 발전을 위해 가오의 기본이념은 전략상의 판단, 평가에 반영되어 있다고 말할 수 있다.

◎ **혼다**

창업자 혼다 소이치로가 1946년 혼다의 전신인 혼다기술연구소를 하마마쯔에 설립한 이래, 이 회사 기업경영의 저류에 면면히 흐르는 것은 '기쁨'이 중심이 되는 기업이념이다(그림 7-11). 혼다의 철학인 '인간존중과 3가지의 기쁨(사는 기쁨, 파는 기쁨, 만드는 기쁨)'이 혼다의 가치창조 엔진이 되고 있다.

오디세이를 비롯한 독특한 상품개발로 한때 빠져 있던 '오퍼레이션 사고'를 벗어나 재생을 꾀하는 데에 성공하였다. 그리고 대격전의 글로벌 시장 속에서 계속해서 성장하기 위해 개발, 생산, 판매의 모든 비즈니스 현장에 혼다의 이념을 반영시켰다.

이것은 삼현주의(三現主義)라고 불렸는데, '현장에 갈 것', '현물을 알 것', '현실적일 것' 3가지를 문제해결에 있어서 실천 행동규범으로 적용하였다.

'수사에 어려움이 있을 때 범행현장을 다시 방문하라'는 드라마에서 자주 듣는 말이지만, 문제에 봉착했을 때 현장에 가라는 것은

그림 7-11 혼다: 기업이념

기업이념 The Honda Spirit	고품격 모빌리티(Mobility) 문화의 창조를 향해	
기본이념	인간존중 3가지 기쁨(사는 기쁨, 파는 기쁨, 창조하는 기쁨)	목적과 기본적 가치관
사훈	우리들은 지구적 시야를 가지고 세계 속의 고객만족을 위하여 고품질의 상품을 적정한 가격에 공급하는 것에 전력을 다한다.	
운영방침	항상 꿈과 젊음을 유지할 것 이론과 아이디어와 시간을 존중할 것 일을 사랑하고, 커뮤니케이션을 적절히 할 것 조화된 일의 흐름을 만들어 낼 것 부단의 연구와 노력을 잊지 말 것	실천상의 행동규범
삼현주의 (三現主義)	현장에 갈 것 현물(또는 현상)을 알 것 현실적일 것	

자료: http://honda.co.jp

오퍼레이션 사고에 빠졌을 때 특히 유효한 방법이다.

「니케이신문」의 이미지 조사에 따른 분석에 의하면, 1990년 전반에 한때 떨어졌던 CE과 CS가 1990년대 후반에는 모두 회복기조로 돌아섰고, 새로운 고객의 창조와 기존 고객의 충성도 향상을 꾀할 수 있는 것으로 인식되었다.

이념과 젊음이 넘치는 도전적인 정신을 계속 지킬 수 있다면, 글로벌한 수준의 합종연횡이 급속하게 진행되는 자동차 업계 속에서 도요타와 함께 살아 남는 일본 기업 중 하나가 될 것이 분명하다. 이는 혼다의 이념에 바탕을 둔 새로운 가치창조에 달려 있다.

◎ **시세이도**

시세이도에는 1921년에 업무혁신상 유의점으로 정리한 사훈 '시세이도 5대주의'가 있다. 그 정신을 이어받아 1989년 제정된 것이 '기업이념'이다.

기업이념은 '시세이도는 무엇을 가지고 세상에 도움을 줄 것인가'라는 기업의 사명과 사업 영역을 정하고 그것을 위한 행동규범을 명문화한 것이다(그림 7-12). 더욱이 'The Shiseido Way'는 1997년 기업이념 실천을 위해 사원 한 사람 한 사람의 활동지침을 기업윤리의 관점까지 포함하여 명확히 해둔 것이다.

이 이념을 바탕으로 시세이도가 상품화한 저알레르겐 쌀 '파인 라이스'는 아토피성 피부염으로 고민하는 사람을 위해 시세이도와 도쿄대학 농학부, 요코하마시립대학이 공동개발한 것이다. 이것은 1993년 국가의 특정 보험용 식품 제1호로 인가를 받았고, 1997년에는 '환자용 식품'으로 후생성의 허가를 받았다.

이 '파인 라이스' 사업은 실적이 좋지 않아 한때 퇴출도 고려되었지만, 아토피로 고민하는 고객의 강한 요망과 시세이도의 기업이념, 'The Shiseido Way'에 입각해 사업을 지속할 것이라고 한다.

이 파인 라이스 사업이 앞으로 성장할지 어떨지 모르지만, 중요한 것은 사업, 상품, 비즈니스 활동 하나하나가 기업이념에 따라 철저하게 논의되고 있는가 하는 점이다.

명문화된 기업이념이 가치를 창출하는 것은 어디까지나 기업활동이나 행동이 반영될 때이다. 혹시 반영되지 않는다면 그 이념의 가치는 제로일 뿐만 아니라 오히려 마이너스가 될 수 있다. 왜냐하면 현장에서의 실천이 따르지 않는 경영이념은 기업의 구심력을 발

그림 7-12 시세이도의 기업이념과 'The Shiseido Way'

기업사명 사업영역	**기업이념(1989년 제정)** 우리들은 많은 사람들과의 만남을 통해서, 새로운 깊이가 있는 가치를 발견하고, 아름다운 생활 문화를 창조한다.	▶ 목적과 기본적 가치관
행동규범	1. 고객에게 기쁨을 주는 것을 목표로 한다. 2. 형식에 얽매이지 말고 결과를 찾자. 3. 본심으로 이야기하자. 4. 넓고 깊게 생각하고, 대담하게 도전하자. 5. 감사의 마음으로 행동하자.	▶ 실천하기 위한 행동원칙

The Shiseido Way – 시세이도 기업 행동선언(1997년 제정)

"고객과 함께"
아름답고 싶다. 건강하고 싶다. 행복하고 싶다.
이 고객의 소망을, 고객과 함께 키워 뛰어난 품질과 가치의 창조를
통해서, 풍부하게, 만들어 가겠습니다.

"거래처와 함께"
마음을 함께하는 거래처와 좋은 파트너십을 맺어 연대하겠습니다.
그리고 성심성의껏 목표를 향해 상호도움이 되는 노력을
계속하겠습니다.

"주주와 함께"
질 높은 성장을 통해 정당하고 건전한 성과의 축적·제공과
투명한 기업경영에 의해, 주주의 이해와 공감을 얻는 활동에
노력하겠습니다.

"사원과 함께"
사원 한 사람 한 사람의 독창성과 다양성은 우리들의 재산입니다.
그 능력의 끝없는 비약과 활동을 응원하고 공정하게 평가합니다.
그리고 사원의 여유와 풍부함의 충실에 노력하고, 함께 성장해 가
는 것을 목표로 합니다.

"사회와 함께"
모든 법률을 준수합니다.
안전과 지구환경에 대한 배려를 무엇보다도 우선합니다.
우리들은 지역사회와 연대해서 국제사회와의 조화를 도모하면서,
가지고 있는 문화자본을 기반으로 글로벌 수준의
아름다운 생활문화를 만들어 갑니다.

▶ 각 이해관계자의
수준에 맞춘
실천적 행동규범

그림 7-13 전략의 3C와 3S

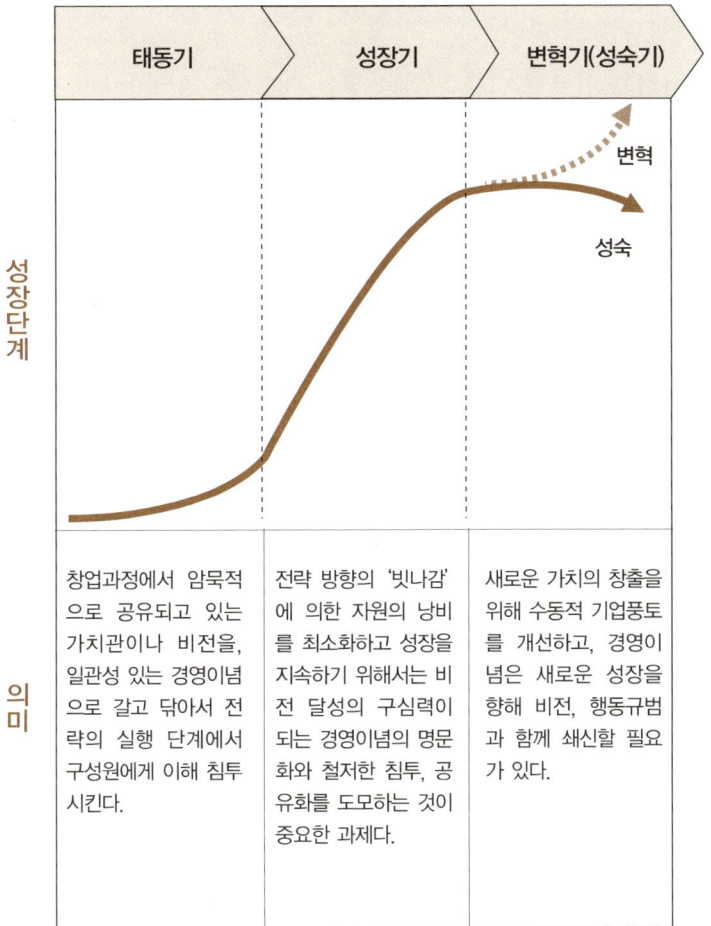

휘시키지 못할 뿐만 아니라 비즈니스의 정열과 사기를 현저하게 떨어뜨리기 때문이다.

일본 기업의 대부분은 성장의 한계에 직면하고 있고, 전략의 '변혁 단계'를 맞고 있다(그림 7-13). '사고의 모럴해저드'를 뛰어넘어 새로운 기업 가치를 창조하기 위해서 지금이야말로 전략의 경영이념에 쇄신이 필요하다.

또 어떻게 하든 이념을 기업의 구석구석까지 침투시켜 비즈니스의 현장에 활용시키는 것이 비즈니스 리더의 사명이며, 꼭 해야 할 최우선 과제이다. 이렇게 현장에 침투해서 활용되는 경영이념이야말로 전략 시나리오의 판단, 평가의 가치기준이 될 수 있는 것이다.

가치기준이 되는 경영이념의 조건

◎ **파이오니어 2005 비전**

일본 최초의 스피커 분리형 스테레오에서 카 스테레오, 업소용 가라오케 기기 생산까지 진출한 파이오니어(pioneer)는 문자 그대로 시장개척자다. 소비자의 CE(고객 기대치)와 CS(고객 만족도)를 30년간 계속 충족시켜 온 파이오니어는 가라오케 기기의 점유율이 급격히 떨어지고 있으며 매출·수익이 모두 떨어지고 있다(그림 7-14).

파이오니어는 수익확보를 위해 본사 인원의 대규모 구조조정을 계속했고, 1998년 10월에는 1969년 이래 30년간 사용하던 로고를 변경하여 경영이념의 쇄신을 꾀하였다(그림 7-15). 이때 최고경영자가 주창한 이념과 비전의 목적은 파이오니어의 사원이 자발적으로 힘 있게 행동할 수 있게 만들어 주는 것이었다.

1998년 8월 31일 〈니케이비즈니스〉와의 인터뷰에서 이토 사장은 "솔직히 말해 파이오니어 직원 중에는 지시를 기다리는 직원이 많았습니다. 관리직이라도 넙치형의 사람이 많습니다. 넙치는 눈이 얼굴 위에 달려 있어 위만 볼 수 있습니다"라고 말했다. 이것은 스

그림 7-14 파이오니어의 매출과 경상이익

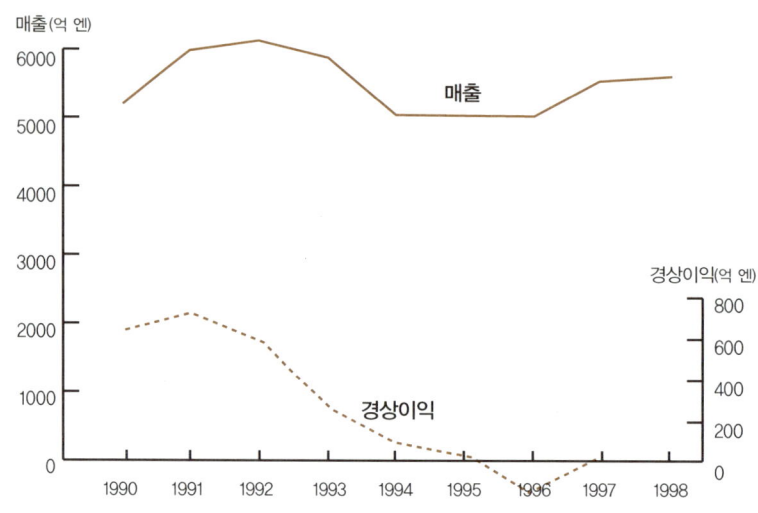

스로 책임과 리스크를 회피하는 '오퍼레이션 사고'의 전형이다.

신생 파이오니어가 앞으로 해야 할 일은 이 새로운 경영이론을 어떻게 현장의 밑바닥까지 침투시켜 실천 규범으로 삼을 수 있는지 살펴보는 것이다. 그리고 사원 한 사람 한 사람이 전략 사고를 가지고 스스로 사명에 의해 전략을 실행할 수 있는지가 중요하다.

침투된 이념은 궁극적으로 기업에 있어서 책정된 실행 가능한 퍼스널 아이덴티티도 쇄신할 수 있다. 파이오니어가 빠른 시일 내에 떨어진 사기를 바꾸어 버리는 힘을 가지게 되기를 바란다.

◎ **경영이념의 내용과 창조 프로세스의 조건**

경영이념이 가치기준이 되기 위해서는 현장에 침투시켜 실천 규범으로 삼아야 한다. 그와 동시에 경영이념이 리스크를 기회로 바꾸고 새로운 가치를 창출해 내지 못하면, 아무리 현장 침투를 해도 기업은 변할 수가 없다.

그래서 문제가 되는 것은 첫째, 이념의 내용과 관련된 조건이다. 둘째는 이념이 비즈니스 현장의 행동규범으로 살아나기 위해 필요한 이념 창조 프로세스의 조건이다. 우선 이념의 내용에 관해서 보면, 새로운 가치를 창조하는 전략을 평가하는 기준, 비즈니스 현장에서의 혼돈을 불식시키는 규범, 조직의 계층을 뛰어넘어 앞선 토론을 가능케 하는 기준이라는 의미로 다음의 4가지 조건이 충족되어야 한다.

- 기업 고유의 독창성이 넘쳐 있을 것
- 단순하고 명쾌하게 방향성을 두고 있을 것
- 변화와 리스크에 도전할 것
- 개념적인 일도 구체적 행동의 척도가 될 것

기업의 이름을 바꾸어도, 업종을 바꾸어도 성립할 것 같은 개념은 영향력이 없고 사람의 마음을 끌지 못한다. 또 행동규범이든 경영방침이든 사훈이든, 이것저것 항목을 늘리면 그만큼 기준으로는 기능하지 않는다. 인간의 머리 속에서 행동시 기준이 되는 것은 대개 3가지다.

또 추상적이고 기업의 사상이 보이지 않는 것은 구체적 이미지가 머릿속에 떠오르지 않는다. 따라서 이념에 합치하지 않는 것을 배제하는 작용은 기대할 수 있지만, 명확하게 방향에 초점을 맞추고

그림 7-15 파이오니어 2005 비전

기업이념	보다 많은 사랑과 감동을
기업목표	엔터테인먼트를 창조하는 기업
사업비전	1. DVD 사업에 있어 세계 1위 지향 2. 차세대 디스플레이 PDP, 유기 EL의 사업기반 확립을 지향 3. 스탠드 얼론(Stand Alone) 중심의 사업에서 네트워크 대응의 사업으로 영역 확대 4. 기존의 어셈블리형 사업 형태의 카-디바이스앤드 카-테크놀러지 사업 형태의 추가 5. 매출목표 　2005년　연결 매출액　1조 2000억 엔 　　　　　연결 세전이익　　550억 엔 　　　　　연결 ROE　　　　10%
경영방침	고객만족을 제일로 생각하는 경영(CS경영)
기업자세	공정과 합리 스피드와 유연성 긍정성과 적극성

자료: 파이오니어 광고

깊이 들어가는 데는 도움이 되지 않는다.

경영이념을 창조하는 프로세스의 조건을 한마디로 말하면 '활용할 수 있는가'이다. 경영관리의 창조 프로세스는 〈그림 7-16〉처럼 정리할 수 있다. 그러나 본질적으로 활용할 수 있는지의 여부는 '모두(all)'이거나 '전혀(nothing)'이다.

특히 최종적으로 활용할 것을 염두에 두면 이념 창조의 단계에서 사원의 참여도 중요하겠지만, 사내에서 이념을 만들 경우의 한계는

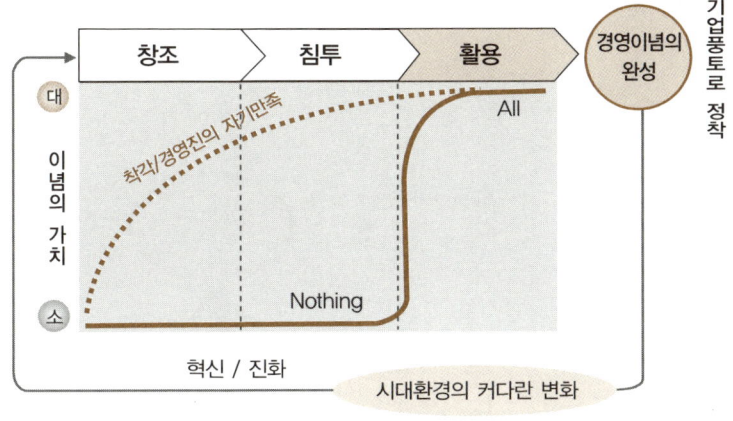

그림 7-16 경영이념의 창조/진화의 프로세스

비전의 틀이 넓어지며 안 된다는 점이다. 그러나 반대로 무리하게 넓히려고 하면 오퍼레이션 사고에서 갑자기 건너뛰어, 추상적이고 비현실이 되어 실감나지 않는 이념이 되어 버린다.

그러나 외부에 지나치게 의존하면 일단 객관적으로 현실적인 이미지가 넘치게 만들 수 있겠지만, 현장 침투 단계에서 한계를 느끼게 된다.

더욱이 이념을 활용하는 수준까지 높이기 위해서는 이념을 전략의 일환으로 삼는 것은 물론, 모집활동에서 인사평가, 교육연수 제도까지 모든 활동에 흡수되어야 한다. 그리고 GE의 잭 웰치가 실천하려고 한 것처럼 최고경영자 스스로가 항상 현장 직원들과 함께 현실의 문제와 이념에 대해 토론하고, 교육의 장에서 계속 이념에 대해 이야기하는 것이 가장 중요하다.

그림 7-17 경영이념과 전략

경영이념은 '전략'을 기업의 비전을 달성할 수 있게 하는 기준

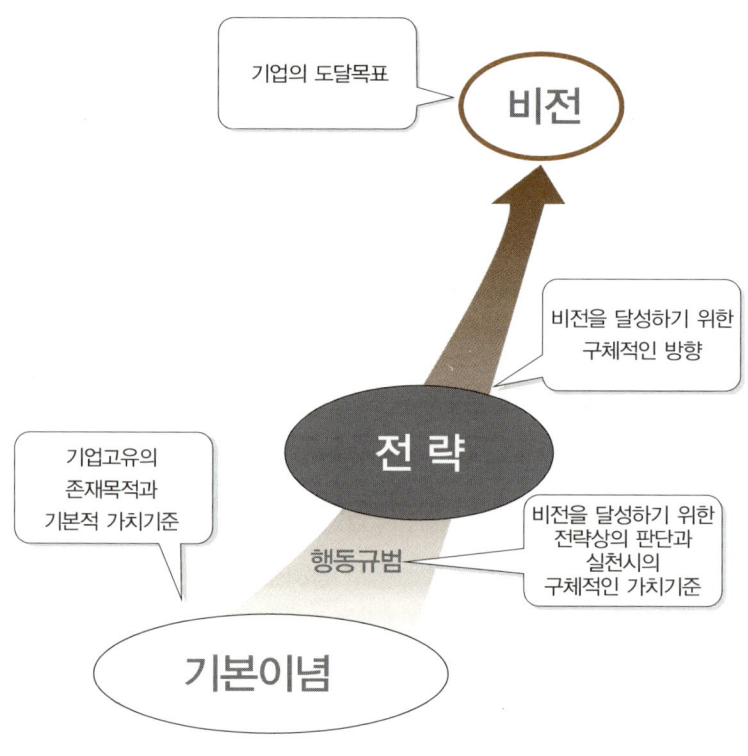

본질적으로 경영이념은 변하는 것이 아니다. 시대적 환경의 커다란 흐름과 함께 변하는 것이다. 기업의 풍토나 문화는 기업활동의 결과로서 축적된 수동적인 것이다.

그리고 시대적 환경 가운데 혁신을 하기 위해 전략에 짜 넣은 능

동적인 경영이념이 중요하다. 기업의 풍토나 문화의 혁신은 경영이념에 바탕을 둔 하나하나의 전략 실행 결과에 의해서만 달성되는 것이다(그림 7-17).

맺음말

조직에 전략을 침투시켜라!

◎ '이익 추구'와 '기업이념의 달성'은 양립할 수 없는가

많은 기업이 최우선 경영이념으로 '고객제일', '고객지향'을 내세운다. 그러나 실제로 보면, 진정으로 고객의 입장에서 경영을 추진하는 기업은 극히 일부에 지나지 않는다. 고객의 이익과 자사 이익 중 양자택일을 강요당하는 상황에 놓이면, 대부분 눈앞의 이익을 우선시하게 마련이다. 원래 기업에 있어 '성장을 위한 이익'과 '이념'은 모순될 수 없는 것이다. 그러나 지금 이 2가지가 완전히 괴리되어 트레이드 오프 상태에 있다.

고객의 눈높이에 맞춘 기업이념의 핵심과 경영활동을 통해 이익을 올려서 성장하는 것 사이에는 괴리감이 존재한다. 이 괴리감은 기업 규모와 관계없이 확대되고 있으며, 그것이 최전선에서 활동하는 비즈니스맨의 사기를 현저하게 떨어뜨리고 있다.

◎ 왜 성장을 위한 이익을 내지 못하는 것일까

이 책을 집필하게 된 계기는 "왜 일본 기업은 성장을 위한 이익을 내지 못하는 것일까?"라는 의문 때문이었다. 지금은 구조 변화의 시대이다. 스스로가 적극적으로 기회를 만들지 않으면 성장을 위한 이익을 낼 수 없다.

그러나 기회와 리스크는 표리일체의 관계이다. 기회를 만들기 위해서는 리스크를 감수하지 않으면 안 된다. 그렇다고 하면 이번에는 "왜 기업은 리스크를 감수하지 않는가?" 하는 의문이 든다. 이 의문에 대답하려면 본문 중에 나오는 것처럼 '직면한 리스크에 도전하여, 리스크를 기회로 바꾸는 결단력을 가지고 있는가?' 라는 경영이념의 본질적 문제가 부각된다. 이러한 단순한 의문을 해명하는 과정이 바로 이 책『맥킨지식 전략 시나리오』이다.

◎ 이 책의 특징

기업이 직면하고 있는 과제는 각각의 기업에 따라 크게 다르다. 따라서 전략 구상의 프로세스에 대해 모든 기업이 공통된 프레임워크를 망라하여 추출하려고 하면 실제로는 대단히 복잡하다. 혹시 만들어졌다고 해도 그 프로세스에 따라 충실하게 전략을 구상하면, 막대한 시간과 에너지가 요구되는 어려운 작업이 되고 현실성도 없어지게 된다. 그렇게 되면 시간이나 정보의 한계가 있는 비즈니스 현장에서는 전혀 사용할 수 없게 된다.

이 책은 이러한 전략 구상의 틀을 복잡한 도식화에 빠지지 않게 가능한 한 단순화하여 비즈니스의 현장에서 실천할 수 있도록 설계하였다. 실천 가능하도록 만드는 것은 필자의 신조이다. 이는 앞서 저술한『맥킨지식 사고와 기술』에서도 똑같이 적용하고자 노력하였다.

이 책은 실천가능한 전략 시나리오를 구상하는 데 핵심이 되는 사고와 기술로 구성되어 있다. 먼저, 처음에는 '핵심'을 완전히 구축하는 것이 중요하다. 핵심이 명확하고 확고하다면, 현장에서 실행하기도 쉬워진다. 그러나 핵심이 흐지부지된 채 전략을 구축하면, 아무리 치밀하게 설계를 해도 반드시 돌이킬 수 없는 흔들림이 발생한다. '핵심'이란 차의 엔진에 해당하는 것이다. 엔진을 만들 때는, 기계 성능의 가능성과 한계를 정확히 파악해야 한다. 그것은 기업을 형성하는 사람, 물자, 돈 전체의 성능이다. 이 기업이라는 기계로부터 최고의 성능을 끄집어내서 움직이게 하는 엔진이 전략인 것이다.

그러나 이 전략 엔진을 구상하는 데에는 '어디로 가야 하는가? 무엇을 해야 하는가? 어떤 자세로 나아가야 하는가?'를 나타내는 목표이자 규범인 기업 고유의 '경영이념'이 꼭 필요하다. 실재감이 있는 경영이념의 중요성에 대해 이 책에서도 여러 번 반복하여 언급하고 있다.

◎ **전략은 왜 조직에 침투되지 못하는 것일까**

전략 엔진을 만들 때 항상 신경이 쓰이는 것은 차의 엔진에 맞는 전략인지의 여부다. 그것은 기업 고유의 전략이 눈에 보이지 않거나, 전략이 잘못 되어 있는 기업이 많다는 것이다. 기업의 얼굴이라 할 수 있는 상품과 서비스에 기업 고유의 전략이 보이지 않거나 고민이 반영되어 있지 않은 경우가 많다. 외부 사람뿐만 아니라 조직 내 사람에게도 마찬가지다. 이렇게 된 이유를 2, 30대의 젊은이 또는 중견 비즈니스맨에게 물어보면, 모두 입을 모아 "윗사람이 생각하는 걸 잘 모르겠다"고 대답한다. 경영이념이나 기업의 비전은 대부분의 기업이 인터넷의 홈페이지에 공개하기 때문에 외부에서도 간단히 알 수 있다. 그러나 이상한 것은 가장 중요한 엔진인 전략이 되면 그 순간 어느 누구의 눈에도 보이지 않는다는 것이다.

기업의 외부 비즈니스 환경의 변화 속도는 전략의 수명을 점점 더 단축시킨다. 또 기업 내부의 권한 위양이나 분명한 목표관리, 업적평가 제도에 의해 의사결정 단위의 세대교체가 필요해지고 있다.

이러한 상황 속에서 앞으로 의사결정을 담당할 중견 비즈니스맨에게 전략이 보이지 않는다는 것은 기업의 장래 발전에 치명적이다. 엔진이 없다면 논외이지만, 엔진이 있어도 성능이 불분명하다면 엑셀을 밟으려 해도 마음껏 밟을 수가 없다. 그래서는 도저히 비전에 도달할 수 없다.

지금 기업에 요구되는 것은 '전략의 공개'가 아닐까? M&A처럼 기밀성이 높은 것은 별도로 하더라도 조직을 구성하는 한 사람 한 사람이 명확히 전략을 이해해서 스스로의 책임 하에 현장에서 빠르게 궤도수정을 하고, 자신의 사명을 달성하려면 '전략의 개방'이 꼭 필요하다. 전략의 개방은 의사결정과 실행의 속도와도 연결된다. 현대의 전략은 유연하고 다이내믹하게 변화하는 것이어야 한다. 그렇지 않으면 환경의 격변 속에서 살아남을 수 없기 때문이다.

영화 〈터미네이터 2〉를 보면 미래에서 온 암살자, T1000은 액체금속이라는 물질로 되어 있어 신체 형태를 자유롭게 바꿀 수 있다. 철판을 통과할 때 T1000의 손이나 머리, 몸체는 형태를 완전히 바꾸어 철판의 틈새를 통과한다. 그리고 통과한 순간 인간의 형태로 돌아와 곧 적을 쫓아간다. 현대 '전략'의 본모습을 생각하면 T1000의 액체금속이 떠오른다. 문제가 있으면 자유롭게 형태를 바꾸고,

그 문제를 해결하면 원래 모습으로 되돌아간다. 그러한 유연성이 전략에서 요구되는 것이다.

◎ **실천을 통해 전략 사고를 단련할 수 있는가**

전략은 조직의 계층을 초월한다. 진정한 의미에서의 전략 개방성은 기업 체질을 강화시킨다. 기업 체질이 강화되려면 전 구성원이 전략 사고의 스킬을 보유해야 한다. 전 구성원이 자립형의 전략 사고에 바탕을 둔 문제해결 인간이 되어야 하는 것이다.

앞으로는 기업의 전략 아이덴티티와 기동력이 높은 전략 실행 스킬로써 전략 플랫폼이 중요하다.

본인이 대표로 있는 비즈니스 콜래보레이션은 기업의 전략 사고의 플랫폼 만들기에 도움을 주고 있다. 프로젝트마다 멤버 전원이 전략 사고와 기술을 가지도록 우선 사나흘 정도의 트레이닝을 한다. 트레이닝을 통해 전략 사고법이나 문제해결의 기본이 되는 사고법을 우선 몸에 익힌다. 더욱이 타사의 사례를 기본으로 한 케이스를 풀면서 그 자리에서 실무에 어떻게 반영하는지 익힌다. 나와 스태프는 네비게이션 역할을 충실히 한다. 이것이 콜래보레이션 방식에 의한 문제해결이다.

우리가 트레이닝에 힘을 기울이는 이유는, 컨설턴트가 외부로부터 제안하는 것을 확실하게 실행하고, 기업이 성과를 올리는 데 있어서 실행 단위에게도 높은 전략 사고가 요구되기 때문이다. 당사에서 행하는 컨설팅은 콜래보레이션 방식의 접근법에 의해, 우선 전략의 공통 언어, 공통 스킬을 몸에 익혀 실무 과제의 전략적 해결을 꾀한다.

기업 스스로 자율적으로 문제를 해결해 가는 프로세스이기 때문에 전략 실행의 효과가 높다. 물론 네비게이터의 역할로서 콜래보레이션 스킬의 질이 전략 플랫폼 구축에 있어서 대단히 중요한 것은 말할 것도 없다. 이 책은 그것을 위한 공통 언어, 공통 스킬을 만들기 위한 교과서이기도 하다.

마지막으로 이 책을 집필하는 데 도움을 주신 분들에게 이 자리를 빌어 감사하는 마음을 전한다.

사이토 요시노리

옮긴이의 말

맥킨지가 일하는 방식을 배우자!

　국내 대기업을 대상으로 경영혁신, 인사조직 분야에서 컨설팅을 해오면서 많은 경영자로부터 다음과 같은 이야기를 자주 듣는다.
　"컨설팅 기관에 많은 자원을 투입하고 있지만 애써 만든 경영혁신 계획이나 구조조정 계획이 제대로 실행되지 않는다. 기본 개념이나 접근 방법은 훌륭하지만 실행 단위에서 받아들이는 능력이 부족한 것 같다" "경영간부들이 올리는 주요 경영과제의 보고서를 보면 대부분 내가 알고 싶어하는 핵심은 아예 빠져 있거나 불충분한 경우가 많다. 그런데도 보고서는 왜 그리 두꺼운지……." "논의는 무성한데 미래를 이끌어 갈 육성 사업이나 제품에 대해서는 결정된 것이 없다."
　그러나 중간 경영자나 사원들은 또 이렇게 푸념한다.
　"정작 중요한 것은 물어보지 않고, 이것저것 사소한 것만 가지고 트집을 잡으니까……." "구조조정으로 인해 일할 사람이 없는 상황에서 현재 해야 할 일도 제대로 못하는 마당에 보고서까지 만들어야 하니 너무 힘들다. 게다가 무엇을 질문 당할지 몰라 예상 질문을 중심으로 답변서까지 만들어야 한다."

양쪽 입장을 들어보면 모두 일리 있는 이야기다. 이러한 현상이 일어나는 것은 사업전략 수립이나 전략과제의 해결을 모색해 가는 데 있어 전략 사고나 구체적 실행 스킬을 중심으로 한 공통 언어가 없기 때문이다. 이를 보다 쉽게 이해할 수 있는 하나의 사실로 내가 몸 담았던 LG그룹의 예를 들어보겠다.

LG그룹은 1989년부터 약 10년간 맥킨지와 함께 그룹 전체의 경영혁신 활동을 추진한 바 있다. 그룹의 새로운 비전과 경영이념이 제시되고 회장과 각사 사장의 새로운 역할이 정립되면서, 각사별로 최고경영자의 주도 하에 비전, 전략 과제 그리고 이를 뒷받침하는 조직 구조, 시스템 등의 실행 체제를 갖추어 나갔다. 그러나 이러한 경영혁신 운동이 3, 4년간 지속되었음에도 불구하고, 기대한 만큼의 가시적 성과가 나타나지 않아 회장단으로부터 그 근본원인을 규명하라는 지시가 스태프에게 떨어졌다. 관련 스태프가 규명한 원인은 단 한 가지였다. 전략적 사고법과 실행 스킬의 부족. 이것이 세계적 수준의 우량기업과 성과 차이를 가져오는 핵심원인으로 결론지어졌다.

전략적 사고방식과 실행 스킬의 부족을 메우기 위한 해결책으로 탄생한 것이 스킬 올림픽이다. 즉 맥킨지의 전략적 사고방식과 기술을 전 경영층 및 핵심 인재들에게 전파하고, 이를 조직의 핵심과제에 적용시켜 나가면서 오늘날 조직의 핵심 능력으로서 또한 그룹 공통 언어로서 자리매김하게 되었다.

얼마 전에 대한무역진흥공사가 한국 기업들의 세계 1위 제품을 조사하여 신문지상에 발표한 바 있다. 전체 37개 제품 중 LG그룹 계열사들이 8개 제품을 차지한 것으로 나타났다. 이러한 성과는 고객, 자사, 경쟁사 관점에서 생각하는 맥킨지의 전략적 사고방식과 구체적 실행 스킬이 10년간 조직 능력으로서 체화된 결과의 단면이라고 생각한다.

지금 한국 경제는 사면초가 상태에 빠져 있다는 느낌을 지울 수 없다. 산업 전반에 걸쳐 구조조정이 지연되는 가운데 경기침체가 예상되고, 세계시장에서 경쟁하는 중국과도 기술적 격차가 줄어들고 있다. 조직은 어떤 사업을 선택하고, 경쟁자와 경쟁우위 또한 어떻게 만들어갈 것인가? 조직 구성원은 고객, 자사, 경쟁사의 관점에서 코스트 리더십과 차별화하기 위해서 어떤 일을 우선적으로 선택해서 자원을 집중하고, 이를 실현하기 위한 핵심역량은 어떻게 확보할 것인지가 요구되는 시대이다.

이를 위해서는 조직의 상하좌우 모두 경영전략을 수립해야 하며, 그 실행과제를 해결해가는 과정에는 기본적인 공통 언어가 필요하다. 이 공통 언어를 중심으로 과거의 오퍼레이션 사고에서 탈피하여 조직의 일하는 방식을 바꾸어나가지 않으면 안 된다.

서한섭

㈜엘앤아이컨설팅 소개

　1996년 설립한 ㈜엘앤아이컨설팅은 기업의 경영혁신 추진 및 조직진단 및 설계, 평가/보상시스템 구축 등의 경영컨설팅과 교육전략 및 체계, 과정개발 분야의 교육 서비스를 전개하고 있다.

　그리고 국내 최초로 Competency Modeling Methodology를 개발하여, 주요 대기업을 대상으로 적용하여 호평받고 있다. 본서와 관련된 전략적 사고와 문제해결 분야의 교육에 있어서는 의뢰기업의 상황 및 대상자의 특성에 따라 차별화된 교육을 실시함으로써 기업체 임직원의 역량 향상에 기여하고 있다.

　또한 기업의 인적 자원 개발을 위해 국내외의 컨설팅 회사와의 협력을 적극적으로 추진하고 있다.

홈페이지　http://www.hrsarang.com
이메일　lni@hrsarang.com
교육문의　TEL (02)3775-0961 / FAX (02)561-6085
　　　　　서울 종로구 신문로 1가 25 용마빌딩 3층 301호

GE 방식의 문제해결 과정

과정목표 • 현업의 문제해결에 필요한 프로세스 및 툴 사용방법의 체득
대　　상 • 중견관리자에서 사원까지
표준시간 • 30시간
특　　징 • 팀별로 현업 과제를 선택하여 학습하며, 강사가 컨설팅 방식으로 지도함

 프로그램 내용

모듈		주요 학습내용
M1 문제해결의 기초		• 문제의 정의 • 문제의 유형 • 자신의 문제해결 스타일 진단 • 갖추어야 할 능력 • 문제해결 프로세스
M2 문제해결 프로세스와 도구활용법	1. 과제 명확화	• 팀 과제 선택 및 핵심 이슈 선택 • 문제진술문 작성을 통한 과제 정의 및 목표 확립
	2. 원인 분석	• 현상 분석을 위한 가설검증계획 수립 • 원인 분석 실습 (인과관계 분석기법, 5Why) • 데이터의 수집·분석·가공 실습
	3. 해결방안 창출과 선정	• 창의력 개념 이해와 발상 방법 • 팀 과제의 핵심 해결안 선정 실습 • 복수안 중 최적안 선정 실습 • 리스크 평가 및 비상대책계획 수립
	4. 실행계획 수립	• 계획 수립에 요구되는 활동들의 체계적 파악 방법 • 실행계획 수립 방법
	5. 실행/평가	• 진전상황의 모니터 방법 • 표준화·매뉴얼화 방법
M3 현장 액션 플랜 수립		• 현업 적용을 위한 실행계획 수립

논리적 기획력 향상 과정

과정목표 • 자신의 논지를 짧은 시간에 명쾌하게 주장할 수 있는 보고자료 작성능력 향상
대　　상 • 초급관리자에서 사원까지
　　　　　• 관리부문 스태프진
표준시간 • 24시간

 프로그램 내용

모듈	주요 학습내용
M1 기획을 이해하자	• 기획의 정의 및 중요성 • 자신의 기획능력 진단 • 기획의 유형
M2 기획과제의 해결 프로세스와 스킬을 습득하자	• 과제 해결을 위한 사고 프로세스의 이해 • 사고 프로세스 전개에 따른 급소 및 대응 방법 　(고객 니즈 파악 / 과제 명확화 / 정보수집 · 컨셉트 창출 등) • 과제 유형에 따른 사고 프로세스의 대응방법 • 과제 유형별 해결방안 만들기 실습
M3 설득 논리를 만들자	• 과제 유형에 따라 논리구조 만드는 방법 • 기획구성체제의 기본구조 이해 • One Paper Story Line 만들기
M4 표현 기술을 익히자	• 4가지 표현방법과 각각의 장단점 • 문장 · 플로 차트 · 데이터 가공 · 이미지 창출 방법의 실습
M5 기획서를 꾸며보자	• 과제를 통한 종합 실습 · 발표 · 피드백